Pastor
Fco Savier Llawas S

LIDERAZGO DE ÉXITO A TRAVÉS DE LOS 12

CESAR CASTELLANOS D.

Editorial
Vilit
Visión Literaria Internacional

Liderazgo de éxito a través de los 12
© 1999 César Castellanos D.
Publicado por G12 Editores
Una división de César and Claudia Castellanos Ministries, Inc.
Miami, FL EE.UU.
www.g12bookstore.com
sales@g12bookstore.com

A menos que se señale lo contrario, todas las citas bíblicas
son tomadas de la Versión Reina-Valera 1960
© 1960 Sociedades Bíblicas Unidas en América Latina.
Usadas con permiso.

ISBN: 1-932285-00-8

Impreso en Colombia
Printed in Colombia

Dedicatoria

A aquel que me escogió desde antes de mi nacimiento y le plació revelar a su hijo en mi, quien canceló el decreto de muerte que el adversario en contra mía había levantado, y no permitió que la visión feneciera en su inicio; quien es El ser más importante de mi vida y a quien amo con todas mis fuerzas, a quien Daniel le da el nombre de "El Anciano de días".

A mi amada esposa Claudia que ha sido una de las más grandes bendiciones de Dios para mi vida, pues, ha batallado hombro a hombro conmigo en el ministerio, y siempre se ha caracterizado por ser esa mujer sensible a la guía del Espíritu Santo; a quien amo y con el amor que solo el Señor puede dar.

Agradecimientos

Son tantas las personas que han tenido que ver con la realización de este libro, que nombrarlas una por una sería prácticamente imposible; pero quiero dar gracias de una manera especial al ministerio juvenil de la misión Carismática Internacional, en cabeza de sus pastores César y Claudia Fajardo, por la manera como a través de sus vidas se han convertido en una aporte demasiado importante dentro de la visión. A cada miembro del equipo pastoral, quienes son nuestros amigos y han velado por la pureza de la doctrina. A mi esposa Claudia por sus consejos, sugerencias y aportes los cuales han sido demasiado valiosos en la estructuración de este libro. A mis cuatro hijas quienes siempre fueron un gran apoyo para que este libro pudiera salir pronto. Al departamento de sistemas, todo el equipo editorial y a cada miembro de la iglesia sin los cuales este libro carecería de sentido, gracias a que cada uno de ellos se comprometió con el Señor, la visión ha logrado cobrar fuerza.

César Castellanos D.

Contenido

Prólogo

Me gustaría recomendar el libro del Doctor Castellanos llamado *"Liderazgo de éxito a través de los doce"*. Este libro da la anatomía de prácticas de un liderazgo exitoso.

En la parte uno el Dr. Castellanos incorpora las dos áreas de la visión y liderazgo. El describe como estos dos aspectos son independientes pero complementarios el uno al otro. El autor describe la importancia fundamental y cualidades de un líder de éxito.

En la parte dos, el autor detalla los atributos de los doce para un ministerio de éxito. También relata la experiencia de él y su esposa en cuanto a las necesidades sociales y espirituales para su nación, Colombia, Sur América.

El Dr. Castellanos cree que cualquier país puede ser transformado al usar los principios establecidos en la Palabra de Dios. El revela que nuestro Dios es el mismo ayer, hoy y siempre.

En la parte tres, el Doctor Castellanos escribe acerca de su visión para el ministerio de grupos de células en el siglo XXI.

El fundamenta sus creencias en Mateo 10:1

"Entonces llamando a sus doce discípulos, les dio autoridad sobre los espíritus inmundo, para que los echasen fuera, y para sanar toda enfermedad y toda dolencia".

El Doctor Castellanos comparte la importancia de desarrollar el sistema celular al llegar a ser muy sensible a la guía del Espíritu Santo. A menos que el Señor construya la iglesia en vano trabajan los que la construyen.

David Yonggi Cho.

Introducción

Liderazgo con propósito

Estoy plenamente convencido que los días que vivimos son días de cambio en los que Dios, de una manera soberana, nos está despertando a un liderazgo con propósito en el que el líder no va a tener como objetivo primordial el forjar un liderazgo alrededor de sí, sino alrededor de Dios. Sé que esta es la necesidad en el mundo actual. ¿Cuándo necesitamos de un liderazgo con propósito?: Cuando los miembros de una comunidad son apáticos a involucrarse en el desarrollo de la misma; cuando el líder siente que ha perdido su autoridad, o cuando las riendas de una comunidad están en manos de personas que carecen de carácter.

El mundo está pidiendo casi a gritos que se manifiesten aquellos líderes que tienen un corazón integro, que sean un ejemplo no solo como predicadores, sino también como hombres de hogar, y que además sean hombres de verdad. Tengo la certeza de que quien puede liderar a su familia de la manera correcta, verá el éxito reflejado en cualquier actividad que desarrolle. Cuando alguien deposita toda su confianza en Dios de manera plena, sencillamente el éxito le vendrá como añadidura.

¿Cuántos hombres de Dios han empezado con gran entusiasmo a desarrollar la visión específica que El les confió?: me atrevería a decir que muchos; pero ¿cuántos de ellos han logrado culminarla con éxito? He podido estar en diferentes lugares del mundo y algo que me ha sorprendido es que por la mayoría de congregaciones ha pasado un considerable número de personas, que no han perseverado en estas comunidades. ¿A qué se debe esta situación?: A la crisis de liderazgo. Hay grandes sofismas de distracción que están desviando a los líderes del objetivo preestablecido por Dios para sus vidas. Por esto, creo que ha llegado la hora de darle propósito a la visión que está en el corazón de Dios, y no entretenernos sintiendo que hemos logrado lo máximo, corriendo el peligro de caer en el conformismo por el hecho de experimentar, aparentemente, un éxito relativo.

El Señor Jesucristo, antes de partir de este mundo, dijo a sus discípulos: *"Toda autoridad me ha sido entregada, por tanto id y haced discípulos a todas las naciones"*. Con esa declaración, el Señor estaba revelando el propósito, la voluntad divina de salvación para todos los hombres. No es suficiente conque la persona oiga el evangelio o que asista a una congregación sino que debemos hacer de cada uno de ellas verdaderos discípulos de Jesucristo. Muchos predicadores se esforzaron por llevar el mensaje aun a lugares remotos, y vieron cómo las multitudes pasaban al frente haciendo una profesión de fe, mas por falta de un seguimiento efectivo en sus respectivas comunidades, el fruto se fue perdiendo.

Si no hay un seguimiento a esas personas que tomaron su decisión por Cristo, podemos decir que estamos concentrando todo nuestro esfuerzo en algo que no perdura. Debemos trabajar con un propósito definido. Debemos entender que los hombres comprometidos con Dios, son los líderes para los tiempos actuales pues, Dios está confiando en nosotros no solamente la evangelización del mundo sino conquistar las naciones enteras para El.

Tengo la plena certeza de que: **Liderazgo de éxito a través de los doce**, ha sido dado por el Espíritu de Dios como una poderosa herramienta que nos ayudará para que su obra se lleve efectivamente a cabo, y será de gran apoyo para todos aquellos que de verdad sienten un llamado a continuar la obra iniciada por el Señor Jesucristo; entendiendo que El para darle continuidad a la visión, tuvo que reproducir su carácter en doce hombres, logrando de este modo que la visión de la redención no quedara solo en las personas de aquel entonces. La historia registra cómo cada uno de ellos puso todo su empeño para que la visión perdurara generación tras generación, hasta llenarlo todo con el evangelio de Jesucristo. Jesús, quien es la esencia de la sabiduría divina, necesitó formar doce hombres y reproducir su carácter en cada uno de ellos; del mismo modo nosotros, si queremos un liderazgo que perdure por varias generaciones, debemos seguir las mismas pisadas del maestro. Si usted cree que Dios lo llamó para que desarrollara ese tipo de liderazgo, estoy seguro que Dios le dará la gracia, para lograrlo, y este libro será una herramienta importante para que pueda proyectarse a conquistar aquello que siempre ha soñado. También Dios lo puede usar para despertar el espíritu de aquellos que están a su alrededor, reproduciéndose en cada uno de ellos, convirtiéndolos en líderes eficaces y comprometidos, hasta que las naciones del mundo vuelvan sus rostros a Dios, quien es la única esperanza para la fuerte crisis que atraviesa la humanidad.

Parte I
Liderazgo y visión

Capítulo uno

EL PODER DE UNA VISIÓN

"Él sueño es la idea creativa de Dios, revelada a la mente del hombre para que éste la ejecute" C.C.D.

Factor determinante para el liderazgo

Todo liderazgo eficaz está asociado a una visión. La visión lo determina todo en el proceso hacia el éxito. Cuando Dios me llamó al ministerio permitiéndome soñar con una iglesia tan grande como las estrellas del cielo y la arena del mar, me mostró que cada partícula de arena se convertía en una persona; entonces comprendí que me desafiaba a trabajar en función de las almas, es decir, a liderar personas con necesidades espirituales y ayudarles a encontrar refrigerio en Cristo.

A través de la historia bíblica notamos que Dios, para llevar a cabo su propósito, escoge a un hombre al que le revela su voluntad, le da sus planes y luego lo rodea de personas que, al identificarse con Él, deciden apoyarlo en todo cuanto emprende, convirtiéndose en la fuerza que empuja la visión.

Vemos aquí que hay una conexión directa entre el liderazgo y la visión.

La visión para el nuevo milenio

Todo cuanto existe se ha originado en la visión que Dios tuvo de la creación. *La visión es la idea de Dios revelada a la mente del hombre para que éste la ejecute.* Creo que no existe una sola persona que haya llegado al éxito sin haber tenido primero esa idea creativa de Dios, y sin haber puesto todo su empeño para alcanzarla. Ejecutar la idea creativa de Dios nos lleva a pequeñas victorias, enfrentando pequeñas batallas a diario; esto nos conduce a vencer obstáculos, alcanzar metas, realizar sueños, y a no descansar hasta obtener el triunfo anhelado. Ese fuerte deseo que hay en cada persona de ser valorada y aceptada, ha sido el inicio de grandes hombres que un día forjaron el destino de toda una nación, y quienes, con ánimo, lograron sobreponerse a toda clase de adversidades: traumas de la infancia, decepciones amorosas, etcétera, logrando salir adelante. Por eso ni el rechazo, ni las barreras familiares, culturales o económicas, han sido un obstáculo para lograr nuestros sueños.

Esta es la perspectiva desde la cual el Señor aspira que los líderes desarrollen su compromiso en el nuevo milenio. La llegada del año 2000 ha estado rodeada de muchas expectativas que solo pueden ser definidas y satisfechas de la manera correcta cuando el liderazgo del mundo actúe de acuerdo a la visión de Dios para sus vidas. La forma para trabajar con efectividad teniendo en cuenta esa visión divina, está dada por el mismo Señor; la manera como El actuó para ejecutar la creación y culminar su obra maestra, es el derrotero que habrá de servirnos en el nuevo milenio para realizar la tarea que El nos ha encomendado.

Partamos de un hecho innegable: todos somos producto de una visión que Dios tuvo de nosotros. El, de una manera diligente, pensó hasta en el más mínimo detalle que debería conformar al ser humano, y luego se dio a la tarea de desarrollar su visión, y no descansó hasta ver culminada su obra. A esto es a lo que Pablo hace referencia cuando dice: "*Somos la obra maestra de Dios*" (Ef. 2:10). Antes que Dios nos creara dándonos forma con sus manos, antes de tomar la materia y moldearla en forma de hombre, nos diseñó en su mente: "***Usted es el fruto del sueño de Dios***".

Somos seres humanos dotados de cualidades y fuentes inagotables que están en nuestra mente. Dios proyectó una imagen del hombre, antes de ejecutar la creación trabajó en su mente, en sus pensamientos, y diseñó cada uno de los seres y de las cosas que conformarían esa creación.

Matthew Henry comenta: "Si es tan misteriosa la elaboración de nuestros pensamientos, qué diremos de la mente divina, cuyo concepto es una palabra viva y sustancial tanto que es una persona divina?". Dios, el Padre, trabajó en algo que tuviese lógica y fuimos nosotros. Él dijo: "*hagamos al hombre a nuestra imagen, conforme a nuestra semejanza*" (Gn. 1:26). El ser humano tiene esa misma capacidad creativa, de diseñar tal como lo hizo Dios. Nosotros como sus hijos debemos entrar en la misma dimensión de la visión de Dios, para así traer el reino espiritual a este mundo material. A través de la fe entramos en el plano espiritual, logrando recibir esa idea creativa de Dios: "la visión", y traerla al plano natural, con la ayuda del Espíritu Santo.

Consideremos siempre que una visión dada por Dios tiene varios aspectos: una motivación sana, está acompañada de pureza, y contribuye al bienestar social y espiritual de la comunidad; y un ministerio orientado de acuerdo a estos parámetros, podrá cumplir con el propósito de Dios en el nuevo milenio. Es importante que el líder piense en todo momento que la visión correcta no produce alabanza personal, sino alabanza para Dios, y lleva a glorificar a Jesucristo. Todo líder dispuesto a servir, debe tener grabado en su corazón que en resumen, la visión de Dios es cumplir con su propósito en esta tierra; si usted actúa con este sentir, entonces está asociado a la voluntad del Padre, porque, cuando una visión no proviene de Dios, por lo general, está contaminada por el egoísmo, la avaricia, el orgullo, los celos y la venganza. Cuando la visión tiene como prioridad el aspecto monetario, entonces no es una visión correcta ya que el Señor dijo que lo económico viene por añadidura. Líderes de reconocimiento, que llegaron a desarrollar grandes visiones, nunca tuvieron como motivación el área económica, por el contrario, muchos de ellos murieron en la pobreza, pero después sus sueños se convirtieron en realidad y sus nombres pasaron a ser grandes.

Se preguntará usted: ¿cómo hacer para conocer el propósito de Dios para mi vida y desarrollar su visión en el nuevo milenio? La respuesta es muy sencilla: todas las cosas que nosotros deseamos, ya existen, están en la dimensión espiritual, es decir, la dimensión de la bendición divina. Pero es necesario entrar en lo sobrenatural, y transportarlas, es decir, tomarlas y apropiarnos de ellas por medio de la fe haciéndolas realidad en nuestras vidas. Víctor Hugo dijo: "Hay algo más poderoso que todos los ejércitos del mundo, y eso es una idea cuyo momento ha llegado". Esta idea, proveniente de Dios, es la que nos inspira y motiva a emprender grandes cosas para Él y, por supuesto, el derrotero para animar a otros para que también las emprendan. Es absurdo pensar en un liderazgo sin visión. Hay visiones cortas y otras de grandes dimensiones, pero de todas maneras, siempre que se habla de una persona que ha tenido poco o mucho éxito, se descubre que en este éxito hay una visión incluida.

Todo aquel que ha comprendido el motivo por el cual está en este mundo, y ha tomado la decisión de luchar con todas sus fuerzas hasta alcanzar su objetivo, es una persona que ha logrado salir de lo ordinario, lanzándose a conquistar aquello que para otros ha sido imposible. Los grandes logros de la humanidad se inician con una visión que viene de Dios; porque todo lo que contribuya al desarrollo de la humanidad y a su bienestar, sólo puede venir de Él. La realización de esta visión empieza con una pequeña semilla que al caer en una buena tierra, va a desarrollarse hasta tener la forma correcta y cumplir con el propósito exacto de Dios.

La visión: Fuerza motivadora de los grandes líderes

Solo lo que proviene de Dios trae grandes resultados para el desarrollo de la humanidad, cuando surge un hombre dispuesto a conocer la visión que se encuentra en el corazón del Todopoderoso. Esta visión que viene de Dios es la fuerza motivadora que ha impulsado a grandes líderes a emprender importantes tareas para sus comunidades alcanzando, no solo la realización en su vida personal y familiar, sino también a nivel social. Es la visión la que nos hace triunfadores. El líder de éxito sabe cuál es la visión de Dios para su vida, y dispone de todas sus capacidades para desarrollarla.

El triunfo empieza a obtenerse desde que el hombre cuida su mente, sus pensamientos. Satanás sabe que si logra conquistar la mente del hombre, lo esclaviza totalmente; pero el Señor quiere que tengamos la mente de Cristo. El apóstol Pablo dijo: *"Todo lo que es verdadero, todo lo honesto, todo lo justo, todo lo puro, todo lo amable, todo lo que es de buen nombre; si hay virtud alguna, si algo digno de alabanza, en esto pensad"* (Fil. 4:8); y el proverbista dijo: *"Guarda tu mente como a nada en el mundo"*. Es en la mente donde más se reciben los bombardeos de distintos argumentos, es allí donde se reciben las ideas de Dios o las del enemigo. Ideas de rencor, de venganza o de odio, vienen del adversario; en tanto que toda idea sana y edificante viene de Dios. Los triunfadores son aquellos que solo aceptan las ideas y la visión de Dios para desarrollarse en la vida.

Las ideas de Dios, generalmente, vienen en tiempo de quietud, no vienen en momentos de turbulencia, ni tampoco cuando hay un corazón herido y un espíritu amargado. El Señor aprovecha momentos de paz para revelarnos las ideas que nos hacen triunfar. Hay varios ejemplos de hombres que fueron sensibles a esto y por ello lograron que sus nombres pasaran a la historia como símbolo de tenacidad luego de haber recibido una visión y haber luchado por alcanzarla.

Uno de los más grandes empresarios norteamericanos, antes de ser reconocido como tal, solía ir a las playas a meditar y pasaba varios días haciéndolo. En uno de esos momentos de quietud, cuando los Estados Unidos atravesaba por instantes de depresión económica y los préstamos estaban cerrados para todo el mundo, vino a la mente de este hombre una idea revolucionaria: Construir cuarenta mil habitaciones a precio económico para invadir el campo hotelero.

Luego de escribir la idea, se dio a la tarea de buscar créditos y en 4 años logró ver su sueño convertido en realidad. Así nació la cadena hotelera Days Inn, que cuenta con habitaciones en casi todos los Estados Unidos. Esta idea vino de Dios porque, el empresario del cual hablamos era creyente.

El señor J. C. Penny, dueño de la cadena de almacenes que lleva su nombre, y también un cristiano temeroso de Dios, dijo: "muéstrenme un obrero que tenga una gran visión, y les mostraré a un hombre que podrá cambiar la historia". Los grandes logros pueden venir a través de personas sencillas, comunes y corrientes, pero dispuestas para las cosas espirituales. Dios quiere que usted tenga una visión clara, la visión de El nunca es complicada, por eso, la visión que nos dio está siendo adoptada por el mundo entero.

La visión: poder que vivifica

Entrar en la visión implica permanecer en el plano espiritual para desde allí poder controlar todo lo que deseamos que suceda en el plano natural, así podemos ver las cosas con los ojos de Dios y llamar lo que no es como si fuese. Quizás muchos se sienten como el profeta Ezequiel cuando tuvo la visión del valle de los huesos secos, sabiendo que la única manera de lograr un cambio es con la intervención divina. Todos nos tenemos que enfrentar ante grandes desafíos, pero no debemos dejarnos desalentar por las circunstancias, sino oír la voz de Dios trazándonos el camino de esperanza para nuestros ministerios, ya que Dios tiene una relación muy estrecha con sus siervos.

Cuando la mayoría de iglesias en nuestra nación eran pequeñas en número, Dios puso en mi corazón el desafío de conquistar una iglesia grande. Inmediatamente pensé en aquellos ciento veinte miembros que había pastoreado con anterioridad, y aunque trataba de aumentar el número, me era casi imposible lograrlo; hasta que decidí creerle a Dios y pude contemplar la arena del mar. Vi cómo cada partícula de arena se transformaba en una persona y en ese momento tuve plena convicción en mi espíritu de que sí lo lograría.

Aunque me sentía como Ezequiel frente a todo un valle de huesos secos, pude ver con los ojos de la fe el milagro que Dios produciría en ellos. ¿Vivirán estos huesos?: "*Señor tú lo sabes*". Esa fue la respuesta del profeta al interrogante divino. Pero el mismo Señor le da la estrategia al profeta, diciéndole: "*profetiza sobre esos huesos secos*".

La palabra profética fue el camino escogido por Dios para dar vida a aquello que estaba muerto. Lo interesante es que Dios no ha cambiado, Él sigue usando estos mismos elementos para que podamos lograr el milagro de la transformación en aquello que deseamos. Cuando la tierra estaba desordenada y vacía, dijo Dios: "Sea la luz", y fue la luz.

El Espíritu Santo tomó aquella palabra profética, y ejecutó todo el deseo del corazón de Dios. La palabra profética es la voz del corazón de Dios expresada a través de uno de sus siervos pues, cuando ésta es dada, el reino espiritual es activado y el cielo se inclina para entrar a trabajar en aquello para lo cual la palabra de Dios ha sido enviada.

Después de aquella palabra profética que Dios me dio, a través de la cual me decía que soñara con una iglesia muy grande, aunque en aquel entonces no estaba pastoreando ya que había renunciado a hacerlo cuatro meses atrás, decidí creer a esa palabra, y un mes más tarde ya estábamos inaugurando lo que hoy se conoce como la Misión Carismática Internacional, la cual comenzamos con ocho personas en la sala de nuestra casa. Aunque al principio éramos unos pocos, todos los asistentes sabían que tendríamos una de las iglesias más grandes del mundo, y ellos también se apropiaron de aquellas palabras que Dios me había dado, y las confesaban como si fuesen suyas.

En el caso de Ezequiel, para que él pudiera ver el milagro de la vivificación, tuvo que profetizar por partes, y eso es lo mismo que hemos vivido con la visión que Dios nos ha dado, no la conquistamos toda en la primera etapa, sino que Dios nos fue llevando paso a paso, hasta que la misma tuviese forma, y pudiera luego ser de ayuda para aquellos que desean desarrollar todo el potencial ministerial que hay en sus vidas.

El líder de éxito: un reproductor de la visión

"Y Jehová me respondió, y dijo: Escribe la visión, y declárala en tablas, para que corra el que leyere en ella. Aunque la visión tardará aún por un tiempo, mas se apresura hacia el fin, y no mentirá; aunque tardaré, espéralo, porque sin duda vendrá, no tardará" (Hab. 2:2-3).

¿Cuál era la visión de Jesús? El no pretendió convertirse en un mártir, ni tener una multitud de seguidores, ni que el mundo le conociera como un gran maestro o estupendo líder religioso. Su visión iba más allá: redimir a la humanidad de una condenación segura. Aparte de El no existía otra esperanza para el hombre, pero Jesús tuvo la visión de salvarnos pagando un precio elevado: por nosotros dejó su trono de gloria y esplendor, y se hizo hombre, vivió como hombre, y al morir en la cruz del calvario consumó su visión de salvación para todo aquel que creyera en El. Esta experiencia debe convertirse en una responsabilidad para nosotros, procurando compartir la visión de Jesús para que otros también sean salvos. Salomón dijo: *"Libra a los que son llevados a la muerte; salva a los que están en peligro de muerte"* (Pr. 24:11). Y Pablo dice que somos padres espirituales de aquellos que engendremos en el evangelio de

Cristo, de ahí que todos debamos asumir el compromiso de reproducir la visión de Jesús en otros, ésta también es una muestra del liderazgo de éxito que se demanda en nuestros días.

Proféticamente lo encontramos mencionado en Habacuc 2: 2-3. La visión que desarrollamos ya estaba escrita, siempre ha existido, y el Señor dice que permanecería sellada hasta el tiempo del fin. Posiblemente hace referencia a la visión de los doce, la cual hace parte del esquema bíblico y que siervos de Dios han usado de manera esporádica en diferentes etapas de la historia de la iglesia, y por eso este modelo estratégico se ha hecho claro en los tiempos actuales.

Desde un principio Dios estableció el modelo de los doce, y es a través de éste que se reproduce la visión de Jesús. El Maestro se dedicó a discipular, a centrar su atención en doce personas que fueron seleccionadas luego de una noche de oración, y de esta manera estableció el secreto de éxito para discipular a las naciones, aplicando un proceso de reproducción que ayudaba a la propagación de la visión. Y es que el crecimiento no puede ser una masa deforme porque, cuando Dios tomó el barro, le dio forma y sopló vida. El crecimiento de la iglesia es similar: si vemos las multitudes diríamos que hay masificación, pero la visión de trabajar con grupos pequeños, con el modelo de los doce, es lo que da forma porque, así como hay células vivas en nuestro cuerpo, los doce son células vivas que se reproducen continuamente; así debe trabajar la iglesia para tener un crecimiento efectivo porque cada quien sabe a qué grupo pertenece y cuáles son las metas a alcanzar.

Conscientes de ello nos hemos esforzado por reproducir la visión en otros y procurar que cada uno de nuestros líderes también se comprometan a hacerlo. Un pastor de Manaos, Brasil, decidió adoptar la visión que desarrollamos y empezó a proclamarla en su ciudad y su país. El fue a Jerusalén y, en una de sus predicaciones habló sobre el modelo de los doce; al terminar de predicar, una mujer se le acercó y le entregó un botón que era una réplica del pectoral del sumo sacerdote con las doce piedras, diciéndole: "Pastor, hace 22 años hice este botón, y el Señor me dijo: un hombre vendrá a predicar sobre el modelo de los doce, cuando lo escuches, dáselo, porque esta es mi visión y será la visión que impactará a las naciones de la tierra". Aquel fue un momento emocionante para el pastor brasilero pues, de esta manera, Dios le confirmó que estaba en la visión correcta. Pero cuando fui a Sao Pablo a predicar, este pastor se me acercó y, con lágrimas en los ojos compartió su experiencia a toda la congregación y me dijo: "Pastor Castellanos, Dios me ha indicado que le haga entrega formal de este botón, porque no me pertenece, ya que la visión, El se la dio a usted". Al momento de hacerme entrega del botón, el recinto fue inundado de la gloria de Dios, y toda la congregación se quebrantó.

Más de lo que usted se imagina es posible, cuando nos disponemos a reproducir la visión que Dios nos ha dado. Sé que las naciones del mundo se volverán a esta visión de los doce y, quienes lo hagan, se multiplicarán grandemente porque es la estrategia de Dios para el Siglo XXI.

Capítulo dos

¡ESTO ES LIDERAZGO!

"Anhela ser un triunfador, has uso de todas tus fuerzas para obtenerlo, y cuando lo hayas alcanzado, entenderás que sólo has escalado el primer peldaño de la escalera que te llevará el éxito" C.C.D.

Influencia que atrae seguidores

Cuando le preguntaron al gran maestro del arte, Miguel Angel, sobre la obra "El David", dijo: La imagen siempre estuvo ahí, lo único que hice fue remover unos cuantos escombros para descubrirla. Lo mismo ha sucedido con el modelo de los doce: siempre ha estado ahí, solo que el Señor nos ha movido a remover unos cuantos escombros que impedían que los creyentes, lo vieran con claridad.

Darle forma a ese hermoso modelo nos ha tomado un promedio de diez años de correcciones, manteniendo una gran sensibilidad a la guía del Espíritu Santo. El aporte del equipo que integra el liderazgo ha sido muy valioso porque, aunque Dios me dio la idea, debo reconocer que el equipo de líderes, en la medida que íbamos avanzando, me iba sugiriendo los cambios que debíamos hacer, o los aspectos que debíamos implementar. Lo que ustedes puedan conocer acerca del ministerio es producto de todo un trabajo en equipo. El Señor tuvo que probarlo primero en nuestro propio ministerio, para que luego fuera de inspiración para que otros ministerios lo implementaran en sus organizaciones; y los que ya lo han hecho, han visto cómo sus congregaciones, en poco tiempo, han logrado multiplicar su membresía.

Importancia de guiar a otros

Uno de los más grandes desafíos que pueda tener cualquier pastor radica en formar a los miembros de su comunidad en el liderazgo pues, el día en que se deje de hacer esto, se dejará de crecer. Dios envía gente muy valiosa a cada congregación, lamentablemente por falta de oportunidades para ellos, el mundo los puede reclutar ofreciéndoles cosas aparentemente sensacionales, pero el objetivo es sacarlos de la senda correcta, que es el liderazgo cristiano.

Liderar consiste en ejercer influencia sobre otros logrando el desarrollo de su más alto potencial. Esta influencia abarca el moldear el carácter, el descubrimiento de valores y el reconocimiento de cualidades. En su mejor contexto, el verdadero liderazgo es el que permite dirigir al individuo hasta su realización personal; en otras palabras, el líder de éxito es el que procura dar lo mejor de sí, influenciando positivamente en otros, para que éstos hagan lo mismo con otros. La manera como el Señor ejerció su liderazgo consistió siempre en motivar a sus discípulos para que, de buena voluntad, actitud correcta y diligencia, cumplieran el deseo del corazón; y fue tan efectivo el trabajo que el Señor desarrolló en sus doce, que éstos no solo se esforzaron por dar a conocer a todo el mundo su doctrina, sino que con gozo ofrendaron sus vidas por la causa de Cristo.

Motivación permanente

Todo líder de respeto, para poder permanecer dentro del liderazgo, debe cultivar el secreto de la motivación de una manera permanente con su equipo. Las grandes empresas que han podido ocupar un espacio de liderazgo dentro del mercado, lo han hecho porque han logrado una alta motivación en aquellos que conforman su equipo básico. En una congregación, el pastor debe ser el hombre de la visión, y ésta debe descender hacia el equipo de liderazgo, y seguir descendiendo hacia las demás personas; así que el pastor debe estar en un continuo aprendizaje de la visión, para que tenga qué compartir con sus discípulos. En nuestro caso, la relación que existe con el equipo de líderes es permanente, cada semana nos reunimos con ellos, no tanto para tratar sobre asuntos administrativos, sino para motivarnos, ministrarnos y mantenernos en la fe.

La ley del maestro enseña: "Si usted cesa de crecer hoy, cesa de enseñar mañana". Un pastor amigo me decía: "Hay de mí, el día en que crea que ya soy un profesional en el ministerio", dando a entender que entonces cesaría la bendición. El aprendizaje es como el maná, a diario necesitamos la palabra rhema de Dios, para alimentar a nuestros discípulos.

El concepto de influencia que da sentido al verdadero liderazgo, implica alentar al individuo, motivarlo, impulsarlo a la innovación, desafiarlo al descubrimiento y aprovechamiento de sus dones y talentos y, sobre todo, formarlo hasta que se encuentre en capacidad de influir también en otros. El liderazgo es un ciclo de influencias. El apóstol Pablo dijo: *"Sed imitadores de mí, así como yo de Cristo"* (1 Co. 11:1). Uno de los principios fundamentales por los cuales me guío es que, la mejor predicación que uno puede dar, es el ejemplo.

Impulse el desarrollo personal

El liderazgo procura en todo momento lograr el desarrollo personal, y para ello el tener una visión concreta se convierte en elemento clave, porque la visión es el derrotero. Ahora bien, el éxito, en el proceso de alcance de esta visión, depende de cuán íntegra sea la persona que lidera. La integridad, o transparencia en la conducta, constituye la esencia en que radica la confianza que los demás puedan brindarnos, Pablo le sugirió a Timoteo:

> *"Procura con diligencia presentarte a Dios aprobado, como obrero que no tiene de qué avergonzarse, que usa bien la palabra de verdad"* (2 Ti. 2:15).

El líder genuino es consecuente con lo que dice y con lo que hace. El concepto de liderazgo sugiere la idea de influenciar en otros hasta el punto de conseguir un cambio en ellos; indudablemente, este cambio puede ser positivo o negativo, dependiendo de la perspectiva bajo la cual se lidera, pero nuestra tarea es inclinar la balanza hacia la edificación de principios, y el rescatar valores, es decir, nuestra influencia debe ser positiva.

A lo largo de más de 16 años de estar dirigiendo numerosos grupos de personas, nos hemos dado cuenta que el enfocarnos en los intereses de cada uno de ellos y el mejoramiento de su estilo de vida, ha sido fundamental para lograr una excelente solidez dentro del liderazgo.

La gente se siente dirigida y liderada pues, tienen la oportunidad de cambiar para bien y de proyectarse en todas las esferas de su vida, y ellos mismos se han encargado no sólo de cobijarse bajo un liderazgo, sino que han empezado a formarse para compartir con otros los principios que han sido para su propia edificación y que les han brindado grandes resultados.

Concluyendo, liderazgo es una tarea que consiste en dirigir a otros ejerciendo una influencia positiva en ellos; establecer diferencias en la vida de cada uno al tiempo que las personas son motivadas a desarrollar acciones en beneficio propio y de otros congéneres. El liderazgo procura lograr que cada quien, voluntariamente, oriente sus energías hacia la realización de los resultados anhelados, mientras que recibe la motivación de alguien que le sirve como dirigente, guía o modelo.

En nuestros tiempos se ha hablado mucho acerca de crisis de liderazgo. El mundo entero clama por dirigentes íntegros y al interior de las familias, los hijos reclaman padres responsables, o los padres ansían el respeto de sus hijos; en otros términos, se buscan influencias positivas para darle un curso correcto a la vida.

Forje valientes

Ningún cobarde podrá tener una escuela de valientes, tampoco un valiente podrá tener una escuela de cobardes. Si queremos formar líderes valerosos, quien los vaya a capacitar debe ser una persona valerosa, es decir, que no debe sentir temor, inseguridad o complejos, ya sean de inferioridad o de superioridad; debe ser dueño de sí mismo y tener la fe necesaria para la conquista.

La estrategia de Dios para forjar a sus valientes no cambia, siempre nos prueba con pequeñas cosas; Dios no da grandes responsabilidades si primero no tiene la certeza de que somos capaces de asumirlas. Cuando David era joven, por ser el menor de la familia, le confiaron el trabajo que para los demás era un aburrimiento; pero él lo asumió como la gran oportunidad de Dios para su vida, y le puso todo su corazón haciendo las cosas como para el Señor. Su trabajo consistía en pastorear unas pocas ovejas, pero esto implicaba que debía responder por si llegaba a pasarle algo a alguna de ellas. Esto lo llevó a pasar noches enteras sin poder dormir, cuidándolas de cualquier peligro que pudiera presentarse. De esta manera David se armó de valor para enfrentarse a las fieras del campo, se entrenó peleando contra osos y leones y siempre salía victorioso. En ese pequeño lugar donde David pasó varios años de su vida, Dios le mudó el corazón, dándole uno valeroso, por tal motivo, cuando vio que un gigante de los filisteos desafiaba a los escuadrones del ejército de Israel, decidió enfrentarlo, y su argumento fue: *si Dios me ha librado de las fieras, también me librará de este gigante.* David desconocía el temor, por eso, cuando estaba frente al gigante, le dijo:

> *"...Tú vienes a mí con espada y lanza y jabalina; mas yo vengo a ti en el nombre de Jehová de los ejércitos, el Dios de los escuadrones de Israel, a quien tú has provocado. Jehová te entregará hoy en mi mano, y yo te venceré, y te cortaré la cabeza, y daré hoy los cuerpos de los filisteos a las aves del cielo y a las bestias de la tierra; y toda la tierra sabrá que hay Dios en Israel"* (1 S. 17:45-46).

Lograr este tipo de valientes como David, demanda darle a cada discípulo la formación correcta. El salmista dijo: *"Bien que en lo oculto fui formado, y entretejido en lo más profundo de la tierra"* (Sal. 139:15).

De la misma manera en que Dios trabajó con nosotros cuando fuimos formados en el vientre de nuestra madre, es que El quiere que nos formemos y que capacitemos a otros para manifestarnos al mundo. La formación correcta implica un tiempo de quietud durante el cual, la Palabra de Dios dada en el poder del Espíritu, se encarga de estructurar nuestro hombre espiritual. Así como el ser después de que es formado no puede estar más tiempo en el vientre de la madre, sino que es arrojado al mundo, en el plano espiritual, Dios espera que suceda lo mismo, que con las bases fundamentales del cristianismo se desarrolle un trabajo mediante el cual, de una manera estratégica, las personas puedan ser enviadas a cumplir el propósito soberano de Dios de conquistar primeramente a los suyos para Cristo.

Capítulo tres

PREPÁRESE PARA UN LIDERAZGO DE ÉXITO

"Quien da lo mejor de sí para ayudar a su gente, ha allanado el camino para que a sus seguidores les sea más fácil alcanzar el éxito" C.C.D.

Todos anhelamos el éxito, pero hay que buscarlo. San Pablo dice: "Todos corren en el estadio, pero uno solo se lleva el premio". ¿Cuántos ministerios que están al servicio de Dios verdaderamente han aceptado con coraje su responsabilidad, y han decidido luchar por encontrarse entre los más destacados? O.S. Marvin dijo: "El éxito no es nunca una donación, es una conquista". Es decir, que debe haber esfuerzo de nuestra parte, lo que implica mantener un estado de ánimo muy elevado dentro de nuestras vidas para lograrlo.

Cuando empecé mi vida ministerial fueron muchos los jóvenes que ingresaron al ministerio al mismo tiempo, pero en la medida en que pasaban los años, veía cómo varios de ellos se iban quedando en el camino. Pude darme cuenta de que, quienes quedaban rezagados, era porque se sentían fracasados antes de empezar. Aquellos que han perseverado se caracterizan por su fuerte espíritu de optimismo, su gran entusiasmo y su poderosa relación con Dios.

El éxito se tiene que desarrollar en todas las esferas de nuestras vidas, algunos solamente canalizan toda su energía por alcanzar cierta clase de éxito, ya sea el ministerial, el empresarial, el político, o el profesional; y es bueno desear alcanzar los mejores sueños de nuestra vida, pero debemos aspirar a alcanzar el éxito pleno, que es cuando usted se siente realizado como persona. No me estoy refiriendo a la parte profesional, sino a la madurez espiritual que usted haya adquirido. Este logro debe ser seguido por el éxito familiar; ¿ha hecho un cálculo de todas las heridas emocionales que quedan en los hijos cuando un hogar se separa? Una de sus metas debe ser que usted tenga el mejor hogar del mundo, si lo logra, esto sé vera reflejado en las otras áreas.

El líder debe ser un soñador

Dios hace del líder un soñador. Esto significa que sus ojos espirituales son abiertos y Dios le revela ese mundo espiritual dándole visión y equipándolo, y no descansará hasta no ver culminada su obra. Sé que la visión de los doce es la visión de Dios para el nuevo milenio, cada persona podrá tener acceso a ella y ésta será de gran apoyo en el desarrollo, no solo de iglesias locales, sino que tiene el ingrediente de involucrar ministerialmente a cada uno de los miembros de las diferentes comunidades, llevándolos a un crecimiento acelerado que se verá reflejado en la multiplicación. Usted debe empezar a soñar con esa proyección, captar espiritualmente lo que anhela, y aplicar los procesos señalados en la visión para que esos sueños se hagan realidad.

Este ha sido uno de mis más grandes sueños: que cada persona que haya tenido un encuentro personal con Jesucristo, en cualquier parte del mundo, forme parte de un grupo de doce. Que cada pastor, sin importar la denominación para la cual trabaje, establezca grupos de doce en su congregación. Cuando Dios nos dio la visión del modelo de los doce, en el año 91, vino una oxigenación a toda la iglesia y desde entonces hemos entrado en un crecimiento, tanto de células como de miembros, de una manera extraordinaria; y era emocionante el hecho de que algunos, aunque no lo entendían muy bien, no se desalentaban, y se esforzaban por entenderla. La perseverancia ha permitido tanto fruto, que el adversario se asustó con la visión y quiso quitarnos del camino a fin de que ésta se debilitara y desapareciera, pero él no contaba con que: *"El hombre de Dios es inmortal, hasta que haya cumplido su propósito en esta tierra".*

Cuando un líder entra en el mundo de los sueños, guiado por el poder del Espíritu Santo, Dios lo lleva a grandes realizaciones a fin de que cumpla con el propósito para el cual lo ha llamado.

Aprendiendo a soñar

Todos tenemos sueños que equivalen al anhelo de conquistar algo que nos parece imposible, o que sabemos que nos demandará mucho tiempo; pero aunque alguien logre alcanzar sus propios sueños, esto no produce la plena felicidad, ya que el ser humano nunca se conforma, siempre quiere más. Sin embargo, cuando usted tiene un sueño que proviene de Dios, este le hace a usted completamente diferente a los demás pues, ha logrado interpretar los anhelos del corazón de Dios, y de éste modo puede lanzarse a conquistar aquello que para otros es quizá una locura. Algunos interpretaron el sueño de Dios para sus vidas llevando una existencia de abnegación, sacrificios y pobreza; otros lo interpretaron identificándose con los menos favorecidos, etcétera, pero el sueño que verdaderamente proviene de Dios, produce paz, bienestar, seguridad y felicidad, y la persona siempre ve el fruto de su trabajo. Este sueño lo saca de lo común, de lo ordinario, y lo lleva a escalar dimensiones completamente diferentes, porque usted, por haberle creído a Dios, tiene el valor de hacerlo, de convertirlo en realidad. De este modo, entra a proyectarse como una persona de éxito, quizás siendo mal interpretado por los demás, pero sin detenerse ni desalentarse ante cualquier clase de crítica pues, nada tiene que preocuparle mientras esté realizando lo que Dios le ha confiado.

Cuando conocí el anhelo del corazón de Dios para mi vida, entendí que El quería todo lo mejor para mí y entré en ese nivel de fe que me ha ayudado a encontrar mi lugar en el cuerpo de Cristo.

Haciendo nuestros sueños realidad

Los sueños grandes y nobles son el material con el que entretejemos nuestro futuro. El hombre que anhela el éxito debe quedar tan impregnado de una visión como la mujer embarazada, quien, aunque no está viendo el desarrollo de su bebé, se preocupa por prepararle todas las cosas que necesitará cuando nazca. Del mismo modo, cuando tenemos un sueño, una visión dada por Dios, no debemos dejarnos influenciar por las circunstancias, sino hablar de esa visión como algo ya nuestro. Es soñar con algo que ya en nosotros es una realidad.

La visión debe estar acompañada de la certeza de que es el propósito de Dios para nuestra vida, y ponerse en evidencia ante los demás confesándola día y noche hasta sentir que ésta arde como una llama poderosa en lo íntimo del corazón. La persona que recibe una visión, no debe descansar hasta ver realizado cada sueño. Por ejemplo, la visión que tuvo el Señor Jesús fue edificar su iglesia, y para ello escogió a doce hombres, los cuales entrenó por tres años y medio, logrando reproducir su carácter en cada uno de ellos; llevándolos a que experimentaran lo que es en sí un verdadero encuentro con El pues, de este proceso se desprendería lo que el Señor denominó: la edificación de la iglesia, y las columnas que soportarían el peso del edificio, vendrían a ser los doce apóstoles. Si fijamos por un momento los ojos en la manera como el Señor entrenó a sus doce, encontraremos que es el método más eficaz que pueda existir: trabajar profundamente en las personas que luego tendrán que soportar todo el peso de la obra.

Cuando una congregación ha entrado en crecimiento, se requieren estrategias que ayuden no solo a mantener la iglesia, sino que contribuyan a que cada miembro conserve su identidad ya que, el gran riesgo al que se expone la membresía, es convertirse en un punto más en un conglomerado.

El poder de la visión, referida al modelo de los doce, me hizo comprender la gran bendición que hay al desarrollar un liderazgo bien estructurado a través de esta estrategia. En la revelación que Dios me dio, me dijo: *"Si entrenas doce hombres y viertes en ellos todo lo que te he dado, y haces que ellos se reproduzcan cada uno en otros doce, y éstos en otros doce, lograrás cuidar a cada persona de la iglesia"*. Gracias a este modelo, del cual nos ocuparemos detalladamente en la segunda parte del libro, hemos podido pastorear de manera personalizada a los miembros de la iglesia, conociendo los diferentes problemas de la congregación, ayudándoles en las distintas situaciones, y ministrándoles con la guía del Señor en los casos en que se ha requerido.

Compromiso total

El éxito es el resultado de nuestro compromiso con Dios. Cuando Dios da un sueño, es nuestro deber que utilicemos todas nuestras fuerzas sin desmayar por un solo momento hasta alcanzarlo. Después de aquella palabra dada a mi vida por el Señor, pude notar que en mi mente se había producido todo un cambio, y que era una persona completamente diferente, por fin sentí que sí podía ser pastor de una gran iglesia. Al inicio de este nuevo desafío, me desbordé a ministrar continuamente a las personas con diversas necesidades, dedicando un promedio de catorce horas por día; la noticia empezó a ser difundida rápidamente pues, cada quien veía la respuesta a sus necesidades; día a día el número de personas aumentaba, y yo tenía que redoblar mis fuerzas, recortando aun hasta mis días de descanso, hasta que empecé a sentir que estaba cayendo en el agotamiento; yo pensaba que esto era compromiso. Pero Dios me hizo ver que el compromiso con el sueño dado por El no es trabajo intenso solamente, sino trabajo estratégico, y que aunque Dios da la visión a un hombre, la obra solo se puede desarrollar cuando se logra involucrar de una manera estratégica a cada uno de los miembros de la iglesia. Esto me llevó a entrenar personas que me pudiesen ayudar a ministrar a la gente; así, todos los que tuviesen alguna necesidad de consejería, o de oración especifica por un milagro, podían acudir ese día de la semana para ser ministrados. Gracias a Dios por los colaboradores en el ministerio pues, pude ver que con aquellos veinte creyentes que había entrenado hacía un mayor y mejor trabajo que el que lograría si yo hubiese continuado haciéndolo todo.

Moisés tenía la unción, pero él necesitó de un equipo que obrara con su mismo espíritu; un equipo que pudiera suplir las diferentes necesidades del pueblo. Luego de que Moisés escogió a setenta y dos en quienes vio vidas de integridad, Dios tomó del espíritu que había en Moisés y lo repartió entre ellos. Del mismo modo es fundamental que Dios tome de la unción que está en el hombre a quien El le ha dado la visión y la reproduzca en el liderazgo básico, para que estos a su vez la reproduzcan entre los demás creyentes; y si se hace fielmente, se podrá contar con toda una congregación comprometida y decidida por establecer el reino de Dios en esta tierra, en todo el pueblo.

Capítulo cuatro

UN LIDERAZGO CON OBJETIVOS PRECISOS

"Prepárate para asumir grandes responsabilidades, porque los valientes piensan en conquistar la cima de la montaña, mientras que los cobardes mueren tratando de rodearla" C.C.D.

Diez años atrás llamé a mi cuñado César Fajardo y le pedí que se encargara del ministerio de jóvenes. Para ese entonces él estaba estableciendo una sociedad en el negocio de las esmeraldas, que le representaba mucho dinero. Cuando empezamos a hablar sobre la parte salarial, él trató de olvidarse del asunto porque lo que recibiría de la iglesia, no era nada comparable con lo que estaría ganando dentro de su empresa. Esto lo llevó a tratar de replantear la situación con su socio y las ofertas económicas se hicieron mucho más atractivas, pero el día en que estaba a punto de firmar la sociedad, el Espíritu le reveló que ese no era el propósito de Dios para su vida; así que reaccionó con firmeza y le dijo a su socio: He decidido desistir de la sociedad por que siento que mi lugar está en la iglesia desarrollando el ministerio que Dios me ha dado. Aquel hombre quedó bastante sorprendido, y le dijo: "pero piensa en tu futuro, en tu familia y en tus finanzas pues, no creo que la iglesia te pueda dar más de lo que puedes ganar conmigo". Para este hombre no tenía sentido lo que estaba sucediendo, pero para mi cuñado sí, ya que él entendió que el verdadero liderazgo no debe estar centrado en el bienestar económico, si no en cumplir el propósito de Dios para su vida.

A los pocos meses de mi cuñado haber tomado esta decisión, vino una fuerte crisis a todo el mercado de las esmeraldas y la mayoría de empresarios perdieron casi todo su capital, incluyendo a este hombre. Pero por otro lado, Dios empezó a bendecir de una manera muy especial el ministerio juvenil, constituyéndose en este momento en uno de los más importantes de América, con más de seis mil células.

Clarifique el propósito venciendo el temor

Todos tenemos que enfrentarnos ante el espectro del temor, cuya meta es sacarnos del propósito perfecto de Dios para nuestras vidas; pero la única manera de vencerlo es con la fe. Sabemos que tanto el temor como la fe fascinan y atraen porque buscan seguidores, ambos pertenecen al mundo espiritual. La fe viene de Dios y el temor viene de el adversario; la fe nos lleva al éxito, el temor conduce al fracaso; la fe produce una estado de animo positivo, el temor produce una estado de animo negativo; la fe nos hace vencedores, el temor conduce a la derrota; la fe trae gozo, el temor trae tristeza; la fe produce compañerismo con Dios, el temor trae soledad. Cuando mi esposa Claudia era niña fue mordida por un perro que se lanzó contra ella, a causa de esto tuvo que luchar por años contra un espíritu de temor, hasta que lo logramos identificar y echar fuera; después de esto lo que más opera dentro de su vida es el espíritu de fe, que la ha llevado a dar pasos sorprendentes, por ejemplo, decidió incursionar en el campo político, constituyéndose en la primera senadora cristiana de Colombia.

Nunca permita que el temor lo saque del propósito que Dios tiene para usted, tampoco acepte el vivir toda una vida con el temor, ni tampoco lo justifique por el hecho de que en su familia siempre éste haya existido; la mejor manera de vencer el temor, es enfrentarlo en el poder del Espíritu. San Juan dijo:

> *"En el amor no hay temor, sino que el perfecto amor echa fuera el temor; porque el temor lleva en sí castigo. De donde el que teme, no ha sido perfeccionado en el amor"* (1 Jn. 4:18).

Thomas Caryle dijo: "Los actos de un hombre son serviles... hasta que pone el temor debajo de sus pies".

Cuando las barreras que coloca el temor son superadas, todos estamos listos para desarrollar un liderazgo con objetivos claros, precisamente el liderazgo con propósito al que hice referencia en la introducción de este libro y que es el que está demandando el mundo hoy en día: procurar formar personas que asuman un verdadero compromiso con Dios; ésta debe ser una de las más importantes prioridades del líder, buscando siempre que el liderazgo gire en torno a Dios y no en torno a sí mismo. Cuando se apunta al blanco perfecto definiendo estos objetivos en el proceso de formación de cada persona que llega a la iglesia, no se corre el riesgo de mirar las multitudes llegar y desaparecer de la comunidad de un momento a otro, por el contrario, se logra que los creyentes se afiancen y se dispongan a prepararse para llegar a ser líderes usados por el Señor en la conquista del mundo.

Muchas veces nos dejamos impresionar por servicios espectaculares, donde vemos que las personas acuden en busca del toque del Espíritu, pero así como llegan del mismo modo se van, y cuando despiertan a la realidad, se preguntan: ¿dónde está el fruto de mi trabajo? Esto se debe a la existencia de un liderazgo sin objetivos definidos, sin propósito, sin un blanco adecuado. Dios nos da grandes responsabilidades cuando tiene la certeza de que seremos capaces de asumirlas. Un pastor que conocí en Centroamérica me comentó que por su iglesia habían pasado unas doscientas mil personas en sólo cinco años, pero que no había podido retener el fruto. En otra oportunidad conocí a un líder destacado a quien Dios está usando de una manera especial aún con visitaciones gloriosas en su congregación, logrando tener un avivamiento impactante como muy pocas organizaciones cristianas han experimentado en la actualidad en Europa, pero él me manifestó lo siguiente: "Aproximadamente unas novecientas mil personas nos han visitado en los últimos tres años, y sólo cuento con una membresía de mil quinientas personas; mi mayor inquietud es cómo retener el fruto. Sin embargo, hace una semana, el Señor me habló diciéndome que me daría la estrategia para conservar la cosecha de almas que me venía dando, y creo que tu venida al Reino Unido es la respuesta de Dios a mi inquietud".

Esta es la situación que se observa en los distintos ministerios a nivel mundial. No podemos caer en el conformismo y en la quietud guiados por el impacto de un éxito momentáneo, la visión debe tener un propósito y ha llegado la hora de definirlo. No debemos dejarnos sorprender por el hecho de tener servicios muy concurridos, mucho cuidado con esto porque se puede convertir en una desviación del verdadero propósito para el cual Dios nos ha llamado a su obra. Si las personas no están siendo alimentadas, si no estamos haciendo lo que nos corresponde para que puedan llegar a ser verdaderos discípulos de Jesús, prácticamente estamos perdiendo de vista el objetivo primordial de nuestro llamado.

El propósito ideal: hacer que la visión corra

Antes de partir de este mundo, el Señor Jesucristo, consciente de que su misión tenía que ser culminada, y que quienes lo deberían hacer serían sus discípulos, les dijo: *"Toda potestad me es dada en el cielo y en la tierra. Por tanto, id, y haced discípulos a todas las naciones"* (Mt. 28:18-19). En esta declaración se resume el propósito de Dios que debía continuar hasta el fin: *la salvación de toda la humanidad.* El Señor Jesús, como todo un gran conquistador, les da a entender a sus seguidores que no deben temer a nada ni a nadie pues, El se constituyó en Señor sobre todo, tanto en el cielo como en la tierra. Con esa confianza ellos deberían lanzarse a conquistar las naciones para su reino, haciendo que la visión corriera. Razón por la cual encontramos un liderazgo que no se dejaba amedrentar por los adivinos o hechiceros pues, ellos conocían el secreto de la guerra espiritual; ya que todo espíritu estaba bajo la potestad de Jesús.

Los apóstoles sabían cómo doblegar los poderes del infierno en cualquier ciudad a donde ellos llegaban a predicar el evangelio. Además, el evangelio que predicaban era un evangelio cargado de poder porque ellos habían renunciado a cualquier clase de prejuicio humano, y solamente se movían en la sensibilidad al Espíritu Santo. Los discípulos no se limitaron a ir a determinado lugar, sino que, además de ser excelentes ganadores de almas, permanecían con los recién convertidos hasta que éstos ya estuviesen formados y listos para dar fruto. Conocían el verdadero sentido del discipulado. Conscientes de que si querían tomar un ciudad, sería imposible sin haber formado líderes.

Pero no basta con que la persona escuche el evangelio o que asista a una congregación, sino que debemos realizar la tarea de convertirlos en discípulos de Jesucristo, enseñándoles todas las cosas que El ha mandado.

Miles de predicadores se esforzaron por llevar el mensaje de Cristo a lugares remotos, aún vieron cómo las multitudes pasaban al frente a hacer su profesión de fe, sin embargo, ese fruto no se quedó con ellos porque no hubo un seguimiento efectivo en sus comunidades.

Es el seguimiento a cada persona lo que garantiza su permanencia en la vida cristiana y que asuma un genuino compromiso con el Señor. Trabajar con un propósito definido permite que los esfuerzos se canalicen efectivamente logrando resultados óptimos, preparando un liderazgo perdurable.

Forme líderes

El formar gente es una de las tareas primordiales que Dios le ha confiado a sus hijos. Los hijos son sencillamente un reflejo de lo que los padres sembraron en sus vidas durante años. Cuando un hijo toma el camino correcto y anda por la senda de la justicia, esto trae una gran satisfacción a la vida del padre, notando que valió la pena el tiempo que invirtió en su formación. Nuestros discípulos vienen a ser como nuestros hijos espirituales, y esto implica dedicarles tiempo; se requiere esfuerzo, oración y dirección divina, para poder guiarlos en el temor de Dios, y no desmayar hasta que veamos que Jesús ya ha sido, no solamente engendrado, sino formado en ellos. Debemos mirar a nuestros discípulos con los mismos ojos que un padre amoroso y visionario ve a sus hijos, expresando lo que ellos serán en el mañana. Así como cada hijo es un tesoro que Dios envía al hogar, cada discípulo es otro tesoro enviado por el Señor para enriquecer nuestro ministerio. Debemos buscar el oro que hay en ellos, sin detenernos tanto a contemplar sus errores, y esto demanda nuestro tiempo y paciencia, pero luego veremos la recompensa del mismo modo que la vio el Señor en sus doce apóstoles.

Al igual que en la fábula de Esopo, en la que un granjero que veía que su gallina día a día ponía un huevo de oro, impaciente, decide sacrificarla para poder tener el oro en un solo momento, llevándose la sorpresa de que no había nada dentro, de igual manera sucede con algunos que prueban modelos de crecimiento, y si no ven resultados en corto tiempo, deciden sacrificar la visión, y pasan toda la vida en busca de la fórmula mágica que les de por fin el secreto de crecimiento. En nuestro caso, el modelo ha funcionado porque cada persona que llega a nuestra congregación es recibida como una bendición de Dios, y nos esforzamos por darles la formación correcta para que ellos, a su vez, se conviertan en un canal de bendición para otros. Alguien dijo: *"Si quieres planificar para un año, siembra semillas; si quieres planificar para una década, siembra árboles; si quieres planificar para eternidad, siembra en la gente"*.

Capítulo cinco

LA INFLUENCIA DEL CARÁCTER

"Quien se compara con los que están por debajo de él, es un mediocre; Quien se compara con los que están a su mismo nivel, es un conformista; quien se compara con el que le lleva algo de ventaja, es una persona con anhelos; pero quien se compara con el que está en la cima, es alguien con corazón de líder" C.C.D

Los tiempos modernos se caracterizan por la proliferación de estados neuróticos en el hombre, de acuerdo a los más recientes estudios psicológicos. En los días actuales la gente anda desesperada, pero eso era lo que tendría que acontecer para estos tiempos, tal como lo profetizó el Señor: *"Desfalleciendo los hombres por el temor y la expectación de las cosas que sobrevendrán en la tierra"* (Lc. 21:26).

Todas esta cosas son consecuencia de una generación que ha querido desarrollar una vida sin el temor de Dios, centrándose solamente en las cosas materiales, dejando sus espíritus completamente vacíos; y por causa de esto el hombre ha llegado al borde de la desesperación. Son alarmantes los reportes de personas que aunque lo poseen todo, siendo lo que en el sentido estricto de la palabra podríamos llamar "personas de éxito", deciden quitarse la vida porque nada los llena y ésta ya no tiene sentido para ellos.

Una de esas personas, de nombre Fernando, en medio del desespero le pagó a alguien para que le quitara la vida, pero esta persona le devolvió el dinero y le dijo: "eso yo no lo puedo hacer. Regrese a su casa que posiblemente su familia lo espera". Aquel día tuvo otros intentos de suicidio, pero todo fue en vano y decidió regresar a su casa en las horas de la madrugada. Al día siguiente alguien le invitó a una de nuestra reuniones de hombres; y en uno de los apartes de la predicación sentí decir: "Posiblemente usted se llama Fernando y ha pensado quitarse la vida porque cree que ésta ya no tiene sentido. Pero déjeme decirle que su vida es valiosa, y que Dios la ha preservado para que usted la rinda la servicio de Él". Cuando escuchó estas palabras se estremeció en gran manera, y al hacer el llamado fue uno de los primeros en pasar al frente entregándole su vida a Jesús. Luego pidió permiso y compartió su testimonio.

He podido entender que cuando una persona se debilita en su carácter, sus éxitos carecen de sentido. Estas apreciaciones me condujeron a analizar la influencia trascendental que ejerce el carácter de un individuo en el liderazgo que esté desarrollando. Todo aquel que esté lleno de Dios en su vida, lo reflejará en su carácter, ya que éste da testimonio de que se cuenta con el fruto del Espíritu Santo. Los líderes que Dios quiere levantar en los días actuales, se deben caracterizar por la firmeza de carácter, y éste se fortalece muchas veces por medio de las pruebas, quitándole la confianza en sí mismos, para que la depositen de plenamente en Dios.

Dios moldea nuestro carácter

Los problemas de carácter acaban con cualquier liderazgo en potencia y, por lo tanto, tienden a sacarnos del proceso divino. En la Biblia encontramos el ejemplo de hombres que tuvieron que pasar por un trato directo de Dios, para así poder cumplir con la misión destinada para ellos pues, un liderazgo sin carácter es tan peligroso como confiar un arma en las manos de un niño. Uno de los más grandes líderes del Antiguo Testamento tuvo que pasar por años de desierto, antes de que Dios pudiera confiarle su obra; me estoy refiriendo a Moisés. La historia registra tres etapas de su vida:

1. **Desde su nacimiento hasta los cuarenta años.** Período de la adolescencia espiritual. En esta etapa, Moisés es consciente de su identidad, él sabe que, aunque fue educado en el palacio de faraón como parte de la familia real, su verdadero pueblo es el pueblo de Israel. Pero en su afán de querer ayudar a alguien de su pueblo, un judío, trata de hacer justicia con sus propias manos, actuando con humana sabiduría; y llevado por ese impulso de adolescente termina quitándole la vida a un egipcio, viéndose obligado a huir y refugiarse en el desierto.

2. **Desde los cuarenta, hasta los ochenta años.** Período de la formación ministerial. Dios permite que Moisés pase por toda clase de necesidades en el desierto. Para él, el cambio fue demasiado brusco ya que venía de la holgura del palacio, para tener que enfrentarse a la escasez

del desierto, pero esto fue lo que Dios usó para descontaminarlo de lo que había recibido en Egipto. Por cada año que Moisés se contaminó en Egipto, Dios tuvo que emplear otro año para descontaminarlo en el desierto; pero al mismo tiempo que Dios lo descontaminaba, aprovechaba cada día para formarlo.

3. Desde los ochenta, hasta los ciento veinte años de edad: Período de madurez ministerial. *"Y aquel varón Moisés era muy manso, mas que todos los hombres que había sobre la tierra"* (Nm. 12:3). La mansedumbre de Moisés era el resultado de lo que Dios había hecho en su carácter durante aquellos cuarenta años en el desierto. Esto fue lo que le dio la fuerza para poder soportar las querellas de todo un pueblo que, por no querer renovar su mente, jamás comprendió lo que Dios quería hacer con sus vidas; pero por encima de todo, Moisés se dejó usar por Dios con señales, maravillas y prodigios como ningún otro en Israel lo había hecho; a tal grado que no se llegó a levantar en Israel un hombre que le igualara, convirtiéndose de este modo en el hombre más ilustre del Antiguo Testamento.

Un trabajo intenso con cada persona

El verdadero liderazgo requiere de un trabajo intenso, profundo, al interior de cada persona; es una labor que requiere esfuerzo y paciencia para ver el fruto, si no nos desalentamos, entonces lograremos resultados extraordinarios.

Debido al ministerio que Dios me ha confiado, las puertas permanecen abiertas para todo tipo de personas, y sin importar el nivel social de donde ellos vengan, lo primero que hacemos es trabajar en el carácter de cada quien. Como pastores desearíamos que las personas sobre las cuales Dios nos llama a liderar no tengan ninguna clase de problema, pero, por lo general, sucede lo contrario; es como si lo que experimentó David se repitiera.

Por causa de los celos de Saúl, David tuvo que huir a la cueva de Adulam; *"..y cuando sus hermanos y toda la casa de su padre lo supieron, vinieron allí a él. Y se juntaron con él todos los afligidos, y todo el que estaba endeudado, y todos los que se hallaban en amargura de espíritu, y fue hecho jefe de ellos; y tuvo consigo como cuatrocientos hombres"* (1 S. 22:1-2).

A David le tomó muchos años trabajar en el carácter de estas personas, ya que, debido a su trasfondo, tenían muy malas costumbres; pero David tuvo paciencia y sabiduría con ellos, y poco a poco los fue formando hasta llegar a tener uno de los ejércitos más sólidos de aquel entonces, aprendiendo a latir juntos, como si tuvieran un solo corazón. De ellos se levantaron varios guerreros, los cuales quedaron registrados en la historia como más de treinta de los valientes de David.

Si su llamado es el pastorado, debe tener en cuenta que los valientes que usted necesita están dentro de su misma congregación; posiblemente usted no los ha visto porque deben estar con el disfraz de las necesidades, o de las deudas, o de la amargura de espíritu. Pero no se desaliente, trabaje en ellos y con el paso de los años verá el fruto y quedará satisfecho.

Dominio propio y toma de decisiones

Podemos hablar de carácter fuerte o de carácter débil, todo depende del nivel de dominio propio que tenga la persona, siendo el dominio propio, la capacidad de no permitir que los deseos primen en nuestra vida; se trata de una actitud que define la personalidad del individuo, especialmente del dirigente guiado por el Espíritu Santo. En otros términos, el dominio propio como base para la definición del carácter personal, es la habilidad y capacidad de controlar las emociones y guiarlas en un sentido positivo en el proceso de relaciones que sostenemos a diario con los demás, sobre todo, si tenemos a otros a nuestro cargo.

El carácter influye en una de las responsabilidades más marcadas del líder: la toma de decisiones. Cuando alguien no está seguro del papel que ha de cumplir en la esfera de servicio en la que ha sido colocado, significa que actúa con debilidad de carácter y, por consiguiente, está afectando el logro de objetivos importantes para la organización o entidad en la que está involucrado.

Una de las metas que me he propuesto desde que el Señor me dio la visión que desarrollamos en nuestra iglesia, es la de forjar líderes con carácter, capacitados para enfrentar los desafíos que día a día van surgiendo a medida que cumplimos con el llamado que Dios nos ha hecho. El proceso de formación no fue fácil en principio, y aún tiene sus bemoles, pero nos hemos dado cuenta, observando la cosecha de miles de líderes que ocupan las aulas de nuestras escuelas, que sí es posible estructurar la personalidad de un individuo a partir de principios bíblicos y modelos a seguir, logrando en ellos un grado de responsabilidad que determine y confirme el ser usado como instrumento de multiplicación numérica y crecimiento espiritual.

Pensemos por un momento en las piedras que David escogió para enfrentarse al gigante.

Eran cinco piedras lisas, pero ¿cómo fue el proceso para que pudieran ser perfectamente lisas? Posiblemente antes eran demasiado ásperas, pero Dios sabía que su siervo David las necesitaría algún día, y usó la corriente del río para que se estrellaran unas contra otras en un proceso de años hasta que, cuando estaban en las manos de David, dichas piedras ya no tenían ninguna imperfección, eran las ideales para cumplir el propósito de David; por ello, al ser usadas, gracias a que no había ninguna aspereza en ellas, tuvieron un vuelo perfecto, dando justo en el blanco: en la frente del gigante.

El apóstol Pedro dijo que nosotros somos como piedras vivas, es decir, que nuestro carácter está siendo formado en el río de este mundo, donde chocamos con algunas de las personas más cercanas a nosotros, ya sean de nuestra propia familia, o de la misma comunidad.

No nos explicamos por qué estas personas se comportan así, pero Dios usa cada situación para formar nuestro carácter. Se convierten en líderes idóneos aquellos que saben que cada adversidad que tienen que afrontar en la vida, es parte del proceso en la fabrica divina, donde Dios está formando a hombres con carácter.

Una meta: la perfección

El liderazgo que Dios espera sea desarrollado en estos tiempos de tantos retos y desafíos, sólo puede ser desempeñado por hombres y mujeres que estén dispuestos a moldear su carácter teniendo como meta la perfección, tal como el Señor Jesús lo dijo:

"Sed, pues, vosotros perfectos, como vuestro
Padre que está en los cielos es perfecto"
(Mt. 5:48).

Jamás el Señor nos daría una meta que nosotros no pudiéramos alcanzar, no obstante, la meta que El nos trazo, es demasiado alta pues, Dios no espera una aproximación a la perfección, sino que nuestra meta debe ser la perfección completa. Al respecto el doctor Derek Prince comenta: "Tomemos de las matemáticas el ejemplo de la palabra redondo. O una cosa es redonda o no lo es; si es redonda, entonces se trata de un círculo. Hay sólo una clase de círculo, aunque distintos tamaños de éste. Dios, el Padre, es el gran círculo que encierra el todo; Jesús no espera que tengamos el mismo tamaño de Dios, pero sí que tengamos su carácter. Usted y yo podemos ser círculos en el pequeño lugar donde Dios no haya puesto con deberes aparentemente triviales y a veces aburridos, ya sea de ama de casa o conductor, pero allí Dios quiere que seamos círculos perfectos, perfectamente redondos como ese gran círculo que encierra todo el universo y que es Dios, el Padre".

El Señor quiere que su carácter se desarrolle a través de nuestras vidas. No es fácil llegar a una madurez plena en Cristo, esto implica dedicación, consagración, esfuerzo y negación a uno mismo. Sin la ayuda del espíritu Santo, sería prácticamente imposible lograrlo, ya que la presencia de El en nuestras vidas se debe reflejar en el fruto del Espíritu Santo, esto es: *"Amor, gozo, paz, paciencia, benignidad, bondad, fe, mansedumbre, templanza..."* (Gá. 5:22-23). Este fruto se ve reflejado en un carácter controlado por el Espíritu del Señor.

Capítulo seis

EL LÍDER POSEEDOR DE UNA ACTITUD CORRECTA

"La motivación del hombre es como un reloj dentro de su vida, que no importa las circunstancias del tiempo, siempre está funcionando" C.C.D.

Por lo general, nuestras actitudes tienden a ser influenciadas por las circunstancias, y al tener amistad con personas que tienen una actitud negativa, se corre el riesgo de que las actitudes de la otra persona se conviertan en lazo para nuestra alma. Uno de los reyes que se destacaron por su integridad, fue Josafat, pero cuando tuvo amistad con el rey Acab por poco le cuesta la vida, ya que, por guardar un compromiso de amistad, aceptó acompañarlo a la guerra y los adversarios lo rodearon para matarlo pensando que era Acab, pero cuando gritó, se dieron cuenta de que no era a quien estaban buscando y se retiraron de él. Luego continuó la amistad con el hijo de Acab, e hizo una sociedad que Dios desaprobó completamente y por causa de esto todas las naves de esta sociedad, se destruyeron en el mar.

La actitud va muy ligada con el ambiente que se respira dentro del seno familiar, y se reflejará en las demás actividades laborales o sociales, o en el mismo comportamiento individual. La actitud determina nuestro grado de comportamiento frente a las circunstancias, todo deportista tiene que tener una actitud de triunfo que, a la vez, es el resultado de un proceso de años de preparación. El reciente campeón mundial de la Fórmula Car, Juan Pablo Montoya, no llegó al triunfo como resultado de la buena suerte, él contó con el respaldo de su padre quien, desde que era un niño, lo pudo visualizar como todo un campeón en este peligroso pero emocionante deporte, y desde entonces comenzó su entrenamiento. El hombre que posee una actitud correcta, sabe hacia dónde va.

El apóstol Pablo, con pleno conocimiento en el campo deportivo, presenta el paralelo entre el deportista que entrega toda su vida, con la meta de alcanzar una medalla o un trofeo, con el aspecto espiritual. El deportista es consciente de que puede ganar o perder, pero que debe correr con la esperanza de obtener el galardón. Y en el campo espiritual, Pablo da a entender que el hecho de estar ya en la carrera cristiana, no nos hace merecedores del galardón, sino que debemos esforzarnos por culminar la carrera, pero terminarla como ganadores. Nunca debemos permitir que el desánimo entre en nuestras vidas, antes debemos tomar la delantera en la vida cristiana, y nunca dejarnos relegar a un segundo plano. Cualquier trofeo que el hombre obtenga en esta tierra es pasajero, pero el galardón del cual nos habla el apóstol es el de la corona de la vida, la cual Dios da a los que le aman.

Una es la actitud que tiene un atleta cuando está en la línea de despegue, lo que exige un alto grado de concentración para poder tomarles algo de ventaja a los demás; y otra es la actitud cuando la carrera está en su marcha. Cuando el atleta está corriendo puede asumir una actitud de desaliento si siente que los demás le han tomado ventaja y puede rezagarse y quedarse en el último lugar, pero el que tiene la actitud de triunfo no mira las circunstancias sino que durante la marcha sigue avanzando sin dejar que ni los pensamientos lo distraigan. Pero hay otra actitud y es cuando se están aproximando a la meta.

Al entrar en la recta final, el atleta sabe que hay competidores al lado suyo, y es cuando se llena de fuerza, de nuevas energías, diciendo: ¡tengo que superarlos!, y es allí cuando do utiliza el aire que ha reservado, un aire para los últimos metros de la carrera, entonces la persona respira profundo, toma ese nuevo aliento y siente que sus fuerzas han sido renovadas. Este proceso puede decidir el buen éxito de la carrera.

Todo atleta es consciente de que: "La actitud es el estado de disposición nerviosa y mental, organizado mediante la experiencia, que ejerce un influjo dinámico y orientador sobre las respuestas que un individuo da a todos los objetos y situaciones con que guarda esa relación". Nosotros debemos entender que la actitud es un sentimiento interior expresado en la conducta, es decir, dentro de nosotros debemos tener esa actitud de triunfo, que empezamos la carrera cristiana pero que vamos a llegar hasta el final.

Una actitud optimista transforma las circunstancias

Dios puso un potencial creativo extremadamente amplio en la mente del ser humano desde el mismo inicio de la creación, razón por la cual dejó en libertad a Adán para escoger el nombre a cada uno de los animales. Adán tuvo que usar todo ese potencial creativo, y de una manera lógica se entregó a buscar un nombre que identificara fácilmente a cada animal, y aunque la tarea era extensa, Adán la cumplió fielmente. Nosotros, al igual que Adán, nos encontramos, no ante trescientos sesenta y cinco animales, sino ante trescientos sesenta y cinco días de cada año; y debemos buscarle el rostro a cada día, ya que esto equivale a darle un nombre, o trazar proféticamente el destino de cada día. Al respecto el Señor dice a su pueblo que le den el nombre correcto al día: "*...y lo llamares delicia, santo, glorioso de Jehová... entonces te deleitarás en Jehová; y yo te haré subir sobre las alturas de la tierra, y te daré a comer la heredad de Jacob tu padre; porque la boca de Jehová lo ha hablado*" (Is. 58:13-14).

Cambio de paradigmas

Por lo general, todos tendemos a sentirnos muy cómodos con todo aquello que se ha convertido en algo rutinario y que hacerlo no implica ningún esfuerzo, por tal motivo hemos adquirido hábitos de comportamiento que muchas veces han sido hereditarios; muchos de ellos se han convertido en paradigmas que nos han atrapado, y sin darnos cuenta nos podemos encontrar ante una especie de prisión intelectual, que no admite ninguna clase de cambio.

Tenemos ejemplos de hombres como Henrry Ford, que, a pesar de ser uno de los más grandes empresarios en el campo de la fabricación de automóviles, se rehusó a cambiar su modelo tradicional, y en actitud violenta destruyó el vehículo que le presentaron como una muestra completamente innovadora, queriendo manifestar que no deseaba ningún cambio de paradigma. El mismo modelo que él rechazo fue aceptado por otra compañía ensambladora, llegando a ser uno de los modelos más vendidos. Los suizos, a pesar de ser los pioneros en la relojería mundial, fueron desplazados por los japoneses porque cuando tuvieron la oportunidad de innovar, sintieron temor al cambio; mientras que los japoneses además de pensar en la exactitud de la hora, pensaron en relojes desechables que fueran muy baratos; de este modo se fueron ganando el liderazgo en el mercado de la relojería mundial.

Es fundamental que aquellos que se están desarrollando dentro del pastorado, entiendan que el innovar no nos saca de la voluntad divina. Si observamos la creación, encontraremos que no existe absolutamente nada que sea repetitivo pues, Dios lo hizo todo con ingenio y hermosura. Si la tecnología está en avanzada gracias a la innovación, cuánto más nosotros que tenemos la responsabilidad de conquistar naciones enteras para Cristo. Algo de mucha ayuda en el pasado para solidificar a los miembros de las iglesias, fue la famosa escuela dominical, pero, aunque era muy buena y tratamos de implementarla dentro de nuestra congregación, notamos que la mayoría de las denominaciones lo aplicaban casi como por regla general, con nosotros solo funcionaba a nivel de niños. Dios me empezó a inquietar sobre el asunto y me hizo ver que podría cumplir el mismo objetivo, y con mayores resultados, si solo motivaba a las personas a que asistieran a una célula que podría desarrollarse en el sector donde ellos vivían, en un salón de la empresa donde trabajaban, o en el lugar de estudio. Aunque el lugar no era lo indispensable, sí tratábamos de que se cumpliera el objetivo, que era darles fundamentos sólidos de acuerdo a la enseñanza bíblica, a cada uno de aquellos que habían decidido vivir la vida cristiana. Esto fue para nosotros un cambio de paradigma y, gracias a ello, en nuestra comunidad hemos logrado hacer de la visión celular un modo de vida.

El espíritu de los triunfadores

Frente a la adversidad

Recordemos el caso de Job quien, de la noche a la mañana, sufrió un terrible cambio en toda su vida pues, en un solo momento perdió a sus hijos, sus siervos, sus bienes, todo su ganado; y aunque la prueba continuó por varios meses, él dijo: "*He aquí, aunque él me matare, en él esperaré*" (Job 13:15). Ni la pérdida de su familia, ni de todos sus bienes, ni la enfermedad en su cuerpo, ni los terrores de la noche, ni las palabras de condenación de sus tres amigos, lo doblegaron en su espíritu; Job sabía que las respuestas a todas sus necesidades estaba en su Dios, y ese espíritu de victoria fue lo que lo hizo un conquistador.

Toda la riqueza espiritual se adquiere en la medida que nos relacionemos con Dios y su Palabra porque la Palabra de El en nuestras vidas, se convierte en una poderosa arma contra cualquier argumento del adversario. Por esta razón, Job no aceptó ni por un momento las palabras necias de su esposa, y rebatió todos los argumentos que esgrimieron sus amigos, diciéndoles: *"Porque ciertamente vosotros sois fraguadores de mentira; sois todos vosotros médicos nulos. Ojalá callarais por completo. Porque esto os fuera sabiduría. Oíd ahora mi razonamiento, y estad atentos a los argumentos de mis labios"* (Job 13:4-6).

Lamentablemente en los momentos de dolor muchos consoladores vienen cargados de palabras negativas, para que en ese momento de confusión las aceptemos y de este modo pequemos contra Dios. Después de aquel atentado en el que recibí cinco impactos de bala en mi cuerpo, y estuve diez días entre la vida y la muerte, los reportes médicos no eran nada favorables pues, el decreto que había sobre mi vida era: muerte. Pero mi esposa se mantuvo firme en la fe con la plena certeza de que yo me levantaría, y volvería al la normalidad; y en un acto de osadía, decidió cerrar la negociación para la compra de nuestro apartamento, que días antes del atentado yo había negociado de palabra. Aunque trataron de persuadirla para que esperara el desenlace de mi situación, mi esposa dijo: Sé que mi esposo se levantará pronto y quiero darle esta sorpresa. Gloria a Dios por ese espíritu de triunfadores, que no acepta los argumentos humanos, sino que solo acepta lo que Dios ha dicho en su Palabra.

Si Job no hubiese pasado por esa prueba, su conocimiento de Dios habría sido algo muy superficial, pero la prueba lo llevó a conocer a Dios de una manera tan profunda, que el mismo Señor se le reveló en forma de torbellino hablando con él y convenciéndolo de su ignorancia espiritual, esto lo llevó a exclamar: *"De oídas te había oído; Mas ahora mis ojos te ven. Por tanto me aborrezco, y me arrepiento en polvo y ceniza"* (Job 42:5). Aunque a su propio parecer Job se consideraba un hombre perfecto, íntegro y recto, le faltaba una sola cosa: el quebrantamiento. Pero Dios usa la tribulación para quebrantar a este hombre hasta doblegarlo. Del mismo modo, todos tenemos que pasar por diferentes clases de pruebas, las cuales Dios quiere usar para nuestro quebrantamiento.

Cuando vivimos la prueba del atentado, Dios no solamente nos quebrantó a nosotros sino a toda la iglesia, la cual entró en un gemir continuo pidiéndole al Señor que no se llevara a su pastor, la membresía gemía noche y día y nosotros ni siquiera nos explicábamos por qué habíamos tenido que pasar por esa terrible tribulación; pero ahora entendemos que la más grande bendición que nosotros hayamos tenido fue haber pasado por el atentado porque logramos conocer a Dios como nunca antes le habíamos conocido, le conocimos de una manera personal e íntima. Obviamente en el momento de la prueba uno siente que el cielo se ha ido, que el infierno ha venido, que los demonios nos están persiguiendo; uno se siente asediado por todas las fuerzas del mal que tratan de luchar contra nuestra vida, queriéndolo destruir. Nos sentimos abandonados y desamparados, pero cuando logramos pasar por el momento de la prueba en victoria, entendemos que ésta se transforma en la más grande bendición de Dios para nuestras vidas. Lo que hemos sentido después de la adversidad, es que toda nuestra familia, todo el liderazgo y toda la iglesia adquirieron una madurez indescriptible.

Frente al negativismo

Todo triunfador tiene que aprender a moverse no por las circunstancias sino por lo que Dios ha dicho en su Palabra, tenemos el gran ejemplo de Josué y Caleb cuando diez de los espías que inspeccionaron la tierra prometida daban informe negativo y hablaban mal de la tierra, diciendo que, a su parecer, se veían como langostas. Pero Josué y Caleb les interrumpieron, diciendo: *"si Jehová se agradare de nosotros, él nos llevará a esta tierra, y nos la entregará; tierra que fluye leche y miel. Por tanto, no seáis rebeldes contra Jehová, ni temáis al pueblo de esta tierra; porque nosotros los comeremos como pan; su amparo se ha apartado de ellos, y con nosotros está Jehová; no los temáis"* (Nm. 14:8-9).

Estos dos gigantes de la fe del Antiguo Testamento, debido a su relación permanente con Dios, pudieron desarrollar ese espíritu de triunfo; el cual iba acompañado de una alta dosis de fe. Ellos no miraron las circunstancias, ni aceptaron el reporte negativo que daban los otros diez. El hombre de Dios sabe que la mejor noticia es aquella que le enseña al hombre que lo que él necesita ya fue conquistado dos mil años atrás por un hombre llamado Jesús, y que de la manera como nos relacionemos con El; depende que nos convirtamos en triunfadores. Todo hombre triunfador sabe el poder que existe en las palabras porque comeremos del fruto de nuestros labios. Cuando alguien se habitúa a usar un lenguaje negativo, simplemente se enlaza en sus propias palabras y todo el fracaso que haya confesado, le sobrevendrá. Mientras que aquellos que han tomado como habito usar un lenguaje de fe, y empiezan a confesar victoria de una manera permanente, lo que digan, eso les acontecerá, ya que el hombre queda preso en los dichos de sus labios.

Aquellos diez que hablaron negativamente cayeron bajo el juicio de Dios, y los que se dejaron contaminar de ese espíritu de queja y de murmuración quedaron postrados en el desierto. Mientras que, quienes actuaron con el espíritu de fe, fueron los que llegaron a la tierra prometida y la conquistaron.

Frente al temor

Uno de los enemigos más poderosos que tiene que enfrentar todo triunfador es el temor pues, quien esté controlado por el temor, se abstendrá de dar pasos trascendentales que lo pueden llevar al éxito. Detrás de una persona con problemas de carácter, muchas veces se esconde una herida emocional en lo más profundo del corazón; pero cuando se abre para recibir ayuda profesional, esa debilidad viene a ser transformada en fortaleza. El temor aparece como una de las causas de fracaso más determinantes en el ser humano y su misión especifica es hacer que las personas se desvíen del propósito por el cual Dios los envío a este mundo. Todo aquello que el hombre tema, vine a convertirse en su amo. Todo aquel que se somete a algo para servirlo, viene a ser esclavo de aquello a lo que se somete. El proverbista dijo:

*"El temor del hombre pondrá lazo; Mas el
que confía en Jehová será exaltado"*
(Pr. 29:25).

Un hombre de unos cuarenta y ocho años de edad, vino
a hablar conmigo y, tan pronto se sentó en mi oficina, rompió a llorar. Era un empresario que había saboreado el éxito, pero en ese momento se encontraba en banca rota; todo
lo había perdido, y estaba a punto de perder a su esposa.
Me conmovió el ver a este hombre que lo había tenido todo,
pero que ahora estaba sin nada, en su rostro podía ver que
el fracaso espanta, y que el temor es su gran aliado. Aquel
día, este hombre entendió que la medicina para el temor es
rescatar la fe en Dios, en sí mismo y en su familia. Después
de haber orado por él, salió con una nueva esperanza, presto
a hacerle frente a las adversidades, pero no solo, sino con
la certeza de que Dios estaba a su lado.

Frente al estrés

Me sorprendí al escuchar de los labios de uno de los
hombres que había logrado salir de lo común y proyectar
su ministerio alrededor del mundo, acerca de la obra que
logró levantar en su nación, la cual testificaba poderosamente de su fe; era el evangelista Benson Idajosa. Él nos
compartía que estaba predicando en más de sesenta naciones por año, pero que Dios le había dicho que si seguía
en ese ritmo de trabajo, se lo llevaría. Aunque era un hombre vigoroso, a sus treinta y un años de edad, el estrés lo
llevó a la muerte; la presión de su corazón no soportó el
ritmo de trabajo que llevaba, y sufrió un infarto que lo condujo a la tumba. Creo que los líderes nos tenemos que en-

frentar a ese temible enemigo llamado estrés, que viene por el exceso de trabajo, sin darle al cuerpo el descanso que este requiere.

Todo líder debe proyectarse estratégicamente y no confundir ocupación con productividad. El estrés generalmente viene por exceso de ocupación sin el descanso debido, o por no tener una visión clara de lo que se quiere en la vida, llevando a la frustración. Entre más clara sea la visión y definidas las metas, menor será el riesgo de las enfermedades pues, existe un fuerte nexo entre la manera como nosotros pensamos y el reflejo en el comportamiento humano ya que, está comprobado, que un alto porcentaje de las enfermedades son psicosomáticas. Salomón dijo: *"Conforme es su pensamiento en su corazón, tal es él"*.

Hay una serie de sentimientos negativos que son los directos responsables de producir varias de estas enfermedades, tales como: el miedo, el temor, la agresividad etcétera. Además, influyen en el comportamiento del individuo, originando problemas de hipertensión, de úlceras, de gastritis, asma etcétera. Esto puede impedirse si mantenemos una higiene mental adecuada, sin permitir ningún pensamiento negativo; ya que al aceptarlo, se necesitan diez pensamientos positivos para contrarrestarlo.

La mejor manera de tener una mente sana es con una saturación plena de la Palabra de Dios, por eso dijo el apóstol: *"La palabra de Cristo more en abundancia en vosotros"* (Col. 3:16). Esto nos ayudará a tener nuestra mente saturada de cosas positivas que fortalecerán nuestra fe.

El apóstol dijo: *"Tomad toda la armadura de Dios para poder resistir en el día malo"*. Parte de esa armadura es el yelmo de la salvación, es decir, lo que protege nuestra cabeza; al tener nuestra mente saturada de la Palabra, ésta se convierte en una muralla protectora contra cualquier dardo de negativismo lanzado por el enemigo. El optimismo de mi esposa fue puesto a prueba el día en que fuimos víctimas del atentado, ella me miró en estado agónico después de haber recibido los cinco impactos de bala, y reaccionó con autoridad y serenidad, tomándome del brazo para decirme: ¡César no te mueras! Esa voz la oí a lo lejos. Luego escuché otra voz que me decía: ¿Crees que te mueres, o que té salvas? En ese instante sacudí mi cabeza y confesé el verso sobre el cual había predicado aquel día, y dije: "No me puedo morir porque si el Espíritu de aquel que levantó a Jesús de entre los muertos, mora en mi vida, él vivificará mi cuerpo mortal por su espíritu que mora en mi vida" (Ro. 8:11). Después de confesar ese texto, el espíritu de vida volvió a mi cuerpo. Aunque estuve por diez días batallando contra la muerte, mi esposa no admitió ni por un segundo, ningún pensamiento ni comentario que fuese contrario a lo que ella creía.

Como podemos notar, tener la palabra fresca en el momento de la prueba, fue lo que me dio vida, además el hecho de que mi esposa hubiese guardado su mente sin permitir el negativismo, fue el complemento para el milagro.

Capítulo siete

EL LÍDER Y LOS MOMENTOS DIFÍCILES

*"Ten una imagen correcta de ti mismo.
No te pongas por debajo de los demás
pues te expones a que te aplasten,
tampoco te pongas por encima de otros,
porque corres el riesgo de que te
humillen; si eres tú mismo tendrás
seguidores que te admiren"* C.C.D.

Los grandes hombres de Dios se forjaron en el fuego de la prueba de los momentos difíciles.

¿Qué haría usted si se encuentra en medio del mar en una pequeña barca que está siendo sacudida por las fuertes olas y golpeada por los imponentes vientos, y que aunque ha luchado con todas sus fuerzas, todo parece que fuera en vano? Esta era la situación en que se encontraban los discípulos según el relato de Mateo 8: 23 al 27. Jesús iba en la misma barca con ellos, pero El no estaba ni angustiado, ni afligido; por el contrario, estaba durmiendo plácidamente, como probando cuál sería la reacción de ellos frente a la adversidad.

La experiencia que vivieron los apóstoles en aquel momento representa toda una enseñanza para cada uno de nosotros ya que todos tenemos que afrontar circunstancias adversas para que nuestro carácter adquiera la firmeza que se requiere para poder cumplir fielmente el propósito divino. Aquellos hombres, de una manera desesperada, acudieron a sus habilidades como expertos con los remos. Pero después de varias horas de trabajo infructuoso, aunque eran expertos en la pesca, y, aparentemente, sabían manejar las circunstancias difíciles, en ese momento daba la impresión de que todo se les iba de las manos y sintieron que no había esperanza. La situación era confusa y alarmante para los apóstoles, como también lo son las noticias matutinas que llegan a nuestra mente por los diferentes medios de comunicación, noticias cuyo mensaje es extremadamente desalentador; como lo expresaba la publicidad de un noticiero televisivo: "Las buenas noticias son para usted, las malas déjenlas a nosotros". Es como si hubiera una obsesión morbosa por transmitir el mensaje negativo, cuyos efectos tienden a ser deprimentes. Pero el Señor permite la adversidad para darle carácter a sus siervos. Los grandes hombres de Dios se formaron en el fuego de la prueba de los momentos difíciles.

El fracaso en las manos de Dios

En mis primeros nueve años de ministerio las iglesias que pude pastorear no pasaban de setenta miembros, salvo la última, la cual recibí con treinta miembros y en un año creció hasta ciento veinte, logrando llenar la capacidad total del templo. Pero luego empecé a ver cómo algunos de los miembros no volvían, y, con mucho esfuerzo, conseguía que algunos de ellos regresaran; no obstante, cuando ya había logrado recuperar a dos, notaba que por otro lado faltaban cuatro; era como si el templo tuviese una puerta de atrás, la cual no había podido cerrar. Me vi en un círculo vicioso teniendo que rogarles a las personas que fueran a la iglesia para que recibieran bendición de parte de Dios. Esto me frustró de tal manera que sentí que lo más correcto era renunciar al ministerio y dedicarme solamente al trabajo secular. Después de haber renunciado le hice a Dios esta oración: "Señor, no me comprometeré con ningún ministerio hasta que tú no me hables". Cuatro meses después recibí de parte de El uno de los mensajes más extraordinarios que haya escuchado, y que partió mi vida cristiana en dos. Entendí que las iglesias que pastoreaba solo llegaban a los setenta miembros, porque era el máximo número que yo podía pastorear. Necesitaba que Dios renovara completamente mi mente y fue lo que hizo cuando me dijo: "Sueña con una iglesia muy grande, porque los sueños son el lenguaje de mi Espíritu; porque la iglesia que tú pastorearás será tan numerosa como las estrellas del cielo, o como la arena del mar, que no podrá ser contada". Aquel día le pude creer a Dios y sentí que El había tenido misericordia de mi, tomando mi fracaso, renovando mi mente, y enseñándome que todas sus cosas se conquistan en la dimensión de la fe, más que en la lógica humana.

Tenacidad para soportar los vientos contrarios

Es fundamental desarrollar una fortaleza interna. Esta es la fuerte coraza dentro de las personas, la cual les da la capacidad de resistencia para soportar cualquier situación difícil. Recuerdo el caso de John García quien, en plena juventud, fue atacado por una fuerte enfermedad en los riñones, teniendo que ser sometido a diálisis tres veces por semana. Debido a su grave situación los médicos le pronosticaron tres meses de vida. Pero era impresionante que a pesar de la noticia, él no se debilitó, ni se deprimió, sino que se llenó de coraje espiritual, y tuvo la certeza de que viviría más tiempo. El Señor extendió su misericordia y pasaban los meses y él continuaba vivo; llegó a ser discípulo de mi hija Johana, y formó parte de sus doce, y ella me decía: "la vida de ese joven es admirable pues, aunque tiene que cumplir con sus citas médicas, y el tratamiento que le hacen lo deja muy debilitado, tan pronto sale de ahí se va a dirigir su célula, o se va a ganar almas; y siempre está ocupado en la obra de Dios, nunca se le ve deprimido, ni triste, siempre tiene el ánimo muy en alto; es el que les da ánimo a los demás". El recibía el tratamiento en diferentes clínicas, pero eso no le molestaba, más bien aprovechaba cada oportunidad para compartirles a sus compañeros de cuarto, y logró ganar a varios de ellos para el Señor. Este joven vivió tres años más y logró dejar una huella imborrable en las mentes y corazones de muchas personas, gracias a que él comprendió el poder de la tenacidad.

En una oportunidad estaba hablando con una pareja que logró alcanzar el éxito en lo que se habían propuesto, pero estaban atravesando por uno de los momentos más difíciles de sus vidas: su hijo de seis años había fallecido trágicamente en un accidente automovilístico. Esto los había dejado completamente deshechos. Pero lo que más me sorprendió fue la actitud tan positiva de la esposa, que me dijo: "En ese momento de tanto dolor le hice una oración al Señor, diciéndole: Dios, te doy gracias por los 6 años que me prestaste a este precioso hijo, al cual pudimos amar, educar y disfrutar. Señor, gracias por esos años de tanta alegría que él trajo a nuestro hogar, ahora que lo has recogido en tu seno, te doy las gracias, porque sé que de algo muy desagradable lo estás librando". Cuando yo la escuché hablar así, vi la tenacidad de esta mujer; su mente estaba estructurada sobre la base de la Palabra pues, tenía una mente fuerte, pensamientos sólidos, y carácter firme. Era como si las palabras del salmista se hicieran rhema en la vida de esta mujer: "Confortará mi alma". Ella se convirtió en un gran soporte para darle aliento a su esposo quien en esos mismos días tomó la decisión de servir a Jesucristo.

Sería prácticamente imposible desarrollar ese tipo de tenacidad si no es a través de la fortaleza que Dios nos da por medio de su Palabra, la cual conforta nuestra alma, y nos llena de su aliento para seguir adelante. Adquirimos tenacidad cuando aprendemos a entregar nuestra carga al Señor, y cambiamos la imagen mental que tenemos de nosotros mismos, porque, aquello que en un principio fue nuestra debilidad, en las manos del Señor se transforma en una poderosa fortaleza.

Si usted tiene la imagen de que es una persona pobre, eso es lo que va a transmitir a los demás. Cuando adquirimos una imagen correcta de nosotros mismos hay un cambio total en todos los aspectos de la vida, ya que aprendemos a visualizar las posibilidades que están a nuestro alcance y actuamos. ¿Cuál fue la posibilidad que vio Pedro en medio de la adversidad? Imagínese el barco moviéndose en medio del agua, en plena tempestad: los vientos rugían, las olas golpeaban contra la barca, la barca se estremecía, etcétera, pero siempre en cualquier adversidad hay una posibilidad de salvación, y la única posibilidad que vio Pedro fue acudir a Jesús. Esta posibilidad no le llegó en la primera vigilia, ni en la segunda, ni en la tercera, pero en la cuarta vigilia de la noche apareció la posibilidad de cambio; no ocurrió en un solo momento, transcurrieron muchas horas, pero llegó.

Las palabras de Jesús son de poder, porque activan todo el reino invisible de Dios. Jesús dijo: ¡*Tened ánimo*! Pedro estaba asustado y clamó, todos lo apóstoles dieron voces de miedo, pero en medio de esas imposibilidades, Jesús dice: ¡*tened ánimo*! ¿Y qué es él ánimo?: yo puedo decir que es tomar un nuevo aliento y avanzar; es un nuevo aire. En 1998 a mi suegro le detectaron cáncer en la próstata, al hacerse los exámenes, los médicos notaron que el mal se había extendido, afectando otros órganos del cuerpo; no obstante esta aparente adversidad, el ánimo que él tenía era impresionante. Al compartir la terrible noticia con toda la familia, les habló con la plena certeza de que el milagro ya estaba hecho, ni por un solo instante se le vio con el animo decaído. Luego estuvimos orando para que Dios lo sanara y el Señor me dio una visión en la que vi sus dedos llegar hasta el cáncer y extirparlo hasta pulverizarlo. Desde aquel momento mi suegro pudo disfrutar de su sanidad. Luego se hizo practicar unos nuevos exámenes y estos corroboraron el milagro que ya el Señor había hecho en su cuerpo.

Las palabras del Señor son de confianza. El les dice: ¡**No temáis**! Jesús pronuncia estas palabras en uno de los momentos más difíciles para los apóstoles, cuando estaban a punto de perecer, cuando el decreto que tenían era muerte. Pero el Señor les dice: ¡no **temáis**! El temor es uno de los mayores opositores para que el creyente pueda desarrollar la obra de Dios pues, se convierte en un lazo que ata de manos y de pies a las personas para que éstas no avancen; pero cuando se logran vencer todos estos temores, y con plena confianza nos lanzamos a hacer lo que Dios nos ha dicho, veremos su plena bendición en nuestras vidas.

El Señor dijo a Pedro: ¡*Ven*! Esta palabra se convierte en un puente entre la barca y Jesús, e inmediatamente Pedro, en un acto de fe, se lanza a caminar sobre las aguas; lo que lo sostuvo para que no se hundiera fue el poder de la palabra dada por Jesús. Cada palabra expresada por el Señor establece un puente entre la adversidad y Él. Si usted siente que el mar está embravecido, lea la Palabra porque allí está la respuesta que usted necesita, y por lo tanto debe empezar a caminar sobre ella, sin mirar ni a la derecha ni a la izquierda y lo que Dios le dice que haga, hágalo sin mirar las circunstancias. Aunque Pedro dijo: ¡Señor, iré!, y estaba caminando sobre la Palabra, al mirar las circunstancias, fue como si se hubiese salido de ese puente establecido entre la barca y el Señor; y por mirar las olas y los vientos, tuvo miedo y comenzó a hundirse dando voces, diciendo: ¡Señor sálvame!

Cualquiera que se sale de senda establecida por Dios a través de su Palabra y mira las circunstancias, se expone a correr el mismo riesgo de Pedro, y éstas lo pueden ahogar si Dios no interviene. Todo el tiempo en que Pedro mantuvo los ojos en Jesús caminó sobre las aguas, pero al quitarlos, se encontró en apuros; pero el Señor le tiende la mano y lo rescata. Sorprendido el Señor de la falta de fe del apóstol, le dice: "*¿Por qué dudaste, hombre de poca fe?*" .

El poder de las persistencia

"Nada en el mundo reemplaza la persistencia. El talento no, porque no hay nada más común que ver fracasados con talento. El genio tampoco, ya que el reconocimiento a la genialidad es casi proverbial. La educación no, porque el mundo está lleno de gente sobre educada. La persistencia y la determinación parecen siempre prevalecer" (Ray Crock).

Pero la persistencia debe manejarse en un sentido estrictamente positivo, es decir, insistiendo siempre en el alcance de metas desarrollando procesos de avanzada; no usarla negativamente como el señor Jeremy Q. Lyons, presidente de una compañía productora de máquinas de escribir, y quien tuvo que enfrentar la dura competencia de las computadoras en el mercado. El, obstinadamente, se propuso no dejar de fabricar máquinas, aunque todo mostraba que este aparato ya había sido desplazado. Su terquedad y falta de renovación mental lo llevaron a la quiebra, lo convirtieron en un hombre amargado y lleno de odio contra la compañía de computadoras. Pasó a ser un alcohólico empedernido y su familia tuvo que abandonarlo. De la noche a la mañana se vio deambulando por las calles como un pordiosero. Casi enajenado, unos policías lo recogieron una mañana y lo llevaron a un hospital donde un amigo le propuso experimentar lo mejor de la vida regalándole una Biblia que estudió detenidamente hasta tener un encuentro personal con Jesucristo, quien le renovó la mente. Después de esto, Lyons logró ser contratado como vendedor en una empresa de computadoras y, en poco tiempo, se convirtió en uno de los vendedores más productivos, tanto, que llegó a colocar su propia tienda distribuidora y unos meses más tarde abrir otras cinco sucursales; sus ganancias aumentaron vertiginosamente y pudo recuperar a su familia. El enemigo había tomado la mente de Lyons haciéndolo usar la persistencia de modo negativo al pretender insistir en la producción de máquinas, pero el poder de Dios derribó los argumentos en su mente hasta convertirlo en un hombre de éxito.

Para Dios poder impactar a una nación, no necesita de la genialidad de nadie, si no de la disposición de cada individuo para hacer su voluntad. Posiblemente usted escuchó la historia de aquella mujer atea que se atrevió a desafiar a Dios diciendo: "Quiero que cuando muera, me sepulten en una bóveda de acero, pues, como no creo en la resurrección de los muertos, le podré demostrar a Dios que se equivocó, porque esta tumba permanecerá sellada". Cuando la sepultaron, dejaron caer una semilla de cierta planta, la cual quedó entre los bordes del ataúd; tiempo después ésta se fue transformando en una planta; hasta que aquella mata se encargó de abrir completamente la bóveda de acero, dejando los restos de esta mujer al descubierto. Dios lo único que necesita es un corazón dispuesto, porque con una persona sometida a su voluntad podrá avergonzar aun a los más escépticos.

Abraham Lincoln, antes de llegar a la presidencia de los Estados Unidos, tuvo que pasar por una cadena de fracasos, pero éstos, en vez de desalentarlo y sacarlo de acción, lo impulsaron a mantenerse en la lucha para conseguir su propósito, cada uno de los aparentes fracasos, fueron peldaños que lo llevaron poco a poco al éxito:

- En 1832 Perdió las elecciones para senador
- En 1833 Fracasó en los negocios
- En 1835 Murió su esposa
- En 1836 Tuvo un colapso nervioso
- En 1838 Fue derrotado como representante a la legislatura
- En 1843 Perdió las elecciones para ser nominado al Congreso
- En 1848 Perdió por segunda vez la nominación para el Congreso
- En 1849 Su aplicación a la oficina de registros fue negada
- En 1854 Fue derrotado en las elecciones para senado por tercera vez
- En 1856 Perdió la nominación a la vicepresidencia de los EE.UU
- En 1858 Perdió las elecciones para Congreso

Fue hasta 1860 que conquistó la presidencia de Estados Unidos. Después de 28 años de fracasos obtuvo el triunfo tan anhelado. Pero Lincoln fue persistente, sólo un hombre de carácter firme puede llegar a tanto.

EL LÍDER VENCEDOR

"La tenacidad es una fortaleza interna que soporta las presiones más indescriptibles, es semejante a un blindaje interior, y de ese material están hechos los líderes" C.C.D.

Todo aquel que posee un liderazgo, por lo general, se sale de lo común, y tiene la capacidad de desarrollar aspectos que para él son demasiado sencillos, mientras que para otros equivale a toda una hazaña. El líder tiene que librar tremendas batallas si desea cumplir con éxito el propósito por el cual está en este mundo.

El poder del pensamiento

"Porque cual es su pensamiento en su corazón, tal es él" (Pr. 23:7).

Si se construyera una computadora que pudiera realizar las funciones del cerebro humano, ésta ocuparía un espacio tan grande como el edificio más alto del mundo, y no sería capaz de producir ni un solo pensamiento. Emerson dijo: "Lo que se encuentra frente a nosotros y detrás de nosotros, es totalmente insignificante comparando con lo que hay dentro de nosotros".

El conflicto más fuerte que está sufriendo el ser humano se está desatando en su propia mente. Detrás del velo de lo visible, está el mundo invisible; es ahí en donde el adversario, de una manera astuta, teje toda clase de artimañas tratando de conquistar la mente del hombre a través de los pensamientos. Muchos creen ingenuamente que dichos pensamientos provienen de ellos mismos. "Un pensamiento es como una letra: se acepta o no, según la firma" (Anónimo). Calderón de la Barca dijo: "Quién podrá tener a raya los pensamientos que suelen ser tan ligeros y sutiles, pues, como no tienen cuerpo, pasan las murallas, traspasan los pechos y ven en lo más escondido de las almas".

Sabemos que quien logre controlar la mente del hombre, estará controlando completamente todo su ser. Por esta razón el adversario está luchando en todas las formas para controlarlo al hombre a través de los pensamientos, y le está presentando el pecado como si fuera lo más extraordinario, bombardeándolos en todas las formas, usando aun los diferentes medios de comunicación, a fin de sumirlo en la esclavitud. "Todos aquellos pensamientos que nos alejan de Dios, o que no nos orientan a El, son barreras en nuestro camino" (Anónimo).

Los pensamientos de Dios

Todo cuanto usted ve en el cosmos es producto de un pensamiento que se originó y tuvo lugar en la mente de Dios. El Todopoderoso pensó en las flores, en las montañas, los mares y los ríos; también pensó en los peces, las selvas, y toda especie de animales, pero no sólo pensó sino que también los hizo realidad. Todo lo que existe fue diseñado y elaborado con mucha sabiduría y perfección, y el fruto de esta sabiduría divina fue trasladado al hombre a fin de que lo usara para su propia comodidad.

Dios ha hecho al hombre partícipe de su propia naturaleza, y por esta razón el ser humano puede proyectarse generando ideas que procesa en su mente a través de los pensamientos para luego entrar a desarrollarlas. Cuando miramos la transformación que el hombre le ha dado a las cosas, podemos comprender que éstas no vinieron como fruto del azar, sino que obedecen al proceso planeado por la capacidad del hombre, pero guiado por la inspiración divina. Es Dios el que permite las buenas ideas, todo procede de Él. La cama en la que dormimos, el vestido que usamos, la casa donde vivimos, la oficina en la que laboramos, etcétera., son resultado de una labor de pensamiento inspirado por una mente superior que es la mente de Dios.

La visión, repito, no proviene del hombre, proviene de Dios. Cuando el líder hace esfuerzos por encontrar una salida a una situación o define metas de acuerdo a sus intereses sin consultar previamente a Dios, está actuando fuera del propósito divino. El Espíritu Santo es el encargado de tomar el pensamiento de Dios y colocarlo en el nuestro a fin de que todo cuanto se haga vaya acorde a los planes del Padre. La visión de Dios saca al hombre de lo vano y lo trivial, elevándolo a posiciones de dignidad y de honra e impulsándolo a caminar por las sendas de la victoria y del triunfo.

Un líder visionario posee la fuerza poderosa para transformar lo absurdo en algo lógico, convertir lo vil y despreciable en algo puro, y hacer de lo débil algo fuerte. Cuando el líder se deja guiar por la visión que empieza en Dios, entonces no aparece en su vocabulario la frase "no puedo", sino que dice:

> *"Todo lo puedo en Cristo que me fortalece"*
> (Fil. 4:13).

Cuando una persona en algún nivel de liderazgo acepta que la visión a desarrollar empieza en Dios, entonces está abierto a ser un instrumento para transformar vidas, sabiendo que el que cambia vidas, cambia naciones y continentes. Este tipo de líderes comprende que está en deuda con la humanidad y la mejor forma de pagar es disponerse a desarrollar la visión de ganar al mundo para Cristo.

Piense como ganador

Cuando el líder logra renovar su mente, entonces piensa como un ganador. La capacidad de pensar es la mayor bendición que Dios nos ha dado porque el pensamiento es como un amplio campo muy fértil, donde se requiere diligencia de nuestra parte en lo que vamos a sembrar en él; podemos tomar de las semillas de la verdad, que nos son reveladas en la Palabra de Dios, o podemos dejar que la mala hierva sea la que se extienda, y esta mala hierva se reproduce con mucha facilidad. "Un pensamiento negativo, tiene que ser contrarrestado por diez pensamientos positivos" (Anónimo).

Pensar como un ganador se logra cuando permitimos que nuestra mente esté completamente saturada por la Palabra de Dios, reiteremos las palabras de Pablo: "*La palabra de Cristo more en abundancia en vuestros corazones*" (Col. 3:16). Esta se convierte en el manantial purificador de nuestras vidas, nos ayuda a quitar toda clase de contaminación que ha llegado por los sentidos y que esté impidiendo que pensemos como ganadores.

Capítulo nueve

LIDERAZGO EFICAZ

"Un visionario posee la capacidad para transformar lo absurdo en algo hermoso, convertir lo vil y despreciable en algo puro y hacer de lo débil algo fuerte" C.C.D.

Dios precisa de líderes que tengan un carácter conforme al suyo. La vida de David es muy ejemplar, ya que desde una temprana edad fue moldeado por el poder de Dios, hasta alcanzar la medida correcta para convertirse en el líder ejemplar de su nación y con quien Dios estableció un pacto perpetuo y con su descendencia.

Desde sus primeros años, David tuvo un corazón tierno y sensible a las cosas de Dios. Sabemos que su liderazgo no empezó cuando ya era el rey de Israel, sino cuando aun era muy joven y el olvidado de su familia. Sufrió las presiones que son normales en cualquier familia contemporánea, fue víctima del rechazo de parte de todos los miembros de su familia, razón por la cual las tareas menos atractivas, las tenia que hacer él. Pero lo que hizo grande a David, fue la manera como reaccionaba frente a cada situación pues, lo hacía con un corazón obediente y fiel a lo que su padre le había confiado. Su primera responsabilidad fue cuidar unas pocas ovejas.

David tenía muy claro el concepto del liderazgo, él sabía que tenía que responder ante su padre por la misma cantidad de ovejas que éste le había confiado. Cuando alguna fiera traspasaba el cerco, David no salía huyendo, sino que de una manera responsable se enfrentaba a las fieras y con sus propias manos las vencía. Cumplir responsablemente la tarea asignada, fue lo que hizo de él un hombre grande. Es de admirar la mente de fe y de conquista que tenía David, quien llegó a fortalecerse en el Señor siempre, y jamás permitió que el temor entrara en su vida. Del mismo modo, Dios nos prueba con cosas pequeñas, sea en la dirección de un grupo familiar, o respondiendo por algún departamento administrativo de la comunidad, para luego entregarnos una responsabilidad mayor; y en la medida que vayamos conquistando, El nos va confiando más y más.

David conoció el secreto de la persistencia. El éxito debe ser el resultado de una actitud mental correcta o positiva. Si permiten una pobre actitud en sus mentes el resultado va a ser muy pobre, ¿el mediocre que produce?: resultados mediocres; ¿una actitud de Fe qué produce?: resultado de conquista y de victoria. Debemos guardar nuestra mente como a nada en el mundo, Pablo dijo que debemos tener el yelmo de la salvación; el papel que hace el yelmo es proteger la cabeza, este yelmo equivale, como ya hemos comentado, a una saturación de la Palabra y, como sugiere Pablo, ésta debe morar abundantemente en nosotros. Cuando saturamos nuestra mente del conocimiento de las Escrituras, estamos llenándonos de una mente positiva, de una mente de fe, de una mente conquistadora, porque la Palabra de Dios no permite el negativismo ni en la más mínima expresión, todo lo que emana de ella es vida paz y esperanza.

Para David no había lógica de que todos estuvieran asustados porque él tenía una mente diferente, la mente de Cristo, y esto lo hizo diferente a los demás; por dicha razón no tuvo temor alguno de enfrentarse ante el gigante, ya que se había formado en la escuela de Dios en medio de la soledad, expuesto a las fieras del campo, allí fue donde adquirió el coraje de los vencedores.

Sin duda, todo aquel que aspira desarrollarse como líder, anhela también que su liderazgo sea eficaz como el de David, cumpliendo con los objetivos que le han sido asignados, y observando que su labor se perpetúa en otros. Este ideal es posible cuando se descubren los secretos del liderazgo efectivo y se ponen en práctica teniendo siempre como derrotero la visión recibida de parte de Dios.

El líder no nace, se hace

"*El hombre sabio es fuerte, y de pujante vigor el hombre docto*" (Pr. 24:5). La fuerza y el vigor pujante son cualidades que distinguen al líder de sabiduría, y éstas se adquieren a través de un proceso de formación del carácter y de capacitación genuina para poder influir en otros; en otras palabras, el líder no nace, sino que se hace. Una persona escogida para ejercer un liderazgo, sin importar su personalidad, será moldeada por el Señor y, guiada por principios bíblicos, podrá convertirse en alguien que motiva a otros y permanentemente se motiva a sí misma; y para lograr una gran motivación se hace necesaria una fuerza interior especial.

Quien quiera hacerse líder debe tener en cuenta cinco principios que le ayudarán a lograr esa fuerza que menciona el proverbista.

1. **Todo obra para bien**. Todos pasamos por distintas clases de circunstancias a lo largo de nuestra vida, y tanto las dolorosas como las que nos han llenado de satisfacciones, han cumplido con un propósito en el proceso de fortalecimiento de nuestro carácter. Este es un principio de vida: todo cuanto nos ocurre obra para bien. Recuerden la historia del joven David, sus experiencias librando a las ovejas de las garras de las fieras, le ayudaron a estructurar ese carácter recio con el que se enfrentó luego al gigante dándole la victoria al pueblo de Israel. Entre más adversidades usted haya tenido en la vida, mayor será la fuerza interior que desarrolle.

2. **No hay fracasados**. Recordemos que los grandes líderes de la historia de la humanidad se forjaron en tiempos de crisis. Después de los intentos por alcanzar una posición en el ámbito político de su país, Abraham Lincoln fue visitado por un periodista quien le preguntó: ¿No está cansado de fracasar?, a lo que él respondió: "Aun no he fracasado, es que todavía no he obtenido los resultados deseados". Y todos conocemos que siguió luchando hasta que logró sus anhelos. De igual manera, quien está formándose como líder debe intentar una y otra vez hasta que vea alcanzadas sus metas. Los pequeños fracasos deben verse como experiencias que nos llevarán al éxi-

to. El fracaso es para aquellos que no cuentan con la dirección de Dios en sus vidas, pero los que nos dejamos dirigir por El estamos destinados para el éxito.

3. **Es necesario asumir responsabilidades**. Tener la capacidad y la disposición de asumir responsabilidades es lo que más fuerza interior puede darle a una persona. Cuando alguien asume una responsabilidad, está dando señales de madurez. Todo aquel que se compromete con la visión de la iglesia demuestra que ha alcanzado un mayor grado de madurez cuando se prepara y se dispone, por ejemplo, para dirigir una célula; de esta manera está empezando a perfilarse como líder. Cuando se da este paso en fe, viene una fuerza poderosa al interior de cada individuo.

4. **Compromiso absoluto**. Reiteramos la importancia del compromiso, pero no de un nivel de compromiso cualquiera, sino absoluto, algo que demuestre entrega y consagración a la causa que nos impulsa al liderazgo, en este caso, la causa de Cristo. La visión que desarrollamos solo puede vivirse y experimentarse genuinamente cuando nos involucramos en ella no en un sesenta, ni ochenta, sino en un cien por ciento. Si la entrega es parcial, entonces no se puede ver la unción de multiplicación. El líder que ve fruto en abundancia es aquel que se entrega plenamente a la tarea.

5. **Definición de metas a corto y largo plazo**. Dios quiere que cada persona planee su vida, y su ministerio; esto significa que debemos tener metas a corto y largo plazo, definir un propósito en la vida. El propósito es el punto

hacia el cual nos dirigimos, y éste va asociado al sueño de Dios para cada uno. Las metas son los ladrillos con los que se construyen los propósitos y las que definen las realizaciones del hombre, el verdadero líder se distingue por saber siempre hacia dónde va. Piense por un momento cómo y por qué le gustaría que lo recordaran en el futuro, cuando ya haya muerto, dependiendo de los logros que haya obtenido será el recuerdo y la imagen que la gente tenga de usted; Abraham Lincoln, por ejemplo, es recordado como el gran reformador que estableció principios de justicia social en Norteamérica. Las metas determinarán su imagen en el presente y en el futuro, ellas tienen el poder para hacernos levantar los ojos del barro para mirar al cielo, son las declaraciones de fe que nos permiten dar pasos de avanzada y lograr grandes conquistas.

Reproduciéndose en otros

Tuve la oportunidad de conocer a uno de los artistas más exitosos de esta época, cuando le pregunté si había ganado premios por sus obras, me respondió afirmativamente; dijo que había ganado toda clase de premios y reconocimientos que se le pueden otorgar a alguien en ese medio.

Luego le pregunté sobre quién vendría a ser su sucesor, y me dijo: "es que no tengo sucesor". Sin duda este artista ha ejercido una tremenda influencia en muchísimas personas, pero una cosa es influir porque el proceso de relaciones en que se encuentra así lo demanda, y otra es ejercer influencia hasta el punto de contar con discípulos fieles que puedan perpetuar la obra que se ha iniciado.

Somos conscientes de la necesidad de forjar sucesores. El despertar espiritual que se acerca en estos días finales, demanda la necesidad de que existan nuevas generaciones de líderes capacitadas para influir en todos aquellos que se van añadiendo día a día a la iglesia y manifiestan su interés en seguir llevando el mensaje a otros. Esta será una cadena que se va prolongando y en la que cada eslabón debe representar a un líder comprometido.

Cuando el liderazgo adquiere el nivel de compromiso que se requiere, tendrá el poder para forjar a otros a fin de que perpetúen lo que Dios ha puesto en sus manos. El nivel de compromiso va adquiriéndose poco a poco, pero desde un principio cada persona debe tomar la firme decisión de lograr el más alto de los niveles de la escala. Se hace necesario entonces, capacitar a quienes nos rodean hasta el punto de que puedan sucedernos en el instante requerido y cuenten con los conocimientos y la madurez pertinentes a fin de que los logros no se debiliten, sino que, por el contrario, continúen incrementándose.

Surge la necesidad de conformar un equipo comprometido con la visión y con la causa que nos impulsa a trabajar. Tener un equipo comprometido es posible siempre y cuando nosotros demos la pauta, sirvamos de ejemplo. Las personas harán lo que le vean hacer a su líder, actuarán como él y lucharán por los resultados de la misma manera. En el proceso de liderazgo genuino, de liderazgo eficaz que Dios requiere de nosotros, lo más importante es la visión recibida de lo alto, y, en orden de importancia, sigue el equipo que nos rodea. Es el equipo de personas que actúan en derredor nuestro y atentos a las directrices que el Señor ponga en nuestro corazón, el que nos ayudará en las grandes conquistas. Sin un equipo comprometido estaremos haciendo más del trabajo requerido y, lo que es peor, llegará el momento en que nuestras fuerzas no sean suficientes y todo quede estancado por cuanto no se han forjado sucesores que continúen con la tarea.

Recordemos que Pablo dijo: "*Sed imitadores de mí, así como yo de Cristo*" (1 Cor. 11:1), esto significa que un paso importante para lograr un equipo comprometido es dar pautas de conducta en las que el líder se convierte en el ejemplo digno de imitar pues, las personas estarán más dispuestas a seguir a aquel líder que se involucra y vive el proceso del desarrollo ministerial al lado de ellos. El verdadero líder que merece ser imitado es aquel que en vez de decir "vayan", dice: "vamos" .

Un liderazgo perdurable

El liderazgo eficaz es el que perdura a través de los seguidores que han sido formados genuinamente para que perpetúen la obra que el Señor nos ha asignado. Ninguno de los miembros del equipo de liderazgo que Dios me ha confiado, llegó por simpatía. Cada quien se esforzó y conquistó. El verdadero liderazgo no es el que se da por posiciones o por un rango de autoridad proveniente de un título como se pretende en la sociedad actual, por el contrario, los títulos tienden a sustituir lo más importante que es la capacidad para dirigir a otros y obtener de cada cual su mejor potencial. No se trata de demostrar quién tiene más fuerza o poder de autoridad que otro, el verdadero liderazgo es el que permite obtener seguidores de nuestros ideales y nuestras acciones. Es absurdo que alguien se identifique como líder cuando no tiene a nadie siguiéndole. Como dice John Maxell: "El activo más importante es la gente".

Entendiendo que el liderazgo es influencia y que la influencia es en la "gente", decidí desde un principio orientar la proa del barco que el Señor me había entregado para conducir, hacia la posibilidad de brindar a la congregación naciente un modelo mediante el cual no solo ellos fueran formados, sino que les sirviera de pauta para que la formación se prolongara en otro nivel de influencias. Comprendí que el éxito de la tarea recién comenzada radicaría en la preparación de líderes con perfil idóneo para ganar, consolidar, discipular y enviar personas a un terreno de acciones con objetivos definidos. Hablar de éxito y de liderazgo eficaz sin que éste pueda ser multiplicado transmitiéndolo a otras personas, es otra forma de fracasar. La medida de éxito de un pastor está determinada por el número de discípulos que esté entrenando para el liderazgo.

Capítulo diez

LIDERAZGO VICTORIOSO

"Posees el tesoro más preciado: la inteligencia. Protégela en la bóveda de la verdad, acompáñala de sabiduría, prospérala con la generosidad y engrandécela con la integridad" C.C.D.

Un proceso eficaz en nuestra formación como líderes es lo que hace que logremos las metas propuestas y, por consiguiente, nos involucra en el ideal, la visión de Dios para nuestras vidas. Cuando esto sucede es que podemos hablar de un liderazgo victorioso ya que los resultados así lo garantizan.

De lo que sembramos en el pasado, cosecharemos en el futuro

Lo que siembra cosechas.
Cuando siembras una acción cosechas un habito.
Cuando siembras un habito, cosechas carácter.
Cuando siembras carácter cosechas un destino (Smile).

"Pero esto digo: El que siembra escasamente, también segará escasamente; y el que siembra generosamente, generosamente también segará...Y el que da semilla al que siembra y pan al que come, proveerá y multiplicará vuestra sementera y aumentará los frutos de vuestra justicia" (2 Cor. 9:6 y 10).

Cuando el apóstol Pablo estaba hablando de siembra y de cosecha, estaba tratando sobre principios espirituales que rigen la prosperidad. Dios quiere la prosperidad de la gente, y en la Biblia hay más de 600 versículos que hablan sobre prosperidad y sobre la provisión de Dios. Es fundamental concebir en nuestra mente la fe necesaria que nos puede llevar a la prosperidad. Los grandes avances tecnológicos empezaron con una idea que fue la semilla del deseo de Dios sembrada en la mente del hombre; lo cual los llevó a dar grandes pasos, sin desmayar, hasta lograr su objetivo. El sueño de Henry Ford era que cada americano tuviese un carro, este sueño solo podría haber salido del corazón de Dios, ya que, por lo general, el ser humano es egoísta, y mientras esté bien, no le importa lo que suceda a su alrededor. Pero que alguien se preocupe porque cada uno de sus compatriotas tenga a su alcance un carro, constituye un pensamiento generoso. Dios honró este noble sueño, y no solamente eso sino que permitió que Ford pasara a la historia como el empresario del siglo.

Sembremos cosas buenas, provenientes de sueños nobles, que la recompensa la veremos en nuestra descendencia. Confiar en la gente es algo que debe sobresalir en cualquier líder. Henry Ford dijo: "si destruyeran mis edificios o se incendiaran mis fábricas, y me quedase solamente con mi gente, volvería a levantar mi empresa". Muchos pastores me preguntan continuamente: ¿No siente usted temor de que su gente le pueda dividir la iglesia? Algo que he podido aprender es que la gente se siente muy estimulada cuando su líder es capaz de confiar en ellos. Todo este ministerio se basa específicamente en la confianza en Dios y en nuestra gente.

Me impresiona el poder creativo que se libera en cada uno de los miembros del equipo. Muchas de las grandes ideas no vinieron de los grandes intelectuales, sino de la gente más sencilla. En cierta ocasión una firma hotelera estaba estudiando con su equipo de asesores cómo podrían implementar un ascensor dentro del edificio del hotel, después de muchas semanas de estudios y cálculos, llegaron a la conclusión de que tendrían varios de los cuartos ya hechos para poder darle lugar a la apremiante necesidad del ascensor. Pero, de repente, a uno de los empresarios se le ocurrió conocer la opinión de uno de los obreros que estaba trabajando dentro de la misma obra, ¿qué alternativa él podría darle a esa necesidad? A lo que aquel sencillo hombre dijo: "la verdad es que no comprendo por qué ustedes siempre tratan de hacer las cosas más complicadas de lo que en verdad son, cuando la solución a esto es bastante sencilla. Solamente tienen que construir un ascensor que quede por fuera del edificio y que de hacia la calle; lo podrían hacer en vidrio y daría mayor realce al hotel sin tener que deshacerse de nada de lo que ya está". Es interesante que de esa sencilla idea, no proveniente de alguien brillante, vino toda una innovación en las edificaciones modernas.

Es importante aprender a escuchar a nuestra gente, ellos son los que están en contacto permanente con las personas; y debido a ello conocen las necesidades más sentidas de la comunidad.

Ellos son los que han aprendido a llegar las necesidades de los discípulos, tienen que tratar con sus problemas y, por tal motivo, han desarrollado tal capacidad de trabajo que cuando los escuchamos, simplemente nos maravillamos de lo que han sido capaces de lograr.

Rodearse de los expertos, debe ser una de las virtudes, que sobresalgan en la vida de los líderes. Andrew Carnegie dijo: "Quiero que en mi epitafio se escriba: Aquí yace un hombre que supo rodearse de personas que sabían más que él". Por lo general, un líder que en la escala de 1 a 10 se ubica en un nueve, siempre va a procurar rodearse de personas que estén a su mismo nivel, pues no le llama la atención estar compartiendo con personas que están con un nivel de liderazgo mucho más bajo que el suyo; pero una de las cualidades del rey David, fue que, aunque al principio no se rodeó de gente brillante, él les enseñó cómo ser valientes; y con el paso de los años, los mismos que entrenó, se convirtieron en los valientes de David, que estuvieron dispuestos a dar su propia vida por proteger la del rey.

Cuando le preguntaron a Andrew Carnegie sobre cómo había hecho para que más de cuarenta millonarios estuviesen sentados alrededor de él, Él dijo: "es que cuando se conocieron, ellos no eran millonarios, yo los hice millonarios".

Triunfamos porque somos la obra maestra de Dios

"Porque somos hechura suya, creados en Cristo Jesús para buenas obras, las cuales Dios preparó de antemano para que anduviésemos en ellas"(Ef. 2:10).

En la obra intitulada: "El retrato de Dorian Gray", el autor describe la manera como el ser humano lucha por mantener una apariencia hermosa. Aunque su verdadera vida, era representada en su autorretrato, estaba siendo desfigurada, pues, por cada mala acción que él cometiera le iba saliendo una arruga al retrato, hasta que éste quedó completamente envejecido; aunque en la apariencia, continuaba siendo un joven vigoroso y apuesto.

¿Cuántos han llegado a la situación de dejar que el peso de la vida los aplaste y se encuentran sin fuerzas para seguir luchando y han perdido la esperanza?. Perder la esperanza significa muerte, porque los únicos que no tienen esperanza son los muertos. La Escritura dice: *"Aún hay esperanza para todo aquel que esta entre los vivos"* (Ec. 9:4). Por lo general, el propósito de la adversidad, es contribuir en la formación de su carácter; mientras que el propósito de la tentación es seducir al hombre para que éste se entregue a los placeres de la vida, destruyéndolo eternamente y para siempre. Lamentablemente son muchos los que se han acostumbrado a llevar una vida doble, en la que, por dentro, su alma está implorando a gritos el agua de la vida, pero el hombre actúa como un tirano de sí mismo, es como si él mismo se odiara y se quisiera destruir.

Cuando Dios creó al hombre, no lo hizo para que éste fuera una persona amargada, desdichada, arruinada, o enferma, etcétera, no, Dios lo creó pensando en que pudiera disfrutar de una felicidad plena. Había un predicador que estaba preparando el mensaje para el domingo, en ese momento, entró su pequeño hijo pidiéndole que jugara con él; aquel hombre, pensando en la forma de distraer a su hijo mientras terminaba su mensaje, tomó rápidamente la hoja de una revista que tenía el mapa del mundo, la dividió en varias piezas, y se las entregó desordenadamente al niño para que éste lo armara correctamente y cuando concluyera, sí podrían jugar; pensando que esto lo iba a mantener ocupado por un buen tiempo. Pero se sorprendió porque a los pocos minutos su hijo ya tenía culminada su tarea. Asombrado, el predicador le preguntó: ¿Cómo lo hiciste tan rápido?, y su hijo le respondió: "Fue muy sencillo, por el otro lado de la hoja estaba el rostro de un hombre y vi que era más fácil trabajar con el rostro del hombre, y al culminarlo me daría el mundo". De esta experiencia vino el mensaje que el padre debería predicar el domingo. Qué importante es entender que si logramos tener una imagen correcta de nosotros mismos, nuestro mundo será restaurado. Una imagen correcta, es producto de una vida equilibrada, y ésta viene cuando el hombre logra comprender que fuimos hechos a imagen y semejanza de Dios.

Sabemos que no hay otro ser más feliz, poderoso, grande y sabio que nuestro eterno Dios. Cuando Dios nos creó, puso su imagen en nosotros; pero Satanás aprovechó nuestra debilidad humana para seducirnos y llevarnos por la senda equivocada, pretendiendo de este modo distorsionar la imagen interna del hombre. Pues él sabe que si logra deteriorar la imagen de Dios en las personas, el hombre queda sin ningún soporte espiritual del cual aferrarse, y así él podrá entrar a controlarlo a través de los apetitos y deseos de la carne. El profeta Isaías presenta la radiografía de la humanidad cuando dice: *"Desde la planta del pie hasta la cabeza no hay en él cosa sana, sino herida, hinchazón y podrida llaga"* (Is. 1:6). Pero Jesús vino a tomar esa imagen deteriorada, aceptando el castigo que merecía la humanidad para así restaurar la imagen de Dios dentro de cada uno de nosotros.

Pablo entendió este principio cuando dijo: *"Con Cristo estoy juntamente crucificado, y ya no vivo yo, mas vive Cristo en mi; y lo que ahora vivo en la carne, lo vivo en al fe del hijo de Dios"* (Gá. 2:20). Para Pablo la muerte de Cristo equivalía a su propia muerte, y la resurrección del Señoi, a su renacer a una nueva vida. Solo a través de la cruz la imagen de Dios puede ser restaurada dentro de nosotros; y de este modo lograremos la imagen correcta que debemos tener.

El ser humano es el resultado de una planificación divina muy bien pensada diseñada y llevada a cabo en el tiempo preestablecido por Dios. Antes de crearnos, el Todopoderoso diseñó dónde debería quedar cada miembro de nuestro cuerpo y la función que éstos cumplirían, concediéndonos el tesoro más preciado: la inteligencia con la capacidad de generar ideas, como uno de los más grandes atributos divinos, para que pudiéramos enseñorearnos sobre toda la creación. Y esa inteligencia tiene que ser alimentada acudiendo permanentemente a la principal fuente de inspiración: la Palabra de Dios. Dentro de todo ese proceso creativo, Dios logró imprimir en nosotros su propia imagen.

> *"Para que por ella llegaseis a ser participantes de la naturaleza divina, habiendo huido de la corrupción que hay en el mundo a causa de la concupiscencia"*(2 P. 1:4).

Pedro da por sentado que todo lo que hace parte de esta vida o que es parte de la piedad, nos ha sido dado por el poder de Dios, y el requisito fundamental que debemos cumplir es apropiarnos de sus promesas, las cuales nos ayudan en nuestro desarrollo espiritual, hasta que con nuestro carácter reflejemos la imagen del Señor Jesús.

Capítulo once

CARACTERÍSTICAS DEL LÍDER DE ÉXITO

"Lo que hace a un hombre grande no son los triunfos, sino los fracasos que vivió, la tenacidad de resistencia y la fe de conquista antes de lograr el éxito" C.C.D.

El líder un hombre emocional

"El ánimo del hombre soportará su enfermedad; Más ¿quien soportará al ánimo angustiado? " (Pr. 18:14).

Estábamos disfrutando de una reunión amena con un grupo de líderes en un lujoso club de la ciudad, y, mientras platicábamos, percibí un fuerte vacío emocional en varios de ellos; entonces pedí prestado un salón privado para tener un tiempo de ministración con el grupo. Cuando les empecé a compartir sobre el amor paternal de Dios, pude notar el deseo de aquellos veinticuatro hombres porque terminara la conferencia y empezara a orar por sus vidas. No llevábamos dos minutos de oración, cuando uno de ellos, quien siempre fue conocido como una persona reservada, empezó a llorar de una manera inusual en él, e inmediatamente el ambiente quedó saturado de una atmósfera de gloria, donde ni uno solo de ellos podía parar de llorar.

Este era un cuadro poco común, porque estamos acostumbrados a ver a los hombres reír, gritar, aplaudir, y hasta vociferar a favor de su equipo favorito. Pero ver hombres llorar y de la manera como éste grupo lo hacía, no es nada común. En ese preciso momento dos camareros entraron para servirnos café, y quedaron tan impregnados de lo que se estaba viviendo, que ambos salieron llorando; uno de ellos manifestó luego su deseo de integrarse a uno de nuestros grupos celulares. Cuando cesaron los sollozos, uno de ellos quiso compartir su experiencia, y comentó: "Cuando recibí mi grado de bachiller, recibí al mismo tiempo una mención como el mejor bachiller del colegio; pero al obtener el diploma dentro de mí había una profunda tristeza, porque la persona que más quería que estuviese era mi Papá. Pero él hacía años se había ido de la casa. Recuerdo que atravesé aquel pasillo llorando, porque no tenía ese padre a quien mostrarle mis éxitos. Y hoy, cuando comprendí el amor paternal de Dios, me volví a encontrar en aquel mismo lugar, pero esta vez ya no estaba solo, pues vi a mi papá Dios, sentado entre el público esperándome; y me vi recibiendo mi diploma emocionado porque sabía que mi papá estaba allí esperándome, y yo pude dedicarle ese logro a El. Bajé las gradas rápidamente, y vi cómo mi papá Dios se levantó de su silla, y se acercó a mí, me abrazó, y me dijo: Hijo, te felicito, y déjame decirte que me siento orgulloso de ti. Por ese motivo yo lloraba, porque entendí que sí soy importante para alguien y, en especial para mi padre Dios.

Cuando Dios diseñó al ser humano, lo hizo de tal modo que éste pudiese sentirse amado, para así poder dar amor. Todo niño que viene a este mundo nace con un gran deseo de recibir el amor, el afecto, el calor, el cariño, la protección etcétera, y, por esta razón, cuando un niño es lastimado, esas heridas van directo al alma, ya que en los primeros años sus emociones son tan frescas, que cualquier huella por simple que parezca, se convierte en una marca casi imborrable en su vida y, aunque pasen los años, la marca estará latente en sus corazones.

Las heridas más fuertes que pueda tener el ser humano se han centralizado en el alma, y son más profundas que las que puedan ocasionarse en una mente consciente, aunque en la mayoría de casos no queda registrada en la memoria. Para que la bendición plena de Dios esté en nuestras emociones, es importante que cada cual haga un alto en el camino y si siente que le han ofendido, debe perdonar de todo corazón, incluyendo a aquellos que le han rechazado, que han producido heridas profundas en su corazón. Cualquier persona que aspire a tener un liderazgo de éxito, debe tener un corazón sano porque tenemos el espejo de hombres que llegaron a destacarse en liderazgos mundiales, pero que a la vez fueron controlados por el odio, como en el caso de Hitler quien no pudo perdonar a los judíos y prefirió luchar por exterminarlos, pasando a la historia como el hombre más malévolo del siglo. "Odiar a alguien es otorgarle demasiada importancia" (Anónimo) o, como dijo Lord Chesterfield: "La gente odia a quienes le hacen sentir su propia inferioridad".

Recordemos que si no somos capaces de perdonar a los hombres sus ofensas, tampoco nuestro padre celestial perdonará nuestras ofensas. Para que podamos tener un corazón sano, es fundamental:

Renunciar al resentimiento. No albergue en su corazón ningún sentimiento de odio, ni de rencor, que son los encargados de producir la amargura.

Perdonarse a sí mismo. No deje que sus pensamientos le acusen, o que los errores que cometió en el pasado le condenen. Debemos entender que no hay ninguna condenación para los que están en Cristo Jesús. Y si El no nos condena, tampoco nosotros mismos lo debemos hacer.

Considere que el perdón es una decisión. Ninguna persona se siente con el ánimo de perdonar, pero el perdón debe ser una decisión de la voluntad, que, acompañada de la fe, produce la sanidad. Veinte días después de que salí de la clínica, luego del atentado, me era muy difícil concentrarme en la oración como lo hacía con anterioridad; hasta que un día le pregunté al Señor qué pasaba en mi vida, y la respuesta que vino a mi corazón, fue: ¿Ya perdonaste a los hombres que te quisieron quitar la vida? Pude entender que el resentimiento aun estaba vivo dentro de mí, así que decidí perdonarles y en oración dije:

"Señor, perdono de todo corazón a aquellas personas que me quisieron quitar la vida, perdono a los autores intelectuales y materiales, y los bendigo. Señor, te pido que esto que ellos hicieron sea lo que tú uses para salvarlos". Cuando terminé mi oración, sentí que todo ese peso que había dentro de mí, producido por el resentimiento, había desaparecido, y sentí que volví a la normalidad. Sé que es una gran bendición perdonar de todo corazón.

Una persona de fe, llena de virtud

La fe siempre está por encima de las circunstancias pues, viene de arriba, y lo que viene de arriba es eterno porque emana de Dios y su presencia llena tanto los cielos como la tierra; y, de la manera en que los cielos están por encima de la tierra, así los pensamientos de Dios están por encima de los nuestros.

Poco antes de ascender al cielo, el Señor Jesús reunió a sus discípulos y les dijo: "**Recibid el Espíritu**". De este modo, Dios dio una nueva oportunidad al ser humano entregándole el Espíritu Santo, pero éste solo puede ser recibido por personas de fe en Cristo. Las personas que no son de fe siempre están viviendo bajo las circunstancias, apoyándose en la lógica humana y les es difícil aprender a depender de Dios. El líder de fe es aquel que prosigue al blanco superando las circunstancias y sabiendo que el camino de la fe consiste en conocer los pensamientos de Dios, y actuar de acuerdo a lo que El ha mandado. La fe llama a las cosas que no son como si fuesen, es la que nos lleva a conquistar lo imposible.

La fe y la virtud van muy unidas, Pablo dijo: "**Añadid a vuestra fe, virtud**". La palabra virtud viene del griego "areté" y se refiere a la excelencia. El areté de un atleta es reflejado en su carrera pues, en ella muestra la preparación disciplinada que tuvo. El areté de un líder se ve reflejado en su obra. Pablo dijo a los corintios: "El sello de mi apostolado sois vosotros". Lograr el cambio de personas tan contaminadas y tan conflictivas como los corintios era una tarea que requería mucha excelencia para lograr sacarlos de la mediocridad y de la tibieza espiritual, esta fue labor que le correspondió a Pablo. Se dice de un excelente violinista a quien después de presentar un recital se le acercó una niña para decirle: "Daría mi vida por tocar como usted lo hace", a lo que el músico respondió: "Eso fue lo que yo hice, di mi vida para poder tocar así". La excelencia se obtiene como fruto de una vida de fe, esfuerzo, disciplina, dedicación y perseverancia. La fe es un soporte que se requiere para alcanzar una vida virtuosa.

Alguien que adquiere conocimientos

A la virtud se le debe añadir conocimiento. El Señor dijo: *"Mi pueblo fue destruido, porque le faltó conocimiento"* (Os. 4:6). Podemos tener conocimiento de muchas cosas, pero quien ignore la Palabra de Dios puede perderse para siempre. Es el conocimiento de las Escrituras lo que garantiza al hombre el éxito y la felicidad. El conocimiento debe venir como resultado de una excelente relación con Dios, ya que Él mismo es quien puede abrir nuestro entendimiento para que las Escrituras nos sean reveladas, y esto demanda de nuestra parte un tiempo de quietud en la meditación de la Palabra de Dios; es en esos momentos cuando el Espíritu de Dios entra a ministrar a nuestro espíritu, siendo el único que nos puede llevar al conocimiento pleno de la verdad, porque el Espíritu Santo es el único que conoce hasta lo más íntimo de Dios. Job dijo: **"Las cosas que yo no entendía, las investigaba"**.

En la vida cristiana tenemos dos metas: una externa y otra interna. La meta externa es lo que podemos hacer hacia Dios, y la interna es lo que nosotros somos en Dios. Para algunos se ha convertido en una gran justificación el estar ocupados en la obra del Señor sin importarles que estén descuidando su relación con El; cuando crecemos en Dios, esto se va a ver reflejado en su obra.

Por otra parte, es importante que el líder se mantenga actualizado con respecto a lo que sucede en derredor suyo, esta es una buena forma de influenciar positivamente en los demás. El apóstol Pablo le sugirió a Timoteo: "*Entre tanto que voy, ocúpate en la lectura, la exhortación y la enseñanza. No descuides el don que hay en ti, que te fue dado mediante profecía con la imposición de las manos del presbiterio. Ocúpate en estas cosas; permanece en ellas, para que tu aprovechamiento sea manifiesto a todos*" (1 Ti. 4:13-15). La lectura de buenos libros es clave a fin de ser edificados con las experiencias de otros que han logrado el éxito en sus vidas, y también, para enriquecernos y así estar bien capacitados para enseñar a otros. Tenemos una gran responsabilidad con el mundo y nuestros conocimientos deben estar acordes a las demandas de una sociedad cambiante.

Tiene dominio propio

La vida del ser humano es comparable con la de un caballo brioso porque está lleno de emociones, pasiones y deseos que deben ser controlados a través de una fuerza interna llamada dominio propio. La persona que tiene dominio propio aprende a decir "no", no se deja seducir por los deseos desordenados de la carne, sino que la fuerza interior le ayuda a colocar freno a los impulsos carnales. Al conocimiento hay que añadirle dominio propio. Este factor es un administrador de la vida. Cada persona que está desarrollándose en algún liderazgo, debe ser demasiado vigilante con su vida y no permitir aquellas pequeñas indiscreciones que lo puedan llevar a la destrucción. "El hombre que se enseñorea de su espíritu es más fuerte que el que toma una ciudad". Uno de los aspectos que el señor ha permitido que como ministerio mantengamos vigilando de una manera celosa, es la integridad de las personas, ya que si les enseñamos a dominar sus propios impulsos, ellos podrán desplazarse ministerialmente con toda libertad.

Es una persona piadosa con afecto fraternal

La piedad equivale a vivir permanentemente en la presencia de Dios y a donde quiera que vayamos, el ambiente se verá afectado por la misma presencia de Dios en nuestras vidas, porque el aroma de la piedad nos hace más que vencedores. Alcanzamos la piedad en Dios, es decir, nadie es bueno por sí mismo. Jesús le dijo al joven rico: "*¿Por qué me llamas bueno, acaso no sabes que el único bueno es Dios?*". La condición de bondad solo podemos lograrla en Dios.

El afecto fraternal debe ser añadido a la piedad, y éste consiste en expresar amor a nuestros hermanos. El amor fraternal es expresivo, si nuestro hermano llora, entonces lloramos junto a él; cuando alguien pasa por una prueba, debemos identificarnos con su dolor, con su necesidad y tratar el asunto como si fuera nuestro. Se trata de un apoyo mutuo que se desarrolla por el deseo de servir y bendecir a otros. Cuando estamos rodeados de amigos, éstos vienen a ser nuestro soporte en tiempos de dificultad, por ello, el proverbista dijo: "*amigo hay más unido que un hermano*".

El afecto fraternal nos permite mostrar que somos una expresión del amor eterno de Dios y esto nos demanda tener un espíritu perdonador. Cuando alguien guarda rencor, no solo está afectando su vida, sino también la de su familia.

Derriba argumentos

El apóstol Juan dijo: "*...para esto apareció el hijo de Dios para deshacer las obras del diablo*" (1 Jn. 3:8).

Debemos entender que en el reino invisible hay fuerzas espirituales luchando y batallando contra nosotros. Satanás está buscando cualquier argumento que pueda existir en nuestra contra, para así justificar ante Dios su control sobre el hombre. Todo pecado que el hombre comete queda registrado en el mundo invisible, convirtiéndose en argumento que permite a los demonios tener influencia sobre esas vidas. Tenemos el gran ejemplo de David. Bien sabemos que David era rey de Israel y que no hubo otro hombre como él, amado por el Señor, conforme al corazón de Dios, el dulce cantor de Israel; un día este hombre le falló a Dios deseando la mujer Urías Heteo, y luego de tener intimidad con ella mandó a matar a Urías. Aunque fue un pecado secreto, y solamente lo sabían él y la mujer, David no entendió que alguien más conoció su pecado: Satanás, quien con sus legiones demoníacas se presentaron ante Dios y blasfemaron su nombre de una manera agresiva. David prácticamente desconocía lo que estaba sucediendo en el campo espiritual, pero Satanás al presentarse ante Dios, encontró argumentos para atacarlo en el campo financiero, en el campo espiritual, en lo sexual, y también desatando un espíritu de violencia en toda la familia.

Muchas personas no han querido entender que el pecado trae de por sí maldición, Salomón dijo: "*nunca la maldición entra sin causa*", siempre hay algo que origina el mal. Hay personas que dicen: "yo no me explico por qué tengo crisis financiera, por qué la disensión en mi familia, o la violencia que la ha estado controlando". Por lo general, los pecados del pasado marcan el camino del futuro, y la única manera de limpiar todo ese pasado de pecado, es que no queden en el ambiente ninguno de los argumentos que se levantaron en nuestra contra. Lo único que canceló definitivamente todos esos argumentos, fue la obra redentora de Jesús en la cruz de calvario, ya que El, al morir en la cruz, estaba tomando nuestro lugar, y su muerte reemplazó la nuestra. Cuando creemos en esto, todo argumento del pasado desaparece inmediatamente, y es cuando los poderes demoníacos, al no tener de qué aferrarse, tienen que soltar totalmente a una vida, o a una familia, o a una comunidad, o a una nación.

Estuve orando por una mujer que vino a pedir oración porque tenía problemas financieros y no entendía la causa, cuando estaba pidiéndole al Señor que la bendijera y le ayudara en su problema financiero, en ese momento el Espíritu Santo me transportó y vi lo que estaba sucediendo en el reino espiritual: vi a Satanás que se presentaba con un argumento ante Dios contra ella; había pecado y vi el pecado que se había cometido y Satanás le decía a Dios que por esa falta él pedía tres cosas: la vida de ellos para destruirlos, las vidas de sus hijos para destruirlos, y las finanzas de ellos para arruinarlos. Y el Señor le dijo: lo único que te permito tocar y por un breve tiempo son sus finanzas. Le dije a aquella mujer: el problema que usted tiene es más leve de lo que se pueda imaginar.

Cuando le comenté lo que Dios me había mostrado, ella se asombró y dijo: ahora entiendo el porqué del accidente que tuvo mi hijo unos días atrás y del cual salió ileso, fue porque Dios fue misericordioso y clemente. Pablo dijo: "*Anulando el acta de los decretos que había contra nosotros, que nos era contraría, quitándola de en medio y clavándola en la cruz*" (Col. 2:14).

Sé que llegara el día en que el hombre llorará su pecado como el padre llora a su hijo unigénito que acaba de morir, con dolor, por eso dice Joel: "**Rasgad, pues, vuestros corazones y no vuestras vestiduras, y volveos a mí en ayuno, en lloro y en clamor y yo os bendeciré**".

A pesar de los errores, cada fracaso es sin lugar a dudas un peldaño que nos está acercando mucho mas al éxito. Son muchos los ministerios que han pasado por desiertos y especialmente los primeros años de su inicio. Salomón dijo: "*Es mejor el fin de un negocio, que el principio*". Todas las empresas que lograron llegar a la cima, primero tuvieron que atravesar por muchos fracasos. "Más sabiduría nos enseña el error que el éxito. A menudo descubrimos lo que irá bien después de advertir qué es lo que va mal; y probablemente, aquel que nunca cometió un error, no realizará nunca ningún descubrimiento" (S. Smiles).

Tiene carácter controlado por el Espíritu de Dios

"Digo, pues: Andad en el Espíritu, y no satis-
fagáis los deseos de la carne"(Gá. 5:16).

Hay un gran peligro que he visto en estos últimos años, y es el que los dones del Espíritu Santo estén manifestándose en personas sin carácter, que aun no han sido procesadas ni formadas por el mismo Espíritu. Como lo ilustré anteriormente, esto es tan peligroso, como confiarle una arma a un niño, podría causar grandes estragos. Sabemos de las tragedias causadas por adolescentes en los diferentes centros educativos en los EE.UU., lo cual ha sido causa de asombro, desconcierto y repudio. Lo mismo sucede cuando alguien que adolece de un carácter firme, usa algún don del Espíritu; por esta razón también la Escritura enfatiza en la importancia del fruto del Espíritu Santo. Debemos entender que los dones son obsequios que Dios nos da, para poder engrandecer su obra, y viene un día en que éstos cesarán, pero lo único que quedará es el fruto del Espíritu Santo. **"Cuando yo era niño hablaba como niño, pensaba como niño y juzgaba como niño, mas cuando ya fui grande, deje todo lo que era de niño"**.

Los dones nos ayudan mucho a alcanzar un carácter firme, es decir, contribuyen a que el fruto del Espíritu sea algo que nosotros estemos manifestando de una manera permanente en nuestras vidas.

Piense por un momento que usted es un jugador, que está participando de un campeonato mundial de fútbol; son muchas las cámaras de televisión que están cubriendo el certamen, y el mundo entero está siguiendo con mucha atención cada uno de los movimientos de los jugadores, así como su actitud, la reacción y la destreza. En estos eventos se puede apreciar lo que es el talento que tienen algunos, pero a los que les falta el carácter; y, lo que no se alcanza a apreciar desde el estadio, lo capturan las cámaras, y uno puede apreciar tanto el talento, como el carácter. El apóstol Pablo dijo: "Somos un espectáculo para el mundo, para Dios y para los ángeles". Entendiendo que también se refiere a los ángeles caídos.

Podemos ver que el mundo es como el estadio, y nosotros, los que hemos conocido a Jesús, somos los jugadores; y entre el publico que nos está viendo están, tanto a nuestro favor, como en nuestra contra.

Por un lado está el Señor con sus ángeles, pero por otro está Satanás con sus demonios. Toda falta que llegamos a cometer, el adversario tratará de usarla en nuestra contra con él animo de sacarnos del partido; pero el Señor toma nuestras buenas acciones para contrarrestar el ataque del enemigo. Del mismo modo que el árbitro tiene muchas veces que expulsar a un jugador de la cancha sacándole tarjeta roja, el enemigo quiere hacer lo mismo con aquellos que no tengan control en su carácter. Pablo dijo: "*No sea que habiendo sido heraldo para otros, yo mismo venga a ser eliminado*" (1 Cor. 9:27).

Debemos entender que algunos jugadores del equipo contrario tratan de provocar a los de nuestro equipo para que incurran en faltas, y lo que más se ve es la falta, no la provocación. Cuando alguien posee el dominio propio, no reacciona con violencia, sino que es dueño de sí mismo, posee esa paciencia y esa fe que le dan el ánimo para perseverar hasta el fin.

Capítulo doce

PASOS PARA ALCANZAR EL ÉXITO

"Una vida equilibrada consiste en: permitir que Dios sea el primero en su vida, cuidar su cuerpo como templo del Espíritu Santo, tener una familia ejemplar, engrandecer la obra de Dios, y proveer para su familia" C.C.D

El éxito equivale a metas conquistadas, sueños realizados, obstáculos vencidos, y triunfos aclamados. Tanto el joven como el adulto, y aún el niño, anhelan el éxito. Ni el rechazo, ni la adversidad, ni la oposición familiar, ni la crisis social, ni la presión económica son obstáculos para alcanzarlo. Los expertos coinciden en ocho pautas que constituyen pasos fundamentales para obtener el éxito en todas las esferas de la vida.

Un fuerte deseo por lograr la felicidad

Debemos entender que la felicidad proviene de adentro hacia afuera y, por lo tanto, tiene que ver con nuestra vida espiritual, reflejándose luego en las demás áreas de la vida:

el área física, familiar, ministerial, empresarial, financiera, etcétera. Esta felicidad es el resultado de permitir que el Espíritu Santo sea el que tome control de nuestras vidas. El Señor Jesús dijo: *"El que cree en mí, como dice la Escritura, de su interior correrán ríos de agua viva. Esto dijo del Espíritu que habían de recibir los que creyesen en él; pues aún no había venido el Espíritu Santo, porque Jesús no había sido aún glorificado"* (Jn 7:38-39).

El Señor representa la felicidad con un fluir permanente del Espíritu al interior de cada persona que ha abierto su corazón aceptando a Jesús como el Señor de su vida, porque el único que brinda la genuina felicidad es el Espíritu de Dios. Cuando alguien procura ser feliz sin Dios, sólo podrá alcanzar el placer, y éste pasa a ser como un vaso de agua frente al manantial inagotable de agua viva que se halla en la felicidad. *"Si conocieras el don de Dios, y quien es el que te dice: Dame de beber; tú le pedirías, y él te daría agua viva"* (Jn. 4:10). Solamente el Señor Jesús puede proporcionar a cada uno de sus hijos el agua viva de la felicidad. Para el apóstol Pablo la vida estaba en conocer de una manera personal a Jesucristo: *"Y ciertamente, aun estimo todas las cosas como pérdida por la excelencia del conocimiento de Cristo Jesús, mi Señor, por amor del cual lo he perdido todo, y lo tengo por basura, para ganar a Cristo"* (Fil. 3:8). Aunque este heraldo de la fe había logrado saborear el éxito más extraordinario que el mundo de aquel entonces le podía otorgar a alguien, no obstante, después de haber conocido a Jesús de una manera personal, todo lo demás perdió su encanto para él porque no concebía la felicidad fuera de Jesucristo.

Gozar de buena salud

"¿O ignoráis que vuestro cuerpo es templo del Espíritu Santo, el cual está en vosotros, el cual tenéis de Dios, y que no sois vuestros?" (1 Co. 6:19). Por lo general nos esmeramos en cuidar, decorar y hermosear nuestras casas para darle un mejor ambiente al lugar donde vivimos; pero mayor cuidado debe requerir el lugar donde el Espíritu de Dios ha hecho su propia morada. Lamentablemente, algunos han permitido que sus cuerpos sean afectados por diferentes circunstancias. Uno de los grandes enemigos de la salud es el estrés, al cual se le culpa de ser el causante de un gran número de enfermedades, y de muertes prematuras. Los otros enemigos de la salud son los malos hábitos alimenticios. Una tarde, almorzando en un restaurante con el Doctor Derek Prince, le pregunté por qué se cuidaba tanto en la alimentación, y me dijo: "Hace unos años, estando en un precioso restaurante, me vi caminando hacia un abismo y Dios me exhortó diciéndome: Derek, si sigues comiendo de la manera como lo haces, estarás acortando tus días tal como les ha sucedido a muchos predicadores, que han destruido sus cuerpos en estos lugares. Desde aquel entonces me propuse dedicarme a estudiar más acerca de salud, y esto me ha ayudado en la prolongación de mis días".

El Espíritu de Dios quiere fluir poderosamente a través de un cuerpo que no presente ningún tipo de objeción, y no debemos aceptar nada que esté fuera de orden dentro de nuestros cuerpos, porque somos los que representamos a Dios en esta tierra; y como el mundo no puede ver a Dios, trata de verlo por medio de nosotros, así que nuestros cuerpos van a hablarles mucho a cada persona del mundo. El otro aspecto que ataca nuestra salud es el negarle al cuerpo el descanso que requiere. El Señor enseñó que debemos dedicar seis días de la semana al trabajo y uno al descanso y si el mismo Dios necesitó descansar, cuánto más nosotros; no pensemos que por correr más rápido llegaremos más lejos. Si guardamos los principios preestablecidos por Dios, podremos gozar de buena salud.

La importancia de adquirir una genuina paz mental

La paz mental es el resultado de una conciencia tranquila. El apóstol Pablo, al presentar su defensa ante los principales sacerdotes y el concilio de Jerusalén, dijo: *"...Varones hermanos, yo con toda buena conciencia he vivido delante de Dios hasta el día de hoy"* (Hch. 23:1). Esta declaración incomodó tanto al sumo sacerdote, que ordenó que le golpearan en la boca, dando a entender que nadie puede darse el lujo de decir que tiene una conciencia tranquila. Aunque Pablo cuando no conocía a Jesús, fue llevado por el celo religioso a perseguir a los cristianos, obligando a varios de ellos a blasfemar el nombre del Señor, encadenando y encarcelando a los que más pudiera y aún llegando a consentir la muerte de Esteban, quien fue el primer mártir del cristianismo, para él estaba muy claro que todos sus errores del pasado habían sido cancelados en la cruz del calvario. Por esta razón dijo: *"Con Cristo estoy juntamente crucificado, y ya no vivo yo, mas vive Cristo en mi..."* (Gá. 2:20).

Cuando entendemos que toda nuestra deuda ya fue cancelada en la cruz del calvario, nos descargamos de todo sentimiento de culpa porque sabemos que *"...ninguna conde-*

nación hay para los que están en Cristo Jesús, los que no andan conforme a la carne, sino conforme al Espíritu" (Ro. 8:1). La genuina paz mental sólo la pueden experimentar aquellos que han dejado todas sus cargas al pie de la cruz pues, así como está tan lejos el oriente del occidente, Dios aleja todas nuestras rebeliones y ofensas de delante de su presencia.

Tener seguridad

La mayoría de las personas tienen una profunda preocupación por su seguridad, tanto, que en los últimos años las compañías de seguros son las que más han crecido y prosperado. Una muestra sencilla de la inquietud del hombre por su seguridad es que las puertas de su casa cuentan con chapas que les permiten preservar sus cosas de cualquier peligro de robo. Con ciertos impuestos pagamos para que el ejército o la policía nos brinden seguridad como ciudadanos. Todo esto resume que estamos realmente preocupados por nuestra seguridad, pero entre más pasan los años sentimos que la misma está amenazada y decimos ¡¿Dios, qué es lo que sucede?! Pero en el salmista dice: *"...Si Jehová no guardare la ciudad, en vano vela la guardia"* (Sal. 127:1b).

La verdadera seguridad no la proporcionan ni el ejército, ni la policía, la brinda directamente Dios, y cuando lo convertimos en el Señor de nuestras vidas, El se encarga de proteger a cada uno de los miembros de nuestra casa, nuestra ciudad y nuestra nación. Un miembro de nuestra iglesia, nacido en Venezuela, me comentó acerca de la experiencia que vivió cuando este país fue víctima de un desastre natural en diciembre de 1999. El me dijo: "Pastor, hoy mi espíritu está más regocijado y agradecido que nunca con el

Señor porque, cuando comencé a escuchar la noticia de lo que sucedía en Venezuela, me inquietó saber que mi familia se encontraba en el mismo sitio de la tragedia, así que le pedí a Dios que El mismo me guiara a orar y me indicó que, en oración, aplicara la sangre de Cristo en los cimientos y las columnas de la casa. Así lo hice, pidiéndole al Señor que con esa sangre protegiera la casa de mis padres. Cuando vino la avalancha, ésta se llevó todas las casas de los alrededores, la única que quedó firme fue la nuestra porque tenía un sello de seguridad: la sangre del Cordero. Ningún miembro de la familia murió porque todos pudieron refugiarse en la casa". Este hermano entendió que *"El ángel de Dios acampa alrededor de los que le temen y los defiende"*.

Tuvimos una reunión con nuestros parientes cercanos y decidimos ungirlos por núcleos familiares aplicando la sangre del Cordero de Dios a todos ellos porque en dicha unción está la protección. Usted también puede usar la autoridad que Dios le dio aplicando la sangre de Cristo a toda su familia y, con seguridad, su casa permanecerá protegida.

Procure el equilibrio en la vida familiar

"La sabiduría edificó su casa, labró sus siete columnas"(Pr. 9:1).

El matrimonio estable es tan poderoso como una ciudad amurallada, donde todos los que están dentro de ella viven seguros. El líder debe entender que su primera conquista tiene que ser la de su familia ya que, cuando Dios estableció el matrimonio, delegó funciones muy especificas para cada uno de los cónyuges. Al hombre, el Señor le confío el liderazgo de la familia, lo cual no se debe confundir con un gobierno dictatorial, por el contrario, el hombre debe responder como líder a todas las necesidades de su hogar. ¿De qué le vale a un hombre el hecho de que alcance el éxito en la empresa, o en su ministerio, si deja que su hogar se desintegre? La bendición del matrimonio se refleja en el ámbito espiritual, físico y material. Desde que decidimos casarnos, mi esposa y yo determinamos fundar nuestro hogar en la Palabra de Dios, la Biblia es el manual de principios a los cuales recurrimos para mantenernos y sostener nuestra familia.

La otra parte del equilibrio familiar está definida por la relación que mantenemos con los hijos y el tiempo compartido con ellos. Los hijos son la extensión de nuestro carácter, pero se hace necesario cultivar tiempo con ellos, cada uno debe saber que cuenta con nosotros, para su protección y su cuidado, son personas que el Señor nos ha dado para cuidar y formar. Muchos ministerios florecientes han descuidado su vida familiar y prácticamente sus hijos no cuentan con sus padres porque las actividades en la iglesia les absorben todo el tiempo. Con mi esposa hemos procurado no caer en este error porque hemos comprendido nuestra responsabilidad y, además, sabemos que el éxito de un líder o pastor se ve reflejado en el testimonio que desarrolla al interior de su casa, compartiendo con su cónyuge y sus hijos. Hijos agradecidos por la atención y cuidado de sus padres, serán pilares para el sostenimiento y la proyección del ministerio que el Señor nos ha encomendado.

Nuestras cuatro hijas: Johanna, Lorena, Manuela y Sara, constituyen una gran bendición familiar, y todas están comprometidas en el desarrollo de la visión que Dios nos puso a desarrollar. Ellas saben que el ministerio que el Señor nos confió es una visión de familia, y cada una de ellas ha asumido con seriedad su responsabilidad dentro del ministerio.

Prosperidad integral

"Amado, yo deseo que tú seas prosperado en todas las cosas, y que tengas salud, así como prospera tu alma" (3 Jn. ver. 2).

La bendición de Dios siempre es integral porque cubre todas las áreas de nuestra vida: financiera, física, espiritual y material. El apóstol Pablo dijo que Dios nos bendijo con toda bendición espiritual en los lugares celestiales en Cristo (Ef. 1:3). La bendición significa que nos va bien en todo, es completa para cada uno de nosotros.

"Nunca se apartará de tu boca este libro de la ley, sino que de día y de noche meditarás en él, para que guardes y hagas conforme a todo lo que en él está escrito; porque entonces harás prosperar tu camino, y todo te saldrá bien"(Jos. 1:8).

Gabriela Mistral dijo: "La Biblia es el libro, no sé cómo alguien puede vivir sin ella, la Biblia la necesitamos todos". Si tenemos un contacto permanente con ella y creemos lo que dice, la Biblia nos dará las pautas para alcanzar el nivel estipulado por Dios y la prosperidad.

En 1923, nueve de los hombres más poderosos del mundo se reunieron en Chicago. Cualquiera podría sentir envidia de estos personajes pues, se calcula que en este pequeño grupo se concentraba representado el 70% de las riquezas de la nación Americana:

Charles Schwab, presidente de la compañía productora de acero más grande del mundo; Samuel Insull, presidente de la más grande compañía productora de electricidad; Howard Hopson, presidente de la más grande compañía productora de gas; Arthure Cutrten, el mayor vendedor de trigo de los Estados Unidos; Richar Whitney, presidente de la bolsa de valores de Nueva York; Albert Fall, secretario del Interior en el gobierno del presidente Harding; Jesse Livermore, gran inversionista de Wall Street; Ivar Kreuger, cabeza del monopolio más grande del mundo; León Fraser, presidente del International Settlements Bank. Pero estos hombres, por carecer de valores morales y haber puesto toda su confianza en las riquezas, las cuales son muy inciertas, porque de un momento a otro pueden levantar alas como las águilas y volar demasiado lejos, se vieron de repente frente a una triste realidad: las esperanzas del rico fenecen.

En 1984, veinticinco años después de aquella famosa reunión, Charles Schwab quebró y pasó los últimos cinco años de su vida sobreviviendo con dinero prestado; Samuel Insull, murió en tierra extranjera, prófugo de la justicia y sin un centavo en su bolsillo; Howard Hopson murió demente; Arthure Cutrten perdió su solvencia económica y murió en el extranjero; Richar Whitney, había acabado de salir en libertad de la prisión de Sing Sing; Albert Fall, acababa de recibir un perdón presidencial para que pudiera morir en compañía de su familia y no en prisión; Jesse Livermore e Ivar Kreuger se habían quitado la vida al igual que León Fraser.

Qué gran enseñanza nos deja la historia: Estos hombres se reunieron justo en un mismo año para ser alabados por el mundo entero, y también en otro mismo año los nueve pasaron a la eternidad, con más pena que gloria, todo por poner la confianza en lo incierto. El Señor Jesucristo dijo: *"De cierto os digo, que difícilmente entrará un rico en el reino de los cielos. Otra vez os digo, que es más fácil pasar un camello por el ojo de una aguja, que entrar un rico en el reino de Dios"* (Mt. 19:23-24).

"Honra a Jehová con todos tus bienes, y con las primicias de todos tus frutos; y serán llenos tus graneros con abundancia, y tus lagares rebosarán de mosto" (Pr. 3:9-10). De acuerdo al proverbista, cuando ponemos todo cuanto tenemos al servicio de Dios, El nos compensa trayendo prosperidad a nuestra vida.

El Señor dijo también que al hombre de nada le vale ganar todo el oro del mundo si pierde su alma. De nada le sirve al hombre conseguir dinero si con éste no puede comprar la salvación. La salvación implicaba un precio tan alto, que ni el más poderoso de todos los mortales podía comprarla, pero Jesucristo sí compró nuestra salvación en la cruz del calvario; a nosotros no nos toca pagar absolutamente nada por ella, la única condición que debe cumplir el hombre para obtenerla es creer en Jesús, depositar toda su confianza en El, darle toda su vida, su mente y el corazón.

El hombre obtiene la prosperidad integral para su vida, cuando decide volverse con todo el corazón a Dios, entendiendo que, *"...donde esté vuestro tesoro, allí estará también vuestro corazón"* (Mt. 6:21). Si nuestra riqueza está en Jesucristo, entonces nuestro corazón estará seguro. Dios demanda que hagamos un pacto de corazón con El, que toda nuestra vida esté rendida a su servicio.

Seleccionar nuestros amigos

Daniel tenía tres amigos, y cuando el rey le iba a quitar la cabeza él fue donde ellos y les pidió oración. Sus amigos le respaldaron clamando por su situación y esa misma noche Dios le reveló en sueños a Daniel lo que él necesitaba saber. Vemos que los amigos constituyen un gran apoyo en momentos críticos. El proverbista dijo: *"...y amigo hay más unido que un hermano"* (Pr. 18:24).

Hay amigos que se sacan el pan de la boca para compartir, pero aún así, usted debe considerar que sus amigos sean temerosos de Dios y apartados del mal, porque si tiene amigos impíos es como si usted pusiera arar el campo a un burro y a un buey, los dos hacen una yunta desigual por que, mientras el uno hala para un lado, el otro lo hace hacia el lado contrario; de igual manera, el creyente habla de las cosas de Dios mientras que el impío habla de las cosas de este mundo.

La cruz nos habla de relaciones, Jesús murió crucificado por enseñarnos cómo deben ser nuestras relaciones. La relación cumple un doble propósito. La cruz (el madero) consta de dos palos, uno vertical y otro horizontal; el vertical nos habla de la relación del hombre con Dios, y el horizontal la relación del hombre con su prójimo. Una genuina relación con Dios nos conducirá a mantener una sana relación con nuestros amigos.

La esperanza

"Aún hay esperanza para todo aquel que está entre los vivos..." (Ec. 9:4). Una de las más turbias intenciones del enemigo es hacer que el hombre pierda totalmente la esperanza, tanto a nivel individual como familiar, y aún en relación con su trabajo y la situación de su país. Cuando el hombre pierde la esperanza, no se propone metas y, por consiguiente, no cuenta con proyecciones.

Uno de los casos más típicos de pérdida de la esperanza se da entre aquellos que tocaron las puertas de una empresa en busca de un empleo y no lo encontraron. Pero la motivación más grande para usted y para todos ellos es que Dios nos ha dado la esperanza de conquistar nuestros sueños mientras estemos vivos, como indica el proverbista. Aunque el hombre le cierre la puerta, Dios no, así que, por encima de todo debe disponerse a confiar en El porque dijo: *"El que a mí viene, no le echo fuera"* Si se han cerrado las puertas en la tierra, en los cielos permanecerán abiertas.

Muchos han perdido la esperanza a raíz de un fracaso matrimonial, de un revés financiero, o de cualquier otra situación que se salió de sus manos, pero yo les animo a recuperar esa esperanza *"porque siete veces cae el justo, y vuelve a levantarse"* (Pr. 24:16). No admita argumentos de fracaso de parte del enemigo en contra suya ni en contra de su familia ni de su nación. En nuestro caso, nos hemos propuesto motivar a la gente a recuperar la esperanza en relación con nuestra nación, Colombia, de tal modo que vemos más allá del panorama que muestran los noticieros y no repetimos el lenguaje incierto que ellos expresan, y declaramos que Colombia no es tierra de violencia, sino de paz y de bendición.

Usted puede proyectarse a grandes conquistas aplicando cada uno de estos pasos, y quienes le rodeen lo reconocerán como una persona de éxito porque notarán que ha logrado la felicidad, goza de buena salud, vive con genuina paz mental, tiene la verdadera seguridad, hay equilibrio en su vida familiar, ha seleccionado bien a sus amigos, cuenta con prosperidad integral y posee la esperanza. Si no ha dado ninguno de estos pasos, empiece ahora comprometiéndose con Dios, El le ayudará a alcanzar el éxito.

Parte II
Los doce
sinónimo de éxito

Capítulo uno

¡EL LÍDER ES LA CLAVE!

"El verdadero líder es aquel que no siente temor del cambio, se mantiene en una renovación permanente; porque liderar es innovar" C.C.D.

La mirada puesta en cada persona

Está comprobado que el modelo de los doce es el que ha dado los más grandes resultados desde la época en que Jesús desarrolló su ministerio terrenal, y lo sigue haciendo en nuestro tiempo. El líder es la clave, esta fue la enseñanza que nos dio con su ejemplo el Señor Jesucristo, quien en el transcurrir de su vida ministerial, tuvo en cuenta a las personas no por lo que ellas aparentaban, si no por el potencial que él sabía que existía en cada una de ellas; un potencial que provenía del mismo soplo divino, pero que estaba apocado por las diferentes circunstancias que los habían embargado.

Aunque Jesús pudo haber vertido su vida en las multitudes, no lo hizo, sino que prefirió trabajar hábilmente en la formación del carácter de doce personas completamente diferentes las unas de las otras; y al igual que el alfarero con el barro, por tres años y medio le dio forma al carácter de cada uno de ellos, pudiendo expresar, como lo hizo Job: "tus manos me hicieron y me formaron"; razón por la cual, antes de ascender al cielo, el Señor reunió a sus discípulos y observó que faltaba algo para culminar la obra en ellos: el soplo divino para que pudieran hacer el trabajo evangelístico en las diferentes naciones de la tierra, y por eso les dijo: *"....Paz a vosotros. Como me envió el Padre, así también yo os envío. Y habiendo dicho esto, sopló, y les dijo: Recibid el Espíritu Santo"* (Jn. 20:21-22).

¿Cómo pudo lograr el Señor Jesús que doce personas sin cultura, sin educación, sin riquezas ni posición social, llegaran a convertirse en los pilares del cristianismo? La respuesta es sencilla: estas personas estuvieron dispuestas a dejarse moldear por Él.

Como lo explica el apóstol Pablo: *"Mas antes, oh hombre, ¿quién eres tú, para que alterques con Dios? ¿Dirá el vaso de barro al que lo formó: ¿Porqué me has hecho así? ¿O no tiene potestad el alfarero sobre el barro, para hacer de la misma masa un vaso para honra y otro para deshonra?* (Ro. 9:20-21).

No sabemos cuánto tiempo le tomó a Dios darle forma al cuerpo de Adán, pero sí sabemos que al Señor Jesús le tomó tres años y medio darle forma a las doce personas que había seleccionado, teniendo que cavar profundamente en sus vidas, así como el constructor que tiene que hacerlo según lo que desea construir. Al igual que el arquitecto que entrega una maqueta al constructor para que se sujete a lo que éste desea, del mismo modo Jesús tuvo que dejarles a sus discípulos un modelo de vida al que ellos deberían proyectarse. Pablo lo entendió perfectamente cuando dijo: "*...hasta que todos lleguemos a la unidad de la fe y del conocimiento del Hijo de Dios, a un varón perfecto, a la medida de la estatura de la plenitud de Cristo...*" (Ef. 4:13).

A Jesús no le interesaba mucho que sus discípulos le expresaran admiración pues, lo que más deseaba, era que ellos llegaran a ser en todo semejantes a El. Aquellos apóstoles al tener contacto permanente con Jesús, fueron viendo en El un modelo que deberían alcanzar, aunque todos eran conscientes de que no lo podrían superar, deberían esforzarse por igualarlo: Pablo dijo: "*Sed imitadores de mí, así como yo de Cristo*" (1 Co. 11:1).

Jesús marcó la diferencia entre un líder lleno de fe y un líder religioso. El líder lleno de fe, es un ejemplo digno de imitar. Al líder religioso solo le importa la apariencia externa, y es de los que se justifican diciendo: No me mires a mí, porque como humanos fallamos, mire al Señor. Al primer grupo pertenecieron los apóstoles, al segundo grupo los fariseos. ¿En cual usted se siente más cómodo? La visión que Jesús estableció va más allá de una simple religiosidad, es el carácter de Cristo reproducido en nosotros, para que nosotros de igual modo lo reproduzcamos en otros.

Construyendo un edificio con piedras humanas

"Y yo también te digo, que tú eres Pedro, y sobre esta roca edificaré mi iglesia; y las puertas del Hades no prevalecerán contra ella" (Mt. 16:18).

Para edificar, primero se debe cavar profundamente, entendiendo que a la iglesia a la que el Señor se refiere, no es la que muchos identifican como una construcción levantada con ladrillos, y adornada con hermosos tapices; sino aquella que está conformada por personas de todas las culturas, razas y clases sociales, que por el hecho de haber creído en Él, entran a formar parte de su cuerpo. A ellos el Señor los llama: mi iglesia, porque ya hacen parte de sí mismo.

Las personas son la iglesia, y nuestra principal tarea debe consistir en ganarlas y trabajar cuidadosamente en ellas de manera individual, tal como lo hizo el Señor con sus apóstoles. Cuando Jesús preguntó: ¿Quiénes dicen los hombres que es el Hijo del Hombre? Sus discípulos respondieron: Señor, unos dicen que eres Elías, otros que Jeremías o algún profeta. Y al preguntar: ¿Y vosotros quién decís que soy yo? Simón responde: *"Señor, tú eres el Cristo, el hijo del Dios viviente"*. Aunque Pedro era el más impulsivo de todos los discípulos, tuvo la revelación clara acerca del Señor; pues entendió que era el Mesías prometido, y por ello Jesús le dijo: *"...Bienaventurado eres, Simón, hijo de Jonás, porque no te lo reveló carne ni sangre, sino mi Padre que está en los cielos. Y yo también te digo, que tú eres Pedro, y sobre esta roca edificaré mi iglesia..."* (Mt. 16:17-18). El nombre Simón significa "caña", dando la idea de algo inestable e inconstante. La característica de Simón antes de ser Pedro era su problema de carácter, y aunque después del cambio de nombre continuó con él, el Señor lo trató mirándolo, no como la persona inconstante llena de debilidades y flaquezas, sino como el líder que podía llegar a ser con un temperamento firme, por eso le dijo: "Tú eres una piedra", es decir, alguien a quien Jesús ya veía con un carácter bien firme, por lo que años después, Pedro, inspirado en las palabras que Jesús había pronunciado refiriéndose a él, dijo: "*Vosotros también, como piedras vivas, sed edificados como casa espiritual y sacerdocio santo...*" (1 P. 2:5).

Pedro entendió que él era una piedra más dentro del edificio. Cuando Jesús dijo "edificaré mi iglesia", no fue por la ciudad de Jerusalén cotizando sinagogas para ver cuál sería la más adecuada para comenzar su ministerio, El se remitió a las personas, directamente a cada vida, porque la iglesia del Señor no está conformada por paredes, sino por seres humanos, individuos sobre los cuales debe verterse el carácter de Cristo.

La iglesia de Jesús no tenía dónde congregarse, el Señor se paraba en una montaña, predicaba, y miles y miles se acercaban a escuchar su mensaje, y mientras caminaba les iba compartiendo a sus discípulos dejándoles verdades profundas que quedaron marcadas en cada uno de ellos.

Jesús edificó su iglesia mediante un proceso relacional con los individuos, El dijo: "*...Las zorras tienen guaridas, y las aves del cielo nidos; mas el Hijo del Hombre no tiene dónde recostar su cabeza*" (Mt. 8:20). El Señor no tuvo un templo, pero las multitudes le seguían porque él invirtió su vida en cada persona.

Cada persona es un líder

La clave del éxito está en cada persona que nos rodea se convierta en un líder con capacidad de orientar a otros.

Jesús seleccionó a doce, y no las escogió por simpatía, sino porque vio en ellas un gran potencial de liderazgo, El vio que con esos doce individuos podía proyectar grandes cosas.

A nuestra congregación llegan personas de toda índole. Algunos poseen un liderazgo natural pero carecen de un buen carácter; otros han llegado golpeados por la vida, pero en las manos del Señor han sido transformados en líderes de éxito.

El Señor sabía que en cada persona había un líder encerrado, por ello invirtió su vida en toda clase de individuos: pescadores, ladrones, cobradores de impuestos, jóvenes y adultos, etcétera, a todos les brindó una oportunidad porque quería hacer de cada miembro de su equipo un líder, entendiendo que el líder es la clave.

Como hemos dicho, a las doce personas que seleccionó, Jesús les invirtió tres años y medio de su vida, aunque ministró a las multitudes, se concentró en este pequeño grupo de personas procurando hacer de ellos el equipo genuino que habría de apoyarle en el desarrollo de su ministerio pues éstos serían los encargados de reproducir y continuar su visión, por esto, tan pronto Jesús cumplió su tiempo, los doce se dedicaron a difundir el evangelio por todo el mundo ganando más personas que las que se ganan hoy; aun usando los medios masivos de comunicación. Todo esto fue posible porque el Señor hizo su más grande inversión en el elemento humano, en las personas, dedicándose a hacer de cada uno de ellas un líder.

El secreto está en los doce

"Las cosas secretas pertenecen a Jehová nuestro Dios; mas las reveladas son para nosotros y para nuestros hijos para siempre, para que cumplamos todas las palabras de esta ley"(Dt. 29:29).

El modelo de los doce ha estado siempre en el corazón de Dios, y su número simboliza gobierno. Cada número tiene su respectivo significado, por ejemplo, el tres simboliza la trinidad, el cuatro simboliza lo terreno, el siete simboliza lo perfecto, etcétera., de igual modo el número doce simboliza el gobierno, refiriéndose al gobierno de Dios.

Desde la misma creación, Dios estableció doce meses para gobernar cada año. Aún los días son gobernados por dos períodos de doce horas cada uno. También para poder gobernar al pueblo de Israel, estableció las doce tribus. El rey Salomón estableció doce gobernadores, ya que cada uno de ellos estaba obligado a abastecerlo a él y a su casa durante un mes en el año (1 R. 4:7). En la época de Elías, cuando el pueblo se había entregado a la idolatría, habiendo caído en la apostasía, el profeta, en su celo espiritual, desafía a los profetas de baal, a que demuestren el poder de sus ídolos delante del pueblo y que el Dios verdadero respondiera con fuego aceptando el sacrificio para el holocausto, a lo que el profeta responde con el inicio de las obras de reconstrucción del altar de Jehová, que se encontraba arruinado. *"Y tomando Elías doce piedras, conforme al número de las tribus de los hijos de Jacob... edificó con las piedras un altar en el nombre de Jehová"* (1 R. 18:31a-

32a), *y después de preparar el holocausto, procedió a ofrecerlo a Dios en sacrificio.* Dios no tardó en responderle al profeta, y a través de este acto, vino la reconciliación del pueblo con Dios.

No es casualidad que las últimas palabras del último libro del Antiguo Testamento, expresen la manifestación del ministerio de Elías, diciendo: *"He aquí, yo os envío el profeta Elías, antes que venga el día de Jehová, grande y terrible. El hará volver el corazón de los padres hacia los hijos, y el corazón de los hijos hacia los padres, no sea que yo venga y hiera la tierra con maldición"* (Mal. 4:5-6). Tengo la plena certeza que para los tiempos que estamos viviendo, que son finales, Dios desatará la unción de Elías, la cual caerá como un manto sobre toda la tierra, moviendo a los líderes cristianos en los diferentes lugares del mundo, a que actúen con el mismo espíritu del profeta, teniendo como su prioridad restaurar el altar arruinado de Jehová. Si usted observa detenidamente esas palabras, notará que el altar de Dios está en cenizas en la mayor parte de las naciones de la tierra, y se necesitan hombres y mujeres con el celo de Dios, que se dediquen a trabajar no en las paredes o estructuras de algún edificio, sino en las personas por las que Cristo derramó hasta la última gota de su sangre; ya que en sus corazones el altar de Dios se encuentra caído por el mal testimonio que han dejado algunos líderes religiosos; y por causa de ellos muchos se han alejado de Dios, porque se sintieron defraudados en su fe.

Pero sabemos que en medio de esa adversidad, Dios está despertando los espíritus de muchos líderes a nivel mundial con el deseo de restaurar el altar de Dios en los corazones de muchos. Hombres y mujeres dispuestos a pagar el precio que este liderazgo demanda, y en un acto de fe escoger las doce piedras con las que va a restaurar el altar arruinado de Dios.

El inicio de la visión

Desde que el Señor puso en nuestra mente la inquietud por la innovación, mi esposa y yo hemos intentado desarrollar cosas que, de una u otra forma, contribuyan a alcanzar la visión que El nos ha concedido, sin embargo, lo único que nos ha dado resultado y, por consiguiente, nos ha brindado satisfacciones, es aquello que ha venido directamente de Dios y que hemos implementado en el momento en que El nos lo ha indicado.

Cuando el gran científico Isaac Newton descansaba debajo de un árbol, vio que uno de los frutos del mismo caía a un lado suyo y esto lo llevó a preguntarse: ¿Por qué este fruto cayó hacia abajo y no se fue hacia arriba o hacia un lado? La pregunta lo condujo a un proceso de investigación que culminó con el descubrimiento de la llamada "Ley de la gravedad". Guardando las proporciones, algo similar fue lo que me sucedió en 1991, cuando el Señor corrió el velo de mi mente permitiéndome entender a profundidad el significado de los doce. Empecé a preguntarme: ¿Por qué el Señor capacitó a doce y no a once o trece? ¿No era mejor capacitar al mismo tiempo a un grupo grande? Ya que contando con un número mayor de personas, el trabajo se haría mucho más rápido, ¿por qué sólo invirtió sus fuerzas en doce?, ¿cuál es el secreto que hay en los doce? Dios usó todos estos interrogantes para traer claridad a mi vida con relación al modelo de los doce. Pude oír en lo profundo de mi corazón la voz del Espíritu Santo que me decía: *"Si entrenas doce personas y logras reproducir en ellas el carácter de Cristo que ya hay en ti, y si cada una de ellas hace lo mismo con otras doce, y si éstas, a su vez, hacen lo mismo con otras doce transmitiendo el mismo sentir entre unos y otros, tú y tu iglesia experimentarán un crecimiento sin precedentes".* Inmediatamente empecé a ver en mi mente toda la proyección del desarrollo ministerial que llegaríamos a tener en poco tiempo. Luego Dios me mostró en visión la multiplicación que quería darnos y cómo en sólo un año creceríamos a un ritmo excepcional, ante aquella visión lo único que atiné a decir fue: ¡Dios mío, esto es extraordinario!

No me hubiera imaginado nunca el crecimiento obtenido, y lo que aún falta, sin la existencia de este modelo. Para establecer una definición de este principio, es importante anotar que el mismo está inspirado en la manera como el Señor Jesús desarrolló su ministerio en la tierra.

Capítulo dos

¡ALGO SOBRENATURAL!

*"Todo lo que desees en el plano natural,
conquístalo en la dimensión espiritual
a través de la fe y quedarás asombrado
de todo lo que podrás lograr"* C.C.D.

Cuestión de creerle a Dios y obedecerle

Aquellos doce que el Señor formó, aprendieron a caminar por la senda de lo sobrenatural pues, tenían que reproducir el carácter de Cristo en todas las formas a través de sus propias vidas. Por esta razón, los líderes religiosos que se oponían al desarrollo del cristianismo, quedaron atónitos con el denuedo de Pedro y de Juan, sabiendo que eran personas iletradas, pero reconocieron que habían estado con Jesús. El modelo de los doce es algo en sí mismo sobrenatural que el Señor Jesucristo implementó a fin de que su ministerio se moviera constantemente en esa dimensión. Vino directamente de Dios al corazón de Jesús y, en el momento preciso, cuando estaba en la búsqueda de la mejor estrategia para que la visión de ganar multitudes se hiciera realidad, llegó de la experiencia de Jesús a mi corazón.

Antes de entrar en detalles respecto a la manera como Dios reveló a mi vida el potencial de este modelo, es importante destacar la forma como Jesús actuó con sus discípulos y cómo ellos anduvieron predicando y haciendo milagros, con lo cual se indica el poder sobrenatural que se desarrolla al interior del modelo de los doce.

Unción de milagros

> *"Entonces llamando a sus doce discípulos, les dio autoridad sobre los espíritus inmundos, para que los echasen fuera, y para sanar toda enfermedad y toda dolencia"* (Mt. 10:1).

Mientras Jesús estuvo en la tierra, ministró personalmente. Al leproso le preguntó: ¿qué quieres que te haga?, y él le dijo: "Señor, si quieres, puedes limpiarme" a lo que Jesús manifestó su interés y operó el milagro. De igual forma sucedió con el ciego Bartimeo y con muchos que se acercaban esperando una oportunidad, guiados por la fe; el Señor sanó, resucitó muertos, echó fuera demonios y realizó centenares de milagros extraordinarios estando muy cerca de las personas. Como dijimos en el capítulo anterior, para Jesús, la iglesia eran las personas.

Una de las primeras cosas que aprendí de la experiencia de Jesús es que implementar el trabajo con doce personas implica el andar en lo sobrenatural, echando fuera demonios y operando milagros de acuerdo a la necesidad de cada persona. Un precio que se debe pagar para que el modelo de los doce logre su objetivo consiste en actuar de manera similar a como Jesús lo hizo con sus discípulos: limpiando leprosos, dando vista a los ciegos, levantando paralíticos, etcétera. Cuando un pastor desarrolla su ministerio respaldado por este tipo de milagros, se extenderá por la ciudad la noticia de que hay un predicador al que Dios respalda con maravillas y prodigios, y la gente, también necesitada de un milagro, correrá a escuchar su mensaje. Definitivamente el modelo de los doce permite que las multitudes acudan a los pies del Señor.

Las multitudes seguían Jesús por los milagros que hacía. Si queremos tener una iglesia con multitudes como estrellas, es muy sencillo, tenemos que caminar en lo sobrenatural haciendo milagros, actuando en el poder del Espíritu Santo. Cuando el leproso se acercó a Jesús, El no le dio un discurso haciéndole ver las maldiciones que lo ataban, sencillamente miró su necesidad, destacó su fe y le dio lo que necesitaba. Tenemos la certeza de que la iglesia cuenta con la repuesta para cada una de las necesidades de la gente, y hemos podido comprobar que la mejor manera de ayudar a las personas, es dándoles solución a sus diferentes problemas pues, su fe se fortalece cuando ven que Dios sí les da respuesta a sus necesidades. Cualquier padre por escéptico que sea, cuando se enfrenta ante alguna enfermedad incurable en la vida de alguno de sus hijos, doblegará todos sus argumentos y estará dispuesto a creer en aquello que le proporcione el milagro a su hijo.

Un domingo, cuando celebrábamos la reunión de fin de año, pregunté a la congregación: ¿Cuántos de ustedes se encuentran en este lugar porque Dios les hizo un milagro? El 95% de los asistentes levantó la mano. Escuchando luego sus testimonios, comprendí que una de las mejores maneras de propagar el evangelio y dejar que el reino de Dios se establezca en nuestro medio, es moviéndonos en la dimensión de lo sobrenatural. Como comenté en la primera parte: una persona que ha recibido el toque de la mano de Dios en su cuerpo, no querrá salirse de los caminos de la fe, porque siente que está en deuda con el Señor.

Un modelo de compasión

"Recorría Jesús todas las ciudades y aldeas, enseñando en las sinagogas de ellos, y predicando el evangelio del reino, y sanando toda enfermedad y toda dolencia en el pueblo. Y al ver las multitudes, tuvo compasión de ellas; porque estaban desamparadas y dispersas como ovejas que no tienen pastor. Entonces dijo a sus discípulos: A la verdad la mies es mucha, mas los obreros pocos. Rogad, pues, al Señor de la mies, que envíe obreros a su mies"(Mt. 9:35-38).

Luego de esta experiencia fue que Jesús decidió llamar a sus doce discípulos y otorgarles autoridad para echar fuera demonios y sanar enfermedades. Notemos que el modelo de los doce nació cuando el Señor sintió compasión de la gente, al ver que eran ovejas desorientadas que no tenían pastor. Lo que da crecimiento a la iglesia es el trabajo evangelístico, pero la conservación de cada persona se da a través de los doce pues, cada líder de doce, está en capacidad de pastorear a otros doce. Si sentimos compasión por la gente, entonces estaremos dispuestos a cuidar de ellos y a orar por sus necesidades procurando el milagro que anhelan para su vida, tal como lo hizo Jesús con sus discípulos.

Con el modelo tradicional es muy difícil que todos los miembros de la congregación tengan acceso al pastor, pero a través del modelo de los doce todos tienen contacto con el pastor porque reciben de su líder la misma visión y así cada quien se siente pastoreado.

Cuando entendí la importancia de sentir por la gente la misma compasión que tuvo Jesús, fue cuando empezó a surgir en mí la necesidad de implementar una estrategia que me ayudara a atender a cada persona en medio de la magnitud de crecimiento que empezaba a darse en la iglesia. De esta manera Dios fue preparando mi corazón para revelarme el modelo de los doce.

Pastoreo de doce en doce

> *"Entonces llamando a sus doce discípulos, les dio autoridad sobre los espíritus inmundos, para que los echasen fuera, y para sanar toda enfermedad y toda dolencia"* (Mt. 10:1).

El llamado de Jesús a estos doce hombres fue para que cumplieran, con la autoridad delegada por El, una misión específica. Se nota claramente en este principio que se da una reproducción del carácter de Jesús en los hombres elegidos. Basados en esta experiencia de Jesús, el principio de los doce es *"un revolucionario modelo de liderazgo que consiste en que la cabeza de un ministerio selecciona a doce personas para reproducir su carácter y autoridad en ellos para desarrollar la visión de la iglesia, facilitando así la multiplicación; estas doce personas seleccionan a otras doce, y éstas a otras doce, para hacer con ellas lo mismo que el líder ha hecho en sus vidas".*

Guiados por la experiencia de Jesús, quien vertió de los suyo en cada uno de sus doce, hemos venido desarrollando nuestro ministerio para alcanzar la visión de Dios. Un indicador que nos sirve de referencia para confirmar que el proceso es el adecuado, es que el discípulo refleja el carácter de su maestro, y que cuando este discípulo da a otros de lo que él ha aprendido y experimentado en su vida, esa otra vida refleja también su carácter. Esto es posible porque el principio de los doce facilita la transmisión de estrategias, de conocimientos, y de autoridad, permitiendo que la visión se logre de manera conjunta, en el mismo sentir de unidad.

También podemos agregar que Jesús estuvo ejerciendo un pastoreo directo a sus doce, El se concentró en ellos, los moldeó y los capacitó para que cumplieran con la misión encomendada de acuerdo a lo que el Señor esperaba, este pastoreo es el mismo que realizamos constantemente aplicando el sistema a cada persona involucrada en los equipos de doce que ya se cuentan por miles en nuestra iglesia. Hay pastoreo directo, mayor cuidado, atención personalizada, y, por consiguiente, bases definidas para que todo aquel que llegue a la iglesia como nuevo creyente se comprometa y sienta la necesidad y el deseo de convertirse también en un líder útil para la obra de Dios y en un agente multiplicador en la iglesia. Esto no era posible en el sistema tradicional, el modelo de los doce contribuye a la edificación de cada persona, al tiempo que ésta se convierte en la cabeza visible de otro grupo en formación y así sucesivamente.

¿Por qué estamos seguros de que todo aquel que aspire a ese tipo de liderazgo victorioso, puede alcanzar su meta?: porque el modelo de los doce contribuye a la formación del carácter individual. Es en esos pequeños grupos donde se hace más fácil detectar las debilidades y las fortalezas que posee cada persona y, por lo tanto, tratarlas hasta que las mismas puedan adecuarse a las exigencias del liderazgo. Este principio de los doce revela que el Señor tiene una manera de trabajar con cada uno de nosotros y da las pautas para que dicho trabajo sea efectivo. Estando con cada uno de nuestros doce podemos observar que, así como Dios ha tenido que cavar profundamente en nuestras vidas para formarnos como los líderes que ahora somos, también nosotros tenemos la oportunidad de hacer lo mismo; hay que cavar profundamente en la vida de ese nuevo creyente que llega ansioso por conocer las verdades de Jesucristo, al hacerlo en el interior de cada uno, se va definiendo el perfil de otro líder que será elemento clave para reproducirse en otros. Si tuviéramos que trabajar moldeando el carácter de una numerosa congregación al mismo tiempo, no sólo se volvería imposible el trabajo, sino dispendioso, obligándonos a renunciar a él antes de obtener el fruto esperado. Cuando esta importante labor se hace por grupos de doce, no sólo los resultados son óptimos en cuanto a calidad, sino también en cuanto a cantidad ya que la multiplicación es más rápida, nos queda mayor tiempo para impulsar el crecimiento.

Es el modelo de los doce el que permite el alcance de la visión que viene de Dios. Si alguien aspira a conformarse con un ministerio pequeño, su proyección va a darse de acuerdo a su visión, de tal modo que Dios actuará según a esa proyección; pero si un líder aspira a que Dios le confíe un ministerio grande, ilimitado, de mucho alcance, debe entender que esto implica que el Señor cave profundamente en su vida y, por medio de él, cave también en el interior de quienes van a estar a su lado respaldándolo como equipo de trabajo. El modelo de los doce es el principio clave para que este propósito se cumpla.

Desde que implementamos el principio de los doce, nuestra iglesia ha experimentado el mayor crecimiento de que se tenga conocimiento en la historia del cristianismo en Colombia, la visión celular se ha desarrollado con un crecimiento satisfactorio pues, de aquel pequeño número de 70 grupos de hogar, hemos pasado a las 15.000 células que estadísticamente están confirmadas solo en la ciudad de Bogotá.

Este crecimiento no ha sido porque espontáneamente se hayan abierto las puertas de las casas, es porque el modelo de los doce ha facilitado la preparación de un liderazgo firme que ha estado dispuesto a asumir su compromiso yendo a tocar esas puertas y el Señor les ha compensado con la apertura de las mismas.

El crecimiento también se debe a que en este modelo todo el mundo es desafiado hacia su proyección personal y ministerial. No hay una sola persona involucrada en un equipo de doce que no quiera crecer, es más, al ver que otros crecen, se siente impulsada a lograr sus propias metas de multiplicación, para no quedarse atrás. Cuando alguien descubre el poder y la autoridad que pueden ser desarrolladas siendo líder de doce personas, entonces se preocupa por capacitarse, comprometerse, y por conseguir también a sus doce.

Este modelo lo podemos definir también, como el principio que impulsa la dinámica de crecimiento para la iglesia contemporánea. Por mi propia experiencia, creo que el modelo de los doce es la estrategia que sostendrá, junto a la visión celular, el desarrollo de la iglesia de Cristo en el Siglo XXI.

Capítulo tres

CONQUISTA DE NACIONES

"El principio de los doce es el concepto de Dios plasmado en las Escrituras como una inspiración de gobierno y estrategia para la conquista de naciones" C.C.D.

Una estrategia eminentemente bíblica

El principio de los doce no sólo viene de parte de Dios en un momento específico para todos aquellos líderes que deseen tomarlo, sino que está plasmado en las Escrituras como una inspiración constante. Es una estrategia eminentemente bíblica para la conquista de naciones enteras.

Principio de gobierno

"Y dijo: Yo soy el Dios de tu padre, Dios de Abraham, Dios de Isaac, y Dios de Jacob. Entonces Moisés cubrió su rostro, porque tuvo miedo de mirar a Dios"(Ex. 3:6).

Dios se le reveló a Moisés como el Dios de Abraham, de Isaac, y de Jacob. Abraham representa al hombre de la fe, Isaac al hombre del sacrificio, y Jacob representa al hombre de gobierno. Notemos que Dios le hizo la siguiente promesa a Abraham: *"Y no se llamará más tu nombre Abram, sino que será tu nombre Abraham, porque te he puesto por padre de muchedumbre de gentes... No te parezca grave a causa del muchacho y de tu sierva; en todo lo que te dijere Sara, oye su voz, porque en Isaac te será llamada descendencia..."* (Gn. 17:5 y 21:12). Pero fue necesario que Isaac tuviera a Jacob y que de éste nacieran 12 hijos que se convirtieron en patriarcas, para que el cumplimiento de la promesa se diera. Cada hijo de Jacob se constituyó en una tribu, dando origen a las conocidas doce tribus de Israel.

Inspirado en este principio de gobierno, luego de que Dios se le revelara como el Dios de Abraham, de Isaac y de Jacob, Moisés guió al pueblo de Israel en su salida de Egipto y, llegando a los límites de Canaán, Moisés seleccionó a doce príncipes para que inspeccionaran el territorio en el que querían entrar; estos doce iban como espías y debían reportar todo cuanto observaran en la tierra de Canaán: cómo era el terreno, las características del pueblo que lo habitaba, si era fuerte o débil, si la tierra era buena o mala, si las ciudades habitadas eran campamentos o plazas fortificadas, etcétera. Con este equipo, símbolo de gobierno, el Señor nos da las estrategias para la conquista de cualquier ciudad o nación. Así como actuó Moisés, el modelo de los doce nos permite desarrollar un trabajo estratégico previo para entrar a conquistar lo que anhelemos a través de nuestro ministerio en la ciudad, en la nación, y en el resto del mundo.

El principio de gobierno reflejado en el modelo de los doce nos ayuda a desarrollar una cartografía espiritual, identificar cuáles son los poderes demoníacos que operan en los aires de la región donde nos encontramos. No podemos llegar a un lugar de manera ingenua y levantar una iglesia, diciendo: "Como venimos en nombre de nuestra denominación, Dios prospera el trabajo de nuestras manos". Indudablemente Dios opera y hace grandes cosas permitiéndonos la conquista, pero antes hay una condición que cumplir, que no debemos pasar por alto: descubrir cómo y con qué aliados espirituales ha venido trabajando el adversario en la zona que aspiramos conquistar.

El Señor le dijo al pueblo de Israel, por medio de Josué: "*Yo os he entregado, como lo había dicho a Moisés, todo lugar que pisaré la planta de vuestro pie*" (Jos. 1:3). En otras palabras, les estaba diciendo: "conquisten", pero el pueblo tenía que saber quiénes eran los habitantes de las tierras, si eran gigantes o no, debían medir fuerzas para desarrollar las estrategias adecuadas y poder derribarlos. Sólo así lograrían establecer sus tiendas en los lugares conquistados.

Analizando un poco más el principio de gobierno encerrado en el modelo de los doce, y a partir de la experiencia de Moisés, vemos que este líder escogido por Dios comisiona a los doce para:

Hacer un diagnóstico general

Observar la tierra con detenimiento y analizar cómo es. Saber cuáles son las causas de opresión. En cuáles circunstancias estaba el pueblo que habitaba la tierra. En un proceso como éste se disciernen las ataduras que puedan tener las personas, si es un pueblo entregado a la idolatría, a los vicios, a los juegos de azar, si depende de la hechicería y es escéptico a las cosas de Dios. Es necesario saber cómo es y cómo está el pueblo que va a evangelizar.

Conocer la condición de la gente

¿El pueblo es fuerte o es débil? ¿Qué le da fortaleza a la gente? ¿Cuáles son los argumentos que se levantan entre ellos: ateístas, comunistas, principios espirituales opuestos a Dios?

Recordemos que estos son factores que endurecen el corazón de las personas haciéndolas resistir el evangelio. También la idea en este punto es descubrir si se trata de un pueblo débil al cual es fácil penetrar con el evangelio porque han perdido la confianza que tenían en las estructuras pasadas como dinero, ritos y tradiciones; por ejemplo, en nuestro país llegamos a un punto crítico donde las personas tuvieron que buscar nuevas alternativas. Una mujer dijo al respecto: "Perdí todas las veladoras que le puse a la virgen, porque no me respondió". En casos como estos, un evangelismo agresivo es la clave para la conquista. Los doce pueden desarrollarlo con autoridad.

Determinar cómo sería la proyección de la conquista

¿El pueblo es poco o es numeroso? Muchos dicen: "No me importa la cantidad, sino la santidad". A Moisés sí le importó si el pueblo contra el que tenía que enfrentarse era poco o numeroso, ya que él sabía que había sido llamado a conquistar grandes pueblos.

El modelo de los doce nos permite tener gran proyección y reafirmar que el evangelismo debe realizarse primero en las grandes urbes y de allí ramificarse a los pueblos pequeños. Tenemos que pensar en grande.

Discernir el ambiente del territorio

¿Es tierra de bendición o de maldición?, en otras palabras, ¿la tierra es buena o es mala? Debemos entender cuáles son las maldiciones que puede haber en la región y cómo cortarlas. Salomón dijo que la maldición nunca venía sin causa. Una de las razones que impulsó a Dios a prometerle a Moisés entregarle al pueblo de Israel la tierra de Canaán fue que esta tierra se había apartado completamente de El, entregándose a adorar toda clase de ídolos, y a realizar prácticas diabólicas pasando a sus hijos por el fuego o dedicándolos a Baal, habían contaminado el territorio de tal manera que la ira de Dios se encendió contra ellos. Entonces Moisés y el pueblo de Israel debían limpiar la tierra de toda fuerza y contaminación del lugar.

Esta es una muestra de la lucha que debemos emprender en nuestros días contra las fuerzas espirituales de maldad. Pablo dijo: "*Porque no tenemos lucha contra sangre y carne, sino contra principados, contra potestades, contra los gobernadores de las tinieblas de este siglo, contra huestes espirituales de maldad en las regiones celestes*" (Ef. 6:12).

Hacer un análisis por la ciudad

¿Cómo eran las ciudades? Hay una diferencia entre la ciudad y la nación. Podemos hablar de maldiciones a nivel de la ciudad, y maldiciones a nivel de la nación. Los poderes demoníacos actúan territorialmente. Los israelitas sabían que las ciudades amuralladas como Jericó, eran fortalezas contra Dios, y por eso, cuando Jericó fue conquistada, empezaron a verla como una ciudad maldita, y todo cuanto la conformaba, debía ser destruido. Dada la condición de maldición en que estaba esta ciudad, cuando Josué la tomó con el pueblo de Israel, dijo: *"Maldito delante de Jehová el hombre que se levantare y reedificare esta ciudad de Jericó. Sobre su primogénito eche los cimientos de ella, y sobre su hijo menor asiente sus puertas"* (Jos. 6:26). Más adelante, la maldición recayó sobre Hiel de Bet-el, cuando tomó la decisión de reedificar a Jericó.

Conocer si el terreno está abonado para un avivamiento

¿Cómo es el terreno? Aquí hace referencia a la tierra en sí misma. En otros términos, las preguntas serían: ¿Está lista la tierra para una cosecha espiritual? ¿Podremos encontrar fruto en la gente, o no? Con estas preguntas llegamos a una conclusión: estamos listos para conquistar nuestra nación con el modelo de los doce.

Moisés les pidió a los espías que tomaran del fruto de la tierra para tener una señal de que dicha tierra era buena y su fruto abundante. Como parte del reporte, los comisionados regresaron con un racimo de uvas tan grande que debía ser cargado entre dos hombres, no obstante, así como encontraron buen fruto, descubrieron que la tierra estaba habitada por gigantes y esto los atemorizó, de modo que el informe de la mayoría llegó cargado de negativismo. Israel pecó viendo las cosas con la óptica humana, dejando de visualizar lo que Dios podía hacer por medio de ellos y llegaron a la conclusión de que no sería fácil desalojarlos, de que era una tierra que se traga a los moradores. Lo mismo ocurre en nuestros días, cuando han declarado a muchas regiones como "el cementerio de los predicadores"; y estas son expresiones que no deberían surgir de nuestros labios. La mayoría de estos comisionados no actuaron con los ojos de la fe, afortunadamente Caleb estableció la diferencia y, por su fe, entraron en la conquista.

A veces no se conquista por el comentario negativo de algunos creyentes que impiden la realización de la obra de manera efectiva: ¿Por qué va a trabajar con células? ¡Eso de los doce no funciona con nosotros, a lo mejor tenga sentido en Corea o en Colombia, pero aquí no! Pero como hizo con el pueblo de Israel, el Señor nos ha dado las estrategias para que la conquista sea un hecho; y el modelo de los doce es la de mayor aplicación en los tiempos actuales. Cuando este principio se hace fuerte en nuestro corazón sabiendo que viene de Dios, no nos dejamos desalentar por nadie y actuamos basados en su Palabra. Lamentablemente, los doce enviados por Moisés no pudieron entrar porque no tenían el mismo espíritu, pero Josué seleccionó a doce y a cada uno le pidió que tomara una piedra para establecerla como un monumento y conmemorar con él la protección divina que les facilitó la gran conquista de la tierra prometida. Si usted escoge a doce, Dios le permitirá también conquistar con ellos su ciudad y su nación.

Capítulo cuatro

FORJANDO A LOS MEJORES

"La capacidad de liderazgo se mide por la manera como el líder ha logrado reproducir su visión estratégicamente en otros" C.C.D.

La importancia de la valoración personal

"...edificaré mi iglesia..."(Mt. 16:18)

El propósito que hubo siempre en el corazón de Dios fue formar personas. Por esta razón el Señor Jesús dijo: Edificaré mi iglesia. La palabra edificar significa dar forma, construir. Cuando estábamos culminando la construcción del edificio que tenemos frente al templo, subí al último piso y observé con detenimiento los ladrillos que estaban listos para levantar las paredes. El Señor me mostró los diferentes arrumes de ladrillos y haciendo que los comparara con los ya organizados del templo, me preguntó: "¿Hijo, qué diferencia ves entre estos ladrillos; y aquellos? (refiriéndose a los del templo)", le respondí: "Señor, que los del templo fueron colocados estratégicamente siguiendo una directriz, y estos están arrumados. También me preguntó el Señor. ¿Cuáles valen más?, le dije: Señor, los que ya están en agrupados estratégicamente; entonces me dijo: "Eso es lo que quiero que hagas en la iglesia. No espero que hayan creyentes arrumados y formando montones, quiero creyentes que ocupen un lugar estratégico dentro del cuerpo de Cristo".

Note cómo el Señor ve a los creyentes, Pedro dijo: "Como piedras vivas", es decir, Dios no nos ve como un conglomerado, sino como piedras importantes en la iglesia de Cristo. En la construcción se necesita un diseño elaborado por un arquitecto. Nos reunimos con el arquitecto quien toma la idea y trabaja con ella unos planos, éstos, luego de la aprobación, se convierten en maquetas, la cual se entrega al constructor con la orden de emprender la obra. De la misma manera, Dios pensó en cada persona como parte de su edificio, El mismo generó la idea y nos entregó un diseño para construir; dentro de ese diseño indicó la necesidad de tener un soporte, es decir, lo que en la visión denominamos: los doce. Los doce surgieron para edificar estratégicamente; por ello entrenamos a doce que, a su vez, se ocupan de otros doce y así sucesivamente, convirtiéndose todos ellos en piedras vivas.

Las preguntas que surgen entre aquellos que aspiran a desarrollar esta edificación estratégica son:

¿Cómo hacemos para saber quiénes van a formar parte de nuestros doce? ¿Cómo hacemos para conseguir a aquellas personas que van a ser parte fundamental del ministerio que el Señor me ha encomendado?. Sin duda, la capacidad de liderazgo de las personas se mide por la manera como ellos se reproducen en la obra. El sello de un pastorado se refleja en su iglesia, en la gente que ha formado.

Cuando David quiso formar su primera congregación, no llegaron a él los empresarios, ni estrategas militares, ni intelectuales; quienes le rodearon fueron los endeudados, los amargados de espíritu, y llenos de problemas. Estos fueron los que Dios le confió a David para que los pastoreara. De ese grupo surgieron los hombres más valientes, esos que muchas veces estuvieron dispuestos a dar su vida por El.

También a nosotros nos llegarán personas del mismo tipo: seres profundamente necesitados, con el corazón deshecho, hombres y mujeres que le dirán: ¡Hermano, estoy acabado, he pensado quitarme la vida, estoy cansado, soy una carga para todos! Ellos se convertirán en su prueba de fuego, Dios probará si tiene amor hacia ellos pues es el amor el que los podrá transformar y, por consiguiente, cada una de esas personas pasará a ser un gran desafío para su liderazgo ya que tendrá que formarlos, y si no tiene la experiencia, la irá adquiriendo con la práctica.

A nivel del liderazgo, es la práctica la que indica cómo tratar y formar a cada persona que llega a estar bajo su cobertura. Dios le manda a las personas para que entienda que tiene una ventaja sobre cada nuevo, y es que usted ya conoce del Señor, el nuevo hasta ahora está empezando a abrir los ojos, mientras que usted ya los abrió. Las otras personas llegan con los ojos cerrados y saben que usted tiene la respuesta a sus necesidades.

Hay varios aspectos que nos ayudan a identificar cuáles son los mejores para forjar un equipo genuino. Veremos en este capítulo los cinco primeros.

Valórelos como personas

Las personas deben ser valoradas por lo que son, no tanto por lo que hacen. Por lo general se comete el error de apreciar a quienes nos rodean por el fruto que den, en caso contrario, si no existe fruto, no nos llama la atención estar con ellos o tenerlos en cuenta.

Un padre debe mirar y admirar a sus hijos por que son sus hijos. Por encima de los defectos y las virtudes, son sus hijos.

El error de muchos padres es que centran su atención sólo en el hijo que más se destaca y lo toman de ejemplo para los demás: ¡Es que tú no eres como tu hermano, él sí que es de admirar! ¿Cómo cree usted que se siente una persona cuando constantemente le comparan con su hermano? Se siente mal. Tengo cuatro hijas y, como padre, las amo por igual, todas son importantes para mí; las amo no por lo que hacen, sino porque son mis hijas. De la misma manera debe usted comportarse con cada individuo que Dios le confía en el grupo: apreciarlos por lo que son, tratándolos como personas, invirtiendo tiempo en ellos, dándoles amor y afecto, que ellos sientan que usted no los tiene en cuenta solo por los reportes celulares, sino porque son un elemento valioso dentro del equipo o de la organización.

Crea en ellos

¿Aprender a creer en ellos? Cuando las personas llegan a la congregación, su apariencia no es de éxito, por el contrario, la mayoría trae en su rostro la señal del fracaso; sin embargo, nuestra labor debe ser mirarlos no por lo que aparentan, sino con los ojos de la fe, visualizando lo que Cristo puede hacer en ellos. Pablo dice:

> *"...a quien anunciamos, amonestando a todo hombre, y enseñando a todo hombre en toda sabiduría, a fin de presentar perfecto en Cristo Jesús a todo hombre; para lo cual también trabajo, luchando según la potencia de él, la cual actúa poderosamente en mí"*
> (Col. 1:28-29).

Pablo aprendió a ver a las personas con los ojos de la fe, por tal motivo se esforzó en anunciar el evangelio de Jesucristo. El amonestó y enseñó que toda sabiduría está en la doctrina de la Palabra de Dios. Hizo un trabajo intenso en cada persona pues su meta era presentar perfecto en Cristo Jesús a cada hombre. Para lograr este propósito, Pablo dice: "para lo cual también trabajo, luchando según la potencia de él, la cual actúa poderosamente en mí".

El apóstol era consciente de la necesidad de luchar, de trabajar fuertemente, es decir, de que la formación de cada individuo implica un trabajo constante: llamarlos, visitarlos, tenerles paciencia, luchar contra los poderes adversos hasta obtener la victoria. Si anhelamos ser guías espirituales de otros, tenemos que luchar por su liberación hasta que alcancen la estatura de la plenitud de Cristo. Haga como Pablo, quien aprendió que luchaba porque una potencia dentro de él le hacía actuar poderosamente en Cristo Jesús.

Reconozca sus triunfos

Los triunfos de quienes nos rodean no solo deben ser reconocidos, sino también expresar la satisfacción que esto representa para los líderes. ¿Cuántas veces el equipo que le rodea ha obtenido grandes victorias y usted nunca se los ha hecho saber? Alguien me compartía: cuando era niño obtenía buenas notas y se las presentaba a mi padre, pero él nunca me felicitaba, siempre me decía: "Recuerda, en la próxima tienen que ser mejores,". Cuando lograba una gran conquista, nunca había una palabra de felicitación, por el contrario, me insistía: ¡ahora tienes que apuntarle a tal cosa! Según las palabras de esta persona, hasta el día de hoy, no había logrado satisfacer a su padre. Usted como líder tiene que aprender a reconocer los logros de aquellos que le rodean, los que trabajan hombro a hombro con usted, quienes conforman su equipo. Pablo comenta:

> *"Porque conocemos, hermanos amados de Dios, vuestra elección; pues nuestro evangelio no llegó a vosotros en palabras solamente, sino también en poder, en el Espíritu Santo y en plena certidumbre, como bien sabéis cuáles fuimos entre vosotros por amor de vosotros"* (1 Tes. 1:4-6).

Pablo alaba a los tesalonicenses porque los conoce, porque los ama y entiende el paso que dieron en la elección que habían tomado. Y como el evangelio de Jesús no lo recibieron solamente con palabras sino en poder, en la plenitud del Espíritu Santo, con entera confianza, podían valorar a los apóstoles, de ahí que Pablo exprese su alabanza a los tesalonicenses. También el Señor Jesucristo cuando escribe a las siete iglesias en el Apocalipsis, da los reconocimientos que cada una de ellas se merece, aunque también las amonesta. A la iglesia de Filadelfia le dice:

> *"...he aquí he puesto delante de ti una puerta abierta, la cual nadie puede cerrar;   porque aunque tienes poca fuerza, has guardado mi palabra, y no has negado mi nombre"* (Ap. 3:8).

El Señor reconoce que aquella iglesia era débil, que no tenía mucha fuerza, pero la alaba porque había guardado la palabra y porque no se había avergonzado de Jesús, no había negado su nombre. De la misma manera es fundamental que usted aprenda a reconocer a los que le rodean, dándoles una voz de apoyo que los estimule y motive para salir adelante.

Compréndalos

El líder debe comprender a cada miembro del equipo en esas luchas por las que todos tenemos que pasar. Pablo le dice a los Filipenses:

> *"Nada hagáis por contienda o por vanagloria; antes bien con humildad, estimando cada uno a los demás como superiores a él mismo"* (Fil. 2:3).

Cuando una persona está pasando por una prueba, debemos ponernos en sus zapatos. Algo que he visto en algunos líderes es que aprenden a usar la disciplina de la drasticidad: ¡Como usted falló, merece una amonestación! Avergüenzan a la persona prácticamente hasta acabarla. Alguien que es tratado de esta manera queda destruido. Aprenda algo importante: antes de usar una actitud drástica, piense en la otra persona que falló como si hubiese sido usted y pregúntese: ¿cómo me gustaría que me trataran? Esto significa ponerse en los zapatos del otro.

Cuando aprendemos esto, no pasamos por ser jueces implacables, sino personas misericordiosas. Cuando alguien está en la lucha, librando batallas, nuestro deber como líderes es motivarles a que salgan victoriosos al otro lado, y no a que se queden derrotados en la batalla. Cuando un soldado es herido en la guerra, lo que debe hacer su compañero no es darle el tiro de gracia, sino esforzarse a ayudarlo, a curarlo y a sacarlo al otro lado. Sane usted a un herido y verá que nunca olvidará ese favor, dele el tiro de gracia, y su sangre clamará venganza de usted.

Vele por la unidad del grupo

Una de las labores primordiales y permanentes del líder debe ser cuidar que el grupo se mantenga en unidad.

> *"...solícitos en guardar la unidad del Espíritu en el vínculo de la paz; un cuerpo, y un Espíritu, como fuisteis también llamados en una misma esperanza de vuestra vocación; un Señor, una fe, un bautismo, un Dios y Padre de todos, el cual es sobre todos, y por todos, y en todos"*(Ef. 4:3-6).

Pablo habla de que debemos luchar solícitamente con diligencia por guardar la unidad del espíritu. ¿Qué puede romper la unidad del Espíritu?: el pecado. Mantener al grupo en unidad implica conservarlos en continua santidad. Esta etapa abarca el trabajo continuo en el desarrollo de encuentros de una manera correcta, a fin de que si las personas tienen luchas internas, ayudarles a identificar cuáles argumentos levantó el diablo contra ellos y que estén afectando la unidad. ¿Qué fue lo que afectó la unidad en la época del pueblo de Israel?: el pecado. En principio, ellos avanzaban unidos como un solo hombre, de esta manera conquistaban naciones enemigas y se enfrentaron a la amurallada ciudad de Jericó, las murallas cayeron y el pueblo vio cómo sus enemigos fueron desechados por el poder de Dios, quien los quebrantó y los confundió delante de ellos. Pero cuando fueron a pelear contra la pequeña ciudad de Hai, sus moradores se levantaron contra ellos y los doblegaron, les vencieron y mataron a varios; ante esta derrota los israelitas oran y dicen: Señor, ¿qué pasó?, y la respuesta de Dios fue: "Todo Israel ha pecado", la unidad había sido afectada por el pecado de un solo hombre llamado Acán.

El pecado de uno solo afecta los resultados positivos de todo el grupo, esto lo entendió muy bien el apóstol Pablo cuando dijo: *"solícitos en guardar la unidad del Espíritu en el vínculo de la paz"* (Ef. 4:3). Dios quiere que la iglesia, el liderazgo y el grupo se mantengan en santidad. Ningún líder debe ser tolerante ni consentir el pecado en alguno de sus miembros.

Capítulo cinco

FORJANDO A LOS MEJORES (2)

*"Victoria es la conquista del hombre mismo, pero una gran Victoria es el resultado de un trabajo en equipo"*C.C.D.

No olvide que los doce conforman el mejor equipo para el logro del éxito en el desarrollo de la visión, pero es importante considerar las pautas que nos ayudan a establecer ese equipo que nos llevará al triunfo. Los siguientes son otros de los aspectos claves que usted debe considerar para forjar el mejor equipo:

Dándoles una mano de apoyo

Cuando un líder es consciente de que su trabajo, al igual que el del Señor Jesucristo, consiste en formar individuos, en realizar una labranza en todas las áreas de esa persona a su cargo, entenderá que mirar las necesidades de esos individuos es parte fundamental para hacer de esas personas los líderes que ellos aspiran y pueden ser. Pablo dijo:

"...completad mi gozo, sintiendo lo mismo, teniendo el mismo amor, unánimes, sintiendo una misma cosa"(Fil. 2:2).

Cuando alguien del equipo ha bajado su rendimiento, lo llamo aparte para compartir con él y conocer sus necesidades más apremiantes, o las luchas por las que pueda estar atravesando. Entendemos que hay momentos en que ellos quieren seguir dando fruto, pero las presiones se convierten en gigantes que les parece no poder enfrentar solos. Los lazos de amistad que el Señor ha permitido que levantemos con el equipo de doce les permiten ser transparentes y todos nos esforzamos para superar los momentos difíciles. Como líder de doce no sólo me preocupo por el fruto que el equipo pueda dar, sino que con mi esposa nos hemos propuesto velar por las necesidades de cada uno, y nos concentramos, especialmente, en aquellos que hacen parte del grupo de apoyo, cuyos corazones han sido probados y han dado muestras de fidelidad.

El pastor pasa a ser como un director técnico que conoce las necesidades del grupo y aprende a invertir en ellos.

Muchos líderes cristianos se preocupan por el número de almas, se concentran únicamente en la expectativa de ver a su iglesia crecer y crecer pero, aunque esto es importante pues nuestro trabajo evangelístico debe implicar un crecimiento numérico, de nada sirve que tengamos una iglesia llena de personas que se van a quejar porque los líderes o el pastor no se preocupan por sus necesidades. Nunca se puede desconocer la condición humana de los individuos y, menos aún, entender que todos ellos llegan con falencias, con requerimientos que deben ser atendidos por los que tenemos la respuesta a sus aflicciones. Un grupo se afirma cuando ve sobre sí la permanente atención de su líder.

Dele prelación a las necesidades del equipo

No basta con conocer las necesidades de quienes integran su equipo de apoyo, sino demostrar a ellos el interés suyo para ayudarles a solucionarlas, es decir, usted como líder debe darle prelación a las necesidades del grupo que el Señor le ha encomendado, especialmente las de tipo espiritual.

El apóstol Pablo dice:

> "...si en verdad le habéis oído, y habéis sido por él enseñados, conforme a la verdad que está en Jesús. En cuanto a la pasada manera de vivir, despojaos del viejo hombre, que está viciado conforme a los deseos engañosos, y renovaos en el espíritu de vuestra mente, y vestíos del nuevo hombre, creado según Dios en la justicia y santidad de la verdad" (Ef. 4:21-24).

Es fundamental que aprendamos a conocer las necesidades espirituales del grupo y atenderlas de manera prioritaria, procurando examinar si verdaderamente recibieron la doctrina de Jesús, lo cual se refleja en un cambio en cuanto a la pasada manera de vivir.

Cuando una persona es renovada, todo lo anterior queda atrás y se produce una transformación plena en su mente, demostrándose esto en la justicia y santidad de la verdad.

Concéntrese en ellos

Un deseo común a cada persona que nos rodea es observar que el líder está pendiente de ellos, que aquel que figura como cabeza del grupo se concentra en sus necesidades y en su desarrollo.

Usted como líder debe tener los cinco sentidos puestos en el éxito de su grupo y trabajar fuerte para lograrlo. Pablo expone:

> *"Hijitos míos, por quienes vuelvo a sufrir dolores de parto, hasta que Cristo sea formado en vosotros"* (Gá. 4:19).

Ni por un instante Pablo desvió la mirada de sus discípulos. No basta con que ellos asistan a las reuniones, el líder debe concentrarse en ellos hasta verlos formados, lo cual demanda inversión de tiempo y oración constante.

El apóstol menciona que este trabajo de formación le había costado dolores de parto y, como es del conocimiento de todos, este es un dolor muy intenso, tanto que el Señor Jesucristo compara el período más difícil de la raza humana, conocido como la gran tribulación, con los dolores de parto. Pablo dijo: *"tengo dolores de parto por vosotros porque quiero que sean engendrados en el evangelio de Cristo"*. Como líder, usted está llamado a engendrar a sus doce en el evangelio de Cristo, disponiéndose a orar por ellos, llorar por ellos, y gemir por ellos hasta que Cristo sea formado.

Forjando lazos de amistad con ellos

El proverbista dice: "*El hombre que tiene amigos, ha de mostrarse amigo, y amigo hay más unido que un hermano*". La visión de los doce contribuye a darle valor a este principio bíblico ya que ésta es una visión de unidad, de hermandad y solidaridad. El líder puede obtener el éxito con su grupo cuando se presenta ante ellos como esa persona en la que cada quien puede depositar su confianza. Pablo dice:

> "*Así que, si me tienes por compañero, recíbele como a mí mismo*"(Flm. 1:17).

Pablo se dirige a Filemón diciéndole: "si me tienes por compañero" Esto significa que con el equipo debe sostenerse una relación estrecha. Para mí los miembros del grupo de doce son mis amigos, compartimos juntos y no nos sentimos como extraños porque existen lazos de amistad que nos unen sin que ellos dejen de reconocer mi autoridad espiritual. La visión de los doce facilita la cohesión entre los miembros, siempre hay motivos para compartir y metas que nos impulsan a hacer un trabajo coordinado y fundamentados en una genuina relación de amistad. Usted sabe que quienes les rodean son sus amigos cuando abren su corazón para confiarle sus secretos y luchas internas. Tengo la seguridad de que los miembros de mi equipo han depositado su confianza en mí como líder, amigo y guía espiritual, que no existen secretos; es algo similar a la relación que tengo con mis hijas, con las cuales nos une un gran nivel de confianza de tal modo que tampoco hay secretos entre nosotros. Con el equipo debe haber una relación transparente y por eso debemos esforzarnos en tratarlos a todos como nuestros amigos.

El éxito lo determina el equipo

La visión de los doce constituye un sistema integral en el que cada miembro del equipo representa un papel importante, es un elemento clave. Esta visión no permite el desarrollo de un trabajo unilateral como es costumbre en el sistema tradicional. El triunfo a través de esta visión se obtiene cuando el líder es consciente de la necesidad de involucrar a todos los del equipo en un solo cuerpo que se impulsará en conjunto hacia el logro de las metas. Nadie obtiene la victoria solo, cada batalla que se gana en el proceso hasta lograr los objetivos, depende del trabajo mancomunado, hombro a hombro, entre el líder y todos los que están alrededor de él.

> *"Si para otros no soy apóstol, para vosotros ciertamente lo soy; porque el sello de mi apostolado sois vosotros en el Señor"* (1 Co. 9:2).

Lo que le dio éxito a Pablo y le puso el sello como apóstol fue la manera como se desarrolló la iglesia en Corinto. Pablo dijo: yo tengo un sello como apóstol, y ese sello son ustedes. Es decir, lo que yo tengo para mostrar de mi ministerio está en ustedes. El sello de su liderazgo usted lo muestra en el grupo.

Cada persona que integra su equipo, su conducta, su fruto, sus logros, y la formación que demuestra tener, constituye el sello que indica su labor como líder.

Líderes fuertes hacen ministerios fuertes

La nuestra, aunque es la más noble y beneficiosa de las tareas, no es fácil, demanda dedicación, disciplina, entrega y, sobre todo, el procurar mantenernos firmes apuntando al blanco.

> *"Así que, yo de esta manera corro, no como a la ventura; de esta manera peleo, no como quien golpea el aire, sino que golpeo mi cuerpo, y lo pongo en servidumbre, no sea que habiendo sido heraldo para otros, yo mismo venga a ser eliminado"* (1 Co. 9:26-27).

Pablo veía su liderazgo como una carrera. El trató de ir a la cabeza de dicha carrera, pero su grupo, el que venía detrás, corría a su mismo ritmo, los vio luchando con la misma intensidad, pero Pablo les dijo: "El objetivo que yo tengo no es una corona corruptible, yo no estoy compitiendo por una medalla, por una copa o un trofeo; yo estoy compitiendo porque espero que en el último día, el Señor me llame y me diga: Pablo, tú eres el número uno, tú recibes el galardón; anhelo ese premio". Pablo indica que para lograr este propósito se debía luchar legítimamente, absteniéndose de muchas otras cosas.

La motivación del apóstol era que todos los de su grupo lucharan igual que él, actuaran como él a fin de obtener el galardón. Usted, de igual manera, debe mostrarse como ejemplo para el grupo, alguien dijo: el ritmo del jefe es el ritmo de la empresa, el ritmo del líder es el ritmo del grupo, el ritmo del pastor, es el ritmo de la iglesia. Usted está llamado a llevar a su iglesia y a su grupo a un gran ritmo tremendo, no sea un líder perezoso, tiene que aprender el secreto de la oración, del ayuno, de las vigilias, de la intercesión, de la ministración, de los encuentros, de la consolidación y de todos los elementos integrados a la visión.

Usted como líder debe estar sumergido en todo e ir a un buen ritmo, no delegar todo, debe ir a la cabeza liderando todos los aspectos importantes porque si usted es un líder fuerte, los que están atrás van a ser tan fuertes como usted y esto los llevará al triunfo.

Capitulo seis

FORJANDO A LOS MEJORES (3)

"Las personas que están bajo su liderazgo son como diamantes, su tarea es pulirlos para que brillen" C.C.D.

Un enfoque hacia el crecimiento exitoso

Cuando los miembros del grupo han sido valorados como personas y se ha dado prelación a la atención de cada una de sus necesidades, todos ellos ya están preparados para desarrollarse como líderes impulsándose hacia el crecimiento. Los siguientes factores son determinantes para alcanzar este propósito en el equipo.

Enséñeles a crecer

Sin duda, el crecimiento de cada individuo es posible, pero siempre y cuando se realice en él una dedicada labor de enseñanza, en otras palabras, el crecimiento se imparte, se trata de algo que las personas pueden lograr en la medida en que se les guíe y se les motive para ello. Usted como líder, debe formar a los miembros del grupo de la misma manera como un padre enseña a sus hijos.

Hay varias etapas en el proceso de crecimiento: primero, el niño gatea, luego da los primeros pasos, posteriormente camina, y después corre. En todas estas etapas el padre lo estimula para el desarrollo y celebra cuando va avanzando, por ejemplo cuando ya el niño puede pararse solo. Esto ayuda mucho en el proceso de crecimiento, sobre todo cuando la motivación va acompañada de afecto, palabras de aliento y buenas actitudes; de igual forma debe comportarse uno con su equipo: debe tener una estimulación permanente para el crecimiento.

Pablo comenta:

"Y ciertamente, aun estimo todas las cosas como pérdida por la excelencia del conocimiento de Cristo Jesús, mi Señor, por amor del cual lo he perdido todo, y lo tengo por basura, para ganar a Cristo" (Fil. 3:8)

Primeramente, Pablo ayuda a los filipenses a crecer colocándose él mismo como ejemplo. Al igual que Pablo debemos trabajar nosotros hoy con el equipo, estimando todas las cosas como pérdida por la excelencia del conocimiento del Señor Jesucristo. A lo mejor los miembros del equipo podrán crecer de muchas formas, aún con una buena autodisciplina, pero nunca será igual a cuando el líder está frente a ellos colocándose como ejemplo, dando pautas con su propio testimonio. Eso es lo que estamos llamados a hacer como líderes, a demostrar que todo cuanto existe en este mundo es secundario, que hemos preferido perderlo todo porque ganamos lo más importante: al Señor Jesucristo.

En segunda instancia, Pablo enseña que él se esfuerza por ser hallado en Cristo, no en su propia justicia que es por la ley, sino en la que es por la fe. (Filipenses 3:9). Una de las primordiales pautas de enseñanza que el líder debe darle a sus discípulos es que su salvación no es por obras, sino por la fe. Se debe llevar al grupo a que sean personas de fe, que actúen por encima de la lógica, porque la fe es la que produce la salvación. En tercer lugar, Pablo procuró llevar a los filipenses a que conocieran a Jesús de una manera personal, "A fin de conocerle". Los líderes tenemos el reto de brindar a los miembros del grupo la oportunidad de conocer la verdad, y esa verdad está centrada en la persona de Jesucristo; por eso hay que invertir tiempo en la formación de cada persona, abriéndoles las Escrituras, enseñándoles las verdades bíblicas. Esta es una de las razones que nos impulsa a escribir libros: enseñarles a los individuos las grandes verdades de la Palabra.

En cuarto lugar, Pablo demuestra que el poder de la resurrección era real en su vida. (Fil. 3:10), y su mayor deseo era que los filipenses conocieran ese poder que actuó en Jesús, el cual le permitió levantarse de entre los muertos. Lo que enseña Pablo es que hay una naturaleza dentro de nosotros que ha revivido por el poder de Jesús, y eso debe enseñarlo el líder a los miembros del grupo.

En quinto lugar, el apóstol indica que no es que haya alcanzado la perfección, sino que prosigue para ver si logra asir aquello por lo cual Cristo lo había tomado (Fil. 3:12), fue su manera de entender y comunicarle a los filipenses que las grandes victorias no eran la culminación del éxito. El había predicado a las naciones y llegado a miles de vidas, y, sin embargo, consideraba que aún no había obtenido nada, que tenía que seguir luchando hasta cumplir el propósito de Dios en la tierra. Esta actitud de Pablo debe ser considerada por el líder y enseñarle al grupo que no se debe descansar, que la meta no es exclusivamente formar sus doce, sino que debemos continuar luchando hasta ver cumplido a plenitud el propósito de Dios.

En sexto lugar, Pablo enseñó a los filipenses que lo conquistado ya no es desafío (Fil. 3:13). El líder debe procurar siempre que sus discípulos tengan la mirada puesta hacia adelante pues, muchas veces, ellos se complacen con glorias pasadas y pierden un tiempo valioso que ha de ser invertido en el alcance de nuevas metas. Pablo dice: "*No pretendo haberlo ya alcanzado, pero una cosa hago, olvidando ciertamente lo que queda atrás y extendiéndome a lo que está adelante*", es decir, debe preocuparnos lo que aún nos falta por conquistar, y es lo que se menciona en séptimo lugar: "*prosigo a la meta, al premio del supremo llamamiento de Dios en Cristo Jesús*" (Fil. 4:19); vemos que Pablo no apartaba sus ojos de la meta y motivaba a los filipenses a seguir esforzándose hasta alcanzarla tal como él hacía.

Como octavo punto, Pablo dice que todo el que sea perfecto debe sentir una misma cosa, y que si otra cosa sentimos, Dios se encargará de revelarlo (Fil. 3:15).

Una de las referencias claras de la perfección que se logra en el proceso de crecimiento, está dada por la unidad de sentimiento que impera entre el grupo y el líder y el líder y su grupo. Estar en el mismo sentir es reflejo de madurez espiritual. Pablo manifiesta que toda persona que ha llegado a la perfección debe sentir lo mismo que él, y en el grupo, todos deben llegar al mismo nivel. En pocas palabras lo que se sugiere es: Si tú has llegado a mi mismo grado de perfección, entonces debes comportarte con el mismo espíritu que yo tengo y hablar de la misma manera.

El desarrollo de ellos se refleja en el crecimiento

Todo líder que tiene metas nobles y definidas, apunta siempre a la búsqueda de un desarrollo conjunto, sabiendo que el progreso de cada miembro del equipo que le rodea, equivale al éxito de todo el grupo y, por consiguiente, al éxito de la iglesia.

Pablo dice a Timoteo:

> *"Ninguno tenga en poco tu juventud, sino sé ejemplo de los creyentes en palabra, conducta, amor, espíritu, fe y pureza. Entre tanto que voy, ocúpate en la lectura, la exhortación y la enseñanza. No descuides el don que hay en ti, que te fue dado mediante profecía con la imposición de las manos del presbiterio. Ocúpate en estas cosas; permanece en ellas, para que tu aprovechamiento sea manifiesto a todos. Ten cuidado de ti mismo y de la doctrina; persiste en ello, pues haciendo esto, te salvarás a ti mismo y a los que te oyeren"* (1 Ti. 4:12-16).

181

LIDERAZGO DE ÉXITO A TRAVÉS DE LOS DOCE

Nuevamente encontramos al apóstol Pablo dando pautas fundamentales que, en esta oportunidad, se relacionan con el desarrollo del grupo. Primero: ninguno te menosprecie, es decir, que nadie te considere como un charlatán, como ese tipo de personas en las que nadie cree porque dicen una cosa y hacen otra; que nadie te tenga en poco porque eres joven, sino que puedan ver en ti a alguien que procura formarse y crecer diligentemente.

Segundo: sé ejemplo a los creyentes, porque el ejemplo, como ya hemos visto anteriormente, lo determina todo; la indicación que Pablo le da a Timoteo es que se muestre ante los demás como alguien digno de imitar en palabra, en conducta, en amor, en espíritu, fe y pureza. La palabra del creyente, especialmente del líder, debe ser una palabra de fe, su comportamiento debe ser el más correcto, que nadie le señale negativamente por nada; el amor debe ser demostrado, no simplemente hablado; la muestra del amor debe ser con el ímpetu del espíritu renovado, renacido, y no guiado por la carne; y siempre el comportamiento debe estar asociado a la fe y a la pureza que Jesús demanda a sus seguidores.

Tercero: ocúpate en la lectura, la exhortación y la enseñanza; estos son tres aspectos claves para el desarrollo individual y grupal. Nuestro contexto cultural no es muy dado a la lectura, pero debemos como líderes que procuramos el crecimiento de nuestra gente, ocuparnos en la lectura y motivar al grupo a que lo haga, que exista la meta de leer, como mínimo, un libro por semana. La exhortación no es el regaño que imaginamos, es la motivación para superar los errores y seguir adelante. La enseñanza debe darse a partir de las Sagradas Escrituras, y en todos aquellos temas que ayuden a la edificación espiritual; por lo general la enseñanza que ha recibido nuestra gente es un bombardeo de mensajes negativos a través de los noticieros de radio y televisión, pero como a líderes cristianos se nos demanda cambiar este panorama enseñando la Buena Nueva de salvación, la Palabra de Dios.

En cuarto lugar, Pablo le sugiere a Timoteo: "no descuides el don que hay en ti", el líder debe reconocer siempre que los miembros de su equipo tienen dones y que para ellos es importante desarrollarlos. Cada quien debe cultivar sus dones con el estimulo de su líder. Estos dones vienen a cada persona mediante la imposición de manos, Dios imparte los dones de esta manera, pero todos debemos entender que Dios quiere usar ese don dentro de la iglesia, por eso Pablo sugiere que todos han de ocuparse en estas cosas: los dones.

En quinto lugar: "ten cuidado te ti mismo", pues el mayor enemigo de una persona no es el diablo, ni el mundo, sino ella misma; el enemigo no lo puede hacer caer en pecado, su trabajo es colocarle la cascarita para que resbale, y usted decide si la pisa o no. Su fuerza consiste en observar con cuidado dónde está la trampa y esquivarla. Es peligroso ponerse a jugar con las tentaciones, si usted sabe que no se encuentra en buena posición lo importante es tener valentía para huir, para alejarnos del peligro. El cuidado incluye la doctrina, procurar no dejarse desviar por argumentos de error, velando para que nadie se acerque con comentarios falsos a fin de desviarlo de la fe, últimamente han proliferado muchas doctrinas equivocadas, como aquella que indica que una vez acepta a Jesús usted es salvo y, por tanto, puede pecar y hacer lo que quiera sin condenarse, este es un argumento necio, contaminado, eso es corromper la doctrina. La doctrina debe ser cuidada diligentemente y persistir en ella pues haciendo esto es que el hombre se salva a sí mismo y a todos aquellos que le rodean.

Haga líderes ejemplares

Los líderes brillantes son los que constituyen iglesias brillantes. Cada quien llega a la iglesia en obra negra, pero el líder tiene el compromiso de ser instrumento en las manos de Dios para pulir sus distintas áreas hasta convertirlo en un precioso diamante que brilla por sí solo y queda listo para pulir a otros.

> *"Por lo cual, siendo libre de todos, me he hecho siervo de todos para ganar a mayor número"* (1 Co. 9:19).

Una de las mayores preocupaciones de Pablo era formar líderes brillantes y para ello usó varias estrategias, como bajarse de su posición y colocarse al nivel de las personas a las que le interesaba transformar. El dice que, siendo libre de todos, se ha hecho esclavo de todos porque aprendió el secreto del servicio. Como líder, usted debe aprender a servir, si una persona no tiene el espíritu de servicio, difícilmente llegará a una honrosa posición pues alguien que no puede servir, no merece ser servido. Pablo no escatimó esfuerzos para cumplir con esta importante etapa en el proceso de ver a otros convertidos y formados en Cristo, se hizo gentil para ganar a los gentiles, y también se puso al nivel de los judíos para ganar a los judíos. Estas estrategias fueron efectivas, porque llevó a muchas personas a los pies de Jesucristo.

Guíelos al éxito

Todos debemos ser conscientes de que el éxito no está destinado para unos cuantos, sino que Dios, en su infinita misericordia, ha destinado el triunfo para todos sin importar color de la piel, ni razas, ni condición social. El trabajo del líder debe consistir en motivar a cada miembro del equipo para que se concientice de que el éxito le espera, pero que tiene que luchar para alcanzarlo. No hay una persona en el mundo que, de una u otra forma, no aspire al éxito, muchos lo intentan de manera equivocada, pero en esta visión, con el modelo de los doce, tenemos la pauta para que cada quien coloque la mira en el blanco perfecto. También Pablo le habla a los Corintios, diciéndoles:

> *"Yo planté, Apolos regó, pero el crecimiento lo ha dado Dios"* (1 Co. 3:6).

Llevar a nuestro equipo al éxito consiste en guiarlos a ganar por medio de un trabajo de colaboración, evitando celos y competencia insana. Pablo da a entender que uno predica y a otro es que se le convierten, pero es Dios el que da el crecimiento. Y es que mientras estemos en el mismo equipo, el premio es para todos. Cuando juega una selección y gana una copa, ésta la recibe todo el equipo. El éxito personal, en este modelo, es el de todo el grupo y el éxito del grupo es el personal. Cuando nos unimos a trabajar, no importan las circunstancias, como líderes debemos motivar al grupo para hacer el trabajo, actuando en unidad como en un equipo de fútbol.

Enséñeles las disciplinas espirituales

La mayor dimensión de crecimiento del grupo es la que se da en el plano espiritual, de modo que el líder tiene el compromiso de crecer en tal sentido, aprendiendo disciplinas que luego habrá de enseñar a quienes le rodean. La enseñanza de estas disciplinas espirituales es para que el equipo se mueva con destreza en la vida. Al igual que un padre que tiene que establecer reglas de conducta dentro de su hogar, en el ámbito cristiano Dios nos dejó las reglas que necesitamos para tener un desarrollo correcto, ya que tenemos que aprender a vivir en armonía unos con otros. El mismo amor que Dios ha depositado en nuestras vidas, nos desafía a luchar por el bien común.

El Señor sintetizó toda la ley en dos mandamientos: Amar a Dios con toda nuestra mente, alma, y fuerzas, y al prójimo como a nosotros mismos. Las disciplinas de Dios no son gravosas, porque no producen esclavitud, sino que dan la libertad plena. *"Porque mi yugo es fácil, y ligera mi carga"* (Mt. 11:28).

Los apóstoles exponen en sus misivas las disciplinas espirituales que requieren tanto los líderes, como los miembros de sus respectivos equipos, y todas ellas ayudan a sellar en santidad el proceso de crecimiento, la proyección hacia el éxito.

Cree una atmósfera que traiga a otros al liderazgo

Si habremos de impulsar a otros a que se proyecten como líderes, no es suficiente con establecer pautas de enseñanza, sino que el ambiente en que van a ser involucradas las personas debe invitar y motivar hacia ese liderazgo. El ambiente ejerce una influencia definitiva para el logro de este importante objetivo, el líder y su grupo deben contar con recursos y estrategias que faciliten sus proyecciones personales y ministeriales.

"Y los que creían en el Señor aumentaban más, gran número así de hombres como de mujeres" (Hch. 5:14).

Notemos que cuando existe un ambiente glorioso, éste atrae a las personas para que se conviertan al Señor, de ahí que en el relato de Hechos se hable de la manera como hombres y mujeres se acercaban. En nuestro caso, el ambiente propicio para este despertar y esta motivación, está dado por los grupos homogéneos: hombres atraen a los hombres, mujeres a las mujeres, jóvenes a jóvenes, parejas a otras parejas, y niños a los niños; en este ambiente todos son atraídos y terminan sintiendo el deseo de convertirse en líderes.

Desafíelos con un modelo de crecimiento elevado

La visión de los doce no admite los esquemas del conformismo. Todo líder debe procurar grandes cosas, tener metas altas, nadie puede conformarse con un objetivo de liderazgo muy bajo, el potencial de cada persona es tan inmenso que no se puede desperdiciar en cosas pequeñas.

"Y aun de las ciudades vecinas muchos venían a Jerusalén, trayendo enfermos y atormentados de espíritus inmundos; y todos eran sanados"(Hch. 5:16).

Esto fue posible por la medida de fe que dieron los apóstoles: oraban por los enfermos y sanaban; reprendían demonios, y éstos se iban; oraban por los leprosos, y se limpiaban. Ellos dejaron el nivel más alto de liderazgo, y es ese mismo nivel al que nosotros debemos aspirar: movernos en la dimensión de los milagros. Algo que debe entenderse en este caso es que todo parte de la referencia del líder, por ejemplo, un líder que obtenga una calificación de cinco en una escala de uno a diez, no atraerá a otro que recibe un nueve en la misma escala. Por lo general los líderes evalúan a los demás y ellos preferirán emigrar hacia un lugar donde encuentren líderes de su mismo nivel o más elevado.

Usted tiene que proyectarse a ser el líder más grande pues, sólo así, aquellos con un nivel de excelencia lo van a seguir. Cuando alguien no tiene ni a cinco personas que lo sigan, es porque no se mueve en un correcto concepto de liderazgo. Sólo alguien que tiene seguidores, en este caso, un sólido grupo de doce, podrá ejercer un verdadero liderazgo. Un líder sin seguidores, no es líder; como nadie es pastor si no tiene una iglesia para pastorear; una presidente sin nación, no tiene a quién gobernar. Si usted aspira a un liderazgo, debe esforzarse por ser líder teniendo un grupo de seguidores.

Un alto nivel de liderazgo se caracteriza por el dominio de la visión

Desde el principio de este libro hemos venido hablando de la importancia de asociar un liderazgo de éxito con una visión definida. No hay liderazgo sin visión, como tampoco hay visión sin liderazgo.

Aunque Pablo venía de ser un perseguidor de la iglesia y, por consiguiente, de todos los creyentes, tuvo la oportunidad de conocer personalmente a Jesucristo y aprendió así a dominar el secreto de la vida cristiana logrando, en los primeros inicios, confundir a gentiles y a Judíos. Podemos decir que Pablo llegó a dominar plenamente la visión, de ahí que gran parte de la doctrina cristiana con la que hoy somos edificados, fue revelada a través del apóstol Pablo.

> *"...y pienso que en nada he sido inferior a aquellos grandes apóstoles. Pues aunque sea tosco en la palabra, no lo soy en el conocimiento; en todo y por todo os lo hemos demostrado"* (2 Co. 11:5-6).

Pablo no se encontró el liderazgo y su posición como apóstol no se dio por influencia de la suerte, sino que fue la compensación a su entrega, a su lucha, a su esfuerzo. Llegar a la cima de la montaña en el liderazgo, demanda trabajo estratégico, desarrollar un esfuerzo perseverante, implica conocimiento y sacrificio. Eso es lo que el apóstol Pablo nos indica, que se esforzó más que los otros apóstoles; aunque era tosco en la palabra, tenía un gran conocimiento de la visión. No es suficiente con tener idea de la visión, es urgente, importante y necesario dominarla hasta que la misma se convierta en un modo de vida para todo el equipo.

Un alto liderazgo es el que se puede reproducir en otros

¿Cuándo un líder queda convencido de que ha llegado a un alto nivel de liderazgo?: cuando ha logrado reproducirse en otros, cuando está formando otros líderes. Esta visión tiene, como lo veremos más adelante, una unción de multiplicación definida. Todo aquel que se involucra en el modelo de los doce y trabaja con él sin demeritar esfuerzos, verá la compensación de su labor a través del desarrollo de quienes conforman su equipo, cuando éstos, a su vez, se multipliquen en otros. El líder de éxito con el modelo de los doce es el que puede mostrar un fruto sólido, el cual está representado en los que han crecido a partir de su ejemplo, su testimonio, y sus enseñanzas.

Capítulo siete

¿QUIÉN ES QUIÉN?

*"Permítales a sus discípulos beber de su
espíritu, esto les elevará la fe y la
destreza para que puedan alcanzar lo
que usted ha alcanzado"* C.C.D.

Perfil del candidato a doce

La formación del mejor equipo implica también seleccionar a aquellas personas con un perfil definido que les permita ocupar la honrosa posición de ser uno de los doce. Toda persona que llega a la iglesia es un líder en potencia, pero solo alcanzarán a serlo aquellos que posean ciertas características afines al grupo, y cumplan con una serie de requisitos indispensables para el desarrollo de la visión. Entendiendo que no podemos llevar a los discípulos a una dimensión más elevada de la que nosotros hemos alcanzado, pues, somos su medida de fe, y que ese carácter de Cristo que hay en nosotros, debe ser reproducido fielmente en ellos, para que también lo puedan reproducir en otros.

El líder es quien da la pauta en el ritmo del trabajo, y las personas que están a su alrededor van a acostumbrarse a ese ritmo, y su equipo de doce va a ser escogido teniendo en cuenta a los mejores de ellos. Cuando mi hija Johanna quería conformar su grupo de doce le dijo a mi esposa: "Necesito que me ayudes dándome personas para conformar mi ministerio". Claudia, como una madre que anhela apoyar a su hija en todo, le respondió afirmativamente, pero luego entendió que ese era el desafío de ella, y por tanto, tenía que lograr el éxito por sus propios medios. En los meses siguientes era emocionante ver la manera como mi hija desarrollaba el trabajo por sí misma, haciendo toda una labor pastoral, entregada a contactar personas a través del teléfono, y la visitación, y logrando conformar su grupo con pocas personas e invirtiendo tiempo en ellas, como si representaran la mejor inversión del mundo.

Noches de desvelos, días de ayuno y de entrenamiento fueron necesarios para llegar a seleccionar a los que quedarían como sus doce principales. Esta tarea le tomó aproximadamente un año.

Elegir a uno de los doce es tan importante como cuando alguien tiene que elegir a su cónyuge, labor que requiere de un tiempo para conocerse y compartir juntos hasta tener la plena certeza de que es la persona indicada. Cuando el Señor eligió a sus doce, lo hizo pensando en que ellos estarían con El para siempre.

Dentro de la experiencia que hemos tenido a nivel del liderazgo, hay algunos aspectos que deben ser contemplados cuando se tiene que tomar la decisión de elegir entre los candidatos a los doce.

El líder es una fuente de inspiración para aquellos que vienen detrás de él pues, con su experiencia, les ayuda a acortar las distancias, y a redimir el tiempo. La única manera en que los discípulos se vuelvan expertos, es bebiendo del espíritu del líder; esto les eleva la fe, y les da la destreza necesaria para alcanzar lo que sus líderes han alcanzado.

A lo largo de la vida ministerial he podido palpar que el trabajo en equipo multiplica las fuerzas, y genera resultados muy poderosos, razón por la cual me esfuerzo en invertir mucho tiempo en ellos. Gracias a ese precioso equipo hemos podido dar grandes pasos, como es el de mover la iglesia de su sitio en varias ocasiones. La lógica nos dice que, si una congregación se mueve a más de diez cuadras de su lugar, pierde el 30% de sus miembros. Pero cuando somos un equipo, siempre tenemos la certeza del triunfo. Los miembros han entendido que la iglesia no es el edificio sino las personas. Triunfar en el ámbito celular se ha convertido para muchos en algo sencillo ya que hemos hecho de la visión un modo de vida. Cuando tuvimos la visita de una comitiva de doce pastores del Reino Unido, después de toda una semana de compartir con las diferentes personas de la congregación, nos dijeron: "Esto que hemos vivido acá no lo habíamos visto en ningún lugar del mundo, todas las personas desde el más pequeño hasta el mayor de ellos, hablan un mismo lenguaje"; y estaban maravillados al ver cómo cada persona había logrado conquistar sus metas.

Cuando mi esposa decidió liderar la red de mujeres, lo que más me impresionó de ella, fue el ímpetu con el que dirigía a todo su equipo. La reacción del equipo fue tan positiva, que en poco tiempo todas las mujeres de su grupo ya estaban al ritmo de ella, y en cuestión de unos pocos meses, ya se habían organizado en el trabajo celular de una manera sorprendente. En este momento la gran mayoría de las que integran su equipo, cuenta con un promedio de 500 células, entendiendo que este equipo está conformado por amas de casa, esposas de pastores, empresarias, mujeres viudas y separadas. Pero todas están dando fruto.

Quien desee conformar un grupo de doce, debe fijarse en que las personas que vayan a entrar a formar parte de su grupo, tienen que cumplir las siguientes características fundamentales:

Está bajo bendición

> *"Acontecerá que si oyeres atentamente la voz de Jehová tu Dios, para guardar y poner por obra todos sus mandamientos que yo te prescribo hoy, también Jehová tu Dios te exaltará sobre todas las naciones de la tierra"* (Dt. 28:1).

El deseo del corazón de Dios es que cada uno de sus hijos herede bendición y desate bendición sobre otros. Nadie puede dar de lo que no posee, pero si somos ricos en Dios, podemos compartir de estas riquezas con otros. De la misma manera que Dios puso condiciones en el huerto del Edén para la primera pareja, sucede con las bendiciones de Dios en los días actuales, cuando El nos dice: Hijo, si quieres disfrutar de mis bendiciones, debes tomar del fruto del árbol de la vida que está en mi Palabra. Si oyes mi Palabra atentamente, la guardas y la practicas, es como si comieras del fruto del árbol de la vida.

Todo el poder de la bendición de Dios para su pueblo está en su bendita Palabra, y vivir en obediencia a ella, es vivir bajo su bendición.

En su Palabra, Dios es claro indicando que El condiciona sus bendiciones, el Señor no dice: "Hijo, te bendigo porque quiero bendecirte", lo que El da a entender es "te bendigo, pero te exijo" La exigencia respecto a su Palabra es no sólo oírla, sino "guardarla y ponerla por obra". Cuando Dios dice "acontecerá que si oyeres atentamente", debemos entender que se requieren los cinco sentidos para comprender las Escrituras. Hay dos formas de cumplir el requisito de la atención: por un lado, al escudriñarla, escuchamos la voz de Dios sabiendo que *los santos hombres de Dios hablaron siendo inspirados por el Espíritu Santo*", la Biblia es la voluntad divina revelada a través de los escritores sagrados; por otro lado, escuchamos la voz de Dios cuando habla a nuestro corazón y nos ministra por el Espíritu Santo, y es entonces cuando se produce en nosotros tanto el querer como el hacer la buena voluntad del Señor. Es importante resaltar que a través de la Biblia tenemos la palabra profética más exacta y, antes que una sensación, debemos cuidar que la voz interna que escuchamos esté sujeta a la Palabra de Dios, todo lo que se salga del marco bíblico no puede ser aceptado.

El gran evangelista Smith Wiglesword, llegó a ser conocido como el hombre de un solo libro, porque propuso en su corazón no tener contacto con otra literatura que fuera diferente a la bendita Palabra de Dios. Su corazón llegó a estar tan impregnado de la Palabra de Dios que prácticamente cada mensaje que daba, era un mensaje profético.

Uno de los objetivos primordiales que nosotros debemos buscar en nuestros discípulos, es que ellos sean personas que tengan un poderoso contacto con el libro de Dios para que puedan vivir en las bendiciones de su Palabra. Obediencia a la Palabra es una de las características que distinguen a aquel con perfil para nuestros doce, tiene que ser una persona orientada por los mandamientos divinos, una persona que busca el Rhema de Dios para su vida, es decir, que procura que la Palabra salte de las páginas y se impregne en su corazón. Los grandes siervos de Dios pasan horas y horas en quietud, atentos a la voz del Señor basados en las Escrituras, y es cuando Dios trae textos específicos a sus mentes y los aclara.

El candidato a doce debe caracterizarse por esto: Oír la voz de Dios y obedecerla guardándola y poniéndola por obra. "*En mi corazón he guardado tus dichos para no pecar contra ti*" (Sal. 19:11), el mejor ejemplo de esto lo dio el Señor Jesucristo cuando, al ser tentado por Satanás, sacó la Palabra guardada en su corazón para contrarrestar su maligno ataque.

Es una persona de fe

> "*...edificados sobre el fundamento de los apóstoles y profetas, siendo la principal piedra del ángulo Jesucristo mismo*" (Ef. 2:20).

El tener como fundamento la Palabra de Dios, nos conduce a la fe. El apóstol Pablo tuvo como meta formar el carácter de su discípulo Timoteo, y algo que le destaca en una de las cartas que le dirige es la fe que había en él, la cual había heredado tanto de su madre como de su abuela. Entendiendo que la fe viene por el oír y el oír por la Palabra de Dios, cada uno de los que están en ese proceso de formación, deben haber aprendido a conquistar todo en el mundo de la fe. Para poder encontrar un grupo de personas dispuestas a seguir al líder en cada uno de los pasos que éste de, se requiere una medida de fe.

Muchos son los que ostentan con orgullo sus títulos de pastores, pero lamentablemente tienen muy pocos seguidores. Cuando Dios llama a alguien al pastorado, le da esa gracia, para que pueda influenciar en la formación de muchas vidas. Las personas de fe, son comparadas con el águila: cuando la madre suelta al aguilucho en el aire, éste, o abre sus alas y se sostiene en el aire, o se estrella contra las rocas y muere. Del mismo modo Dios tiene que hacer con nosotros, o le creemos a Dios y nos lanzamos tras la conquista, o nos estrellaremos con las circunstancias de esta vida.

San Pablo dijo: "*Porque la mente carnal no puede entender las cosas que son del espíritu*". Entrar en el mundo de la fe, implica tener la mente de Cristo; ver las cosas con los mismos ojos de Dios, y nunca dejarse influenciar por las circunstancias. El hombre de fe, aprende a conquistar en el plano espiritual, todo lo que desea que suceda en el plano terrenal, pues, sabe que las cosas de Dios se obtienen en el mundo espiritual, por esta razón aprende a desarrollar una gran sensibilidad a los deseos del Espíritu. Y cuando Dios lo guía a que haga algo, no se detiene a pensarlo sino que actúa inmediatamente. Cuando Abraham estaba preocupado sobre si su herencia iba a quedar en manos de su siervo, Dios le habló y le dijo: "*No te heredará este, sino un hijo tuyo... Y luego le dijo: Cuenta las estrellas de los cielos si puedes, pues así será tu descendencia, tan numerosa como las estrellas de los cielos*". Inmediatamente Abraham empezó a contar las estrellas sin importarle en lo más mínimo las circunstancias, aunque era consciente de que Sara, su mujer, ya era vieja y además estéril; pero si algo caracterizaba Abraham era que, cuando Dios decía algo, él sabía cómo lo iba a hacer.

Abraham aprendió la importancia de darle a la fe un sueño, y pasaba horas enteras en las noches contemplando las estrellas, y viendo en ellas los rostros de sus descendientes, dándole gracias a Dios por sus vidas. Abraham creyó en esperanza, contra esperanza; entendió que la fe en Dios produce una esperanza completamente opuesta a la esperanza humana, Dios tuvo que llevar al patriarca por uno de los senderos más difíciles para que aprendiera el poder de la fe. Los hombres de Dios no se forjaron al lado del mar, contemplando las conchas que llegaban a la orilla, sino siendo confrontados por las más grandes adversidades y se fortalecieron en Dios, se sostuvieron como viendo al invisible, (He. 11:27).

Llena de virtud

El apóstol Pedro dijo: "*Añadid a vuestra fe virtud*".

Jetro aconsejó a Moisés, diciendo: "*Además escoge tú de entre todo el pueblo varones de virtud...*" (Ex. 18:21).

En el griego, la palabra virtud es "areté", y significa excelencia. Es la gracia especial, la habilidad para el liderazgo, el don para dirigir. El areté de un atleta es hacer una excelente carrera, guardando todas las reglas, y ubicarse como el mejor. El areté de un músico es dominar ese arte. El areté de un buen líder, aparte del conocimiento en su campo, está en el equipo que gira alrededor suyo. Andrew Carneggie dijo: "Quiero que mi epitafio diga: Aquí yace un hombre que se supo rodear de hombres que sabían más que él". Lo opuesto a la virtud, o a la excelencia, es la mediocridad. El candidato a doce debe ser una persona que rechaza el conformismo, siempre procura dar lo mejor de sí.

Jetro le aconsejó a Moisés que conformara un equipo de personas virtuosas, como diciéndole: "Tú no puedes incluir a cualquiera en tu equipo, debes fijarte en los excelentes, en aquellos que desarrollen bien sus talentos y, por tanto, los puedan multiplicar".

La virtud o la excelencia, es un efecto de la vida de fe. Lo que hizo a Abel un hombre virtuoso fue la fe, la cual lo llevó a presentarle a Dios una ofrenda excelente, y Dios se agradó tanto de ella, que después de muerto siguió hablando de esa ofrenda. Lo que hizo a Noé un hombre virtuoso fue la fe, la cual lo llevó a construir el mejor barco para poder soportar la inclemencia del diluvio. Lo que convirtió a Abraham en el hombre más extraordinario fue esa fe tan poderosa, que le permitió depositar toda su confianza en el Señor.

Podemos hacer un paralelo de la parábola de los talentos con la visión celular: el hombre que tenía cinco células las multiplicó, pero el que sólo tenía una, luego de un año, dice: "Bueno, la verdad es que no se ha acabado la célula, aún permanece allí"; pero el Señor dice a éstos: "Quítenle la célula que tiene, y denla al que tiene diez" El "areté" es la virtud para multiplicar lo que se nos ha confiado. Leyendo acerca de algunos financistas, me ha impresionado la manera como trabajan algunos de ellos. Encontré información de un coreano que está catalogado como el mago pues, tiene la habilidad de tomar una empresa quebrada, transformarla, y convertirla en una organización próspera. Esto es virtud. Una persona virtuosa, caracterizada por la excelencia, no mira el fracaso, solo mira cómo puede desarrollar su visión y engrandecerla. La virtud nos permite escoger a hombres fracasados y hacer de ellos personas de excelencia.

El primer ejército que tuvo David estaba integrado por endeudados, afligidos, y amargados de espíritu, pero Dios le dio la virtud de transformarlos y lograr con ellos consolidar el reino.

Conocedora de la verdad

> *"...añadid a vuestra fe virtud; a la virtud conocimiento"* (2 P. 1:5).

> *"...varones de verdad..."*(Ex. 18:21).

Pablo dijo que *"Debemos ser como soldados que manejan bien la Palabra de verdad"*.

Existen dos extremos muy comunes en el ámbito cristiano: aquellos que pasan toda la vida llenando sus mentes del conocimiento teológico pero que nunca logran reproducirlo en otros, Y los que quieren dar a conocer la verdad, pero ellos mismos la ignoran. Cualquier extremo es perjudicial. Es como el hombre que dedicó toda su vida a acumular riquezas, pero que nunca compartió con los necesitados pues, dio lugar a un espíritu de avaricia. Algo similar sucede con aquellos que dedican toda su vida a adquirir conocimientos bíblicos, pero que si no logran reproducirlo, caen en el orgullo, mirando a los demás como unos pobres ignorantes, jactándose de que los otros no tienen los conocimientos que ellos si alcanzaron. Para el apóstol Pedro la persona virtuosa debe ser alguien que esté siempre enriqueciendo su vida con el conocimiento de la verdad; y esta verdad está escondida en la Biblia que es la Palabra de Dios. Salomón dijo: *"Haber precioso del hombre es la diligencia"*.

Adquirir conocimiento de la verdad, implica sacrificar de nuestro tiempo, de nuestro sueño, y muchas veces de nuestros propios deseos, pero cuando el conocimiento llega, produce una gran satisfacción.

Cuando usted entra a algún supermercado, no se lleva todo lo que encuentra a la vista, sino solamente aquellas cosas que considera necesarias; así como selecciona lo que tanto usted como su familia van a consumir, usted debe seleccionar lo que va a llegar a su mente. Salomón dijo: *"Guarda tu mente como a nada en el mundo"*. El conocimiento de la verdad lo va a mantener protegido de la corrupción de este mundo.

Pablo aconsejó a Timoteo que entre tanto él iba, se ocupara en la lectura, en la enseñanza y en la exhortación. ¿A qué tipo de lectura se referiría el apóstol? Creo que a la literatura que contribuyera a enriquecer el conocimiento bíblico. Es nuestro deber ayudar al grupo de doce a crecer no solo en la fe, sino también en el conocimiento de las Escrituras, ya que la fe viene por el oír y el oír por la Palabra de Dios. Por esta razón acostumbro a seleccionar determinado número de libros que sé les van a ayudar en el desarrollo de la fe, y ellos deben cumplir con una meta de lectura por mes. El conocimiento, combinado con la práctica, los hace expertos en el manejo de la Palabra, llegando a dominarla con la misma facilidad que un soldado lo hace con su arma.

Uno de los aspectos que han contribuido poderosamente a que las personas que estamos formando lleguen a una destreza en el manejo de la Palabra como si fueran grandes teólogos, ha sido el hecho de que cuando sienten la responsabilidad de compartir sus enseñanzas con otros, les demanda un mayor esfuerzo, y esto los ha impulsado a exigirse a sí mismos.

Temerosa de Dios

"...temerosos de Dios" (Ex. 18:21).

"...al conocimiento, dominio propio" (2 P. 1:6).

El temor a Dios debe estar en todas las facetas de nuestra vida. Antes de confiarle a alguien una gran obra, el Señor prueba los corazones, El mira si las personas son fieles o no, aplicando el principio de que "quien es fiel en lo poco, lo es en lo mucho; el que es infiel en lo poco, lo es en lo mucho".

El ser temeroso de Dios tiene sus exigencias, implica mantenerse sujeto a la Palabra y condicionar cualquier determinación a ella. Una de las características de alguien temeroso de Dios es que practica la reverencia que lo guía a enseñorearse de su espíritu; llevando todos sus deseos a la cruz, muriendo a diario juntamente con Cristo.

Es alguien que vive bajo el pacto de la sangre de Cristo, y que puede decir como Pablo: "*Con Cristo estoy juntamente crucificado, y ya no vivo yo, mas vive Cristo en mí; y lo que ahora vivo en la carne, lo vivo en la fe del hijo de Dios*" (Gá. 2:20). Cuando estamos formando a nuestra gente, debemos guiarlos por disciplinas que les ayuden a mantener ese dominio sobre ellos mismos.

Esto nos ha motivado a desarrollar un programa de ayuno el cual se realiza a través de los diferentes ministerios conformados dentro de la congregación.

Empezamos con tres días de ayuno, consumiendo solo agua; luego de una semana de descanso se hacen siete días de ayuno parcial, esto es que se puede comer por las noches. Se descansa por una semana, y de nuevo se entra en catorce días de ayuno parcial; se descansa por otra semana, y luego se entra en un ayuno parcial de veintiún días; se descansa por una semana, y luego se entra en el último período de ayuno parcial de cuarenta días.

Generalmente en este tiempo de ayuno se ora específicamente para que las metas establecidas por el grupo se puedan alcanzar.

Tener dominio propio produce el temor de Dios, y quien viva en ese temor, simplemente se guarda de pecar; porque no quiere ofender a Dios en lo más mínimo.

Que aborrezcan la avaricia

"...que aborrezcan la avaricia"(Ex. 18:21).

Pablo dijo: *"Raíz de todos los males es el amor al dinero"* (1 Ti. 6:10). No hay cosa que más pueda destruir a un líder, que permitir que en su corazón se erija un altar a las cosas de esta tierra, la idolatría consiste en que el hombre deposite toda su confianza en aquello que considere como su esperanza, fuera de Dios; lamentablemente son muchos los que se han dejado seducir por el brillo deslumbrante del dinero.

En uno de los momentos en que Israel contaba con el máximo respaldo de Dios, habiendo visto cómo las imponentes murallas de Jericó, habían caído como si fuese un castillo de naipes, y que el temor de Dios había caído sobre todos los pueblos de la tierra, Un hombre llamado Acán, se dejó seducir por un lingote de oro, unas piezas de plata, y por un manto babilónico, tomándolos para sí, y escondiéndolo debajo de su tienda; cuando él sabía perfectamente que el mandato divino era que todo lo que había en Jericó, era anatema, o, que todo lo que estaba dentro de la ciudad, ya había sido contaminado por el pecado.

Y existía juicio de destrucción sobre todo, porque cada cosa era maldita. Mas Acán no midió las consecuencias de lo que estaba haciendo, y movido por un espíritu de avaricia, se dejó seducir por esas cosas materiales que él sabía que eran malditas.

Fue tal el poder de la maldición que había en estos objetos, que afectó al pueblo de Israel, el cual, cuando salió a hacer frente a sus enemigos, recibió una gran derrota. Cuando los israelitas averiguaron el por qué de esa situación, encuentran a Acán como culpable de todo.

Y para que el mal fuera quitado de en medio del pueblo, este hombre y su familia tuvieron que morir, y desaparecer sus bienes, y los objetos robados. La avaricia trajo consecuencias funestas sobre este hombre y sobre toda su casa. Salomón dijo: *"así la maldición nunca vendrá sin causa"* (Pr. 26:2).

Judas trató de disfrazar la avaricia detrás de un espíritu de piedad, y le decía al Señor cuando la mujer derramó el frasco de alabastro a sus pies: "Qué desperdicio se ha hecho: No debería más bien haberse vendido este perfume por unos treinta denarios para repartirlo entre los pobres?". Pero no lo decía porque se compadeciera de los pobres, sino porque era avaro, y como guardaba la bolsa de las ofrendas, sustraía de ella.

El consejo que da Jetro a Moisés es: "no vayas a tener dentro de tu equipo a ninguna persona que tenga espíritu de avaricia; como previniéndole acerca de la maldición que esto trae al grupo.

El líder debe discernir muy bien quién dentro del grupo pueda tener un espíritu de avaricia y marginarlo de todo, hasta que tenga la plena certeza de que esa persona es libre de ese demonio.

Capítulo ocho

¡EL LÍDER ES USTED!

"Quien logra cultivar la amistad con el Espíritu Santo, desarrolla un nivel de, autoridad sobrenatural, que le permite mantenerse por encima de las circunstancias" C.C.D.

Cualidades que distinguen al líder de doce

Como vimos en el capítulo anterior, el candidato a formar parte de un equipo de doce debe reunir ciertas características, pero al tiempo, quien ya ha adquirido la formación para liderar a un grupo de doce posee cualidades que le dan mérito para orientar a otros.

La oración de Jesús por sus discípulos en Juan capítulo 17, nos sirve de marco de referencia para la exposición de dichas cualidades, ya que en ella, el Señor expresa la manera como conquistó a su equipo.

El líder reconoce que su equipo viene de Dios

"He manifestado tu nombre a los hombres que del mundo me diste; tuyos eran, y me los diste, y han guardado tu palabra" (Jn. 17:6).

Para el Señor, los doce no eran de él, sino del Padre, mas el Señor a través de la oración intercesora que le tomó toda una noche, logró que el Padre se los confiara; por esto dice: tuyos eran y me los diste. Una vez fueron llegando los llevó al conocimiento del Padre, y se gozó viendo la manera como recibían la Palabra y la guardaban.

- Los doce se ganan en oración.
- Pertenecen al Señor, y es nuestro deber, llevarlos a que lo conozcan a El.
- Debemos entrenarlos en la Palabra para que la guarden.
- Dios preparó el equipo que cada uno de nosotros necesita, desde antes de la fundación del mundo.

Es reconocido por su equipo como una persona de fe

"Ahora han conocido que todas las cosas que me has dado, proceden de ti...."(Jn. 17:7).

Los discípulos de Jesús reconocieron que el Señor dependía totalmente de Dios, y en cada uno de sus actos vieron que Jesús se movía en el plano de la fe, se manifestaron en varias ocasiones, y estuvieron con El hasta el fin. Para cada persona que está siendo discipulada es fundamental la confianza que tenga en su líder, y que el testimonio les de la certeza de que verdaderamente son hombres de fe, y que se mueven, como Jesús, en el plano de lo sobrenatural.

Es fiel al mensaje que comunica

> *"...porque las palabras que me diste, les he dado; y ellos las recibieron, y han conocido verdaderamente que salí de ti, y han creído que tú me enviaste"*(Jn. 17:8).

El líder tiene que ser fiel al mensaje que comunica a sus doce, no puede ni debe predicar su propia filosofía, sino dar a conocer específicamente lo que ha recibido de parte de Dios. El líder no comunica su propia visión, sino que respeta la línea de autoridad que viene de Dios, este respeto y fidelidad brinda paz y seguridad a los doce.

Siempre ora por sus discípulos

> *"Yo ruego por ellos; no ruego por el mundo, sino por los que me diste; porque tuyos son"* (Jn. 17:9).

El líder siempre está cuidando a su equipo en oración. Muchos se limitan en su devocional a interceder por los que están enfermos o atados por algún vicio, pero nunca incluyen a sus discípulos ni a sus líderes en oración. Pero el líder debe levantar un cerco de protección en oración alrededor de sus doce.

Es dignificado por el fruto de sus doce

"...y todo lo mío es tuyo, y lo tuyo mío; y he sido glorificado en ellos"(Jn. 17:10).

El líder, por su fe, tiene derecho a todas las riquezas divinas. Y son los doce los que, con su fruto, elevan a su líder a un grado de reconocimiento, respeto, y grandeza, por eso Jesús dice: "he sido glorificado en ellos". Pablo dice a los Corintios: "Pero el sello del apostolado, ¿acaso no sois vosotros?". El fruto de los discípulos es una garantía de que las riquezas divinas son otorgadas al líder.

Vive en lo sobrenatural

"Y ya no estoy en el mundo; mas éstos están en el mundo, y yo voy a ti. Padre santo, a los que me has dado, guárdalos en tu nombre, para que sean uno, así como nosotros" (Jn. 17:11).

El líder no vive en la mentalidad de este mundo. Desarrolla un nivel de autoridad que pasa de lo natural a lo sobrenatural.

La persona que vive en lo natural, actúa bajo las circunstancias, pero el que anda en lo sobrenatural, actúa por encima de las circunstancias. Cuando el líder actúa en lo sobrenatural, desarrolla su autoridad contra principados, poderes, señoríos, huestes espirituales de maldad, cuenta con discernimiento de espíritus pues se mueve en la dimensión de la fe. Esta autoridad le permite conocer las flaquezas de sus doce y clama al Señor con fe para que les ayude a superarlas, pidiendo específicamente para ellos, protección: "guárdalos en tu nombre", buscando que el mal no llegue a su equipo; unidad: "para que sean uno, así como nosotros", porque siempre el grupo debe fortalecer los lazos de unidad hasta que esta característica alcance un grado de perfección.

Protege a sus doce

"Cuando estaba con ellos en el mundo, yo los guardaba en tu nombre; a los que me diste, yo los guardé, y ninguno de ellos se perdió, sino el hijo de perdición, para que la Escritura se cumpliese"(Jn. 17:12).

Inicialmente Jesús pide al Padre que los guarde, y dice que "El mismo los guardó", es decir, el líder es alguien que protege a sus doce. ¿Cómo se guarda o protege a los doce?: en oración, ministrándoles, con discernimiento, apoyándoles a nivel moral, emocional y aún materialmente.

Deja enseñanzas que perduran

"Pero ahora voy a ti; y hablo esto en el mundo, para que tengan mi gozo cumplido en sí mismos"(Jn. 17:13).

La primera parte de este versículo hace referencia a la ausencia del líder, pero cuando esto ocurra, las enseñanzas que el líder ha compartido, perdurarán y producirán gozo en los corazones de los doce. En 1997 había decidido cancelar todos mis compromisos fuera de Colombia y permanecer en la iglesia, pero cuando ocurrió el atentado, el Señor me llevó a vivir por varios meses fuera del país, y cuando hablaba con los líderes, ellos me decían: "No se preocupe, pastor, seguimos trabajando en la visión, procurando alcanzar nuestras metas".

Las enseñanzas que habían recibido con anterioridad, produjeron desafío, gozo y motivación para cumplir los objetivos, y todo el tiempo que estuve ausente, ellos duplicaron sus fuerzas y en unidad de equipo desarrollaron un trabajo excelente.

Es diligente en la formación de sus doce

"Yo les he dado tu palabra; y el mundo los aborreció, porque no son del mundo, como tampoco yo soy del mundo" (Jn. 17:14).

La formación de los doce se da en tres grados: El primero es el que corresponde al bebe espiritual, el cual recibe "leche no adulterada", es el discipulado; el segundo es cuando ya el doce ha madurado un poco y puede recibir pan, es decir, comida un poco más sólida, es la parte de la capacitación en la Escuela de Líderes, es la comida que los va a fortalecer en medio de la adversidad; el tercero es cuando ya el doce está en un nivel más alto de madurez espiritual y se coloca por encima de las circunstancias, recibe una comida más fuerte, una formación intensa que le permite contrarrestar ataques del enemigo, ir a la ofensiva, porque ha superado las pruebas, las cuales son necesarias para medir el calibre del líder.

Fortalece a sus doce

"No ruego que los quites del mundo, sino que los guardes del mal"(Jn. 17:15).

El líder de doce siempre está orando para que el Señor le permita a él y a su equipo, vencer las tentaciones del mundo por medio de la fe.

Nuevamente insiste en buscar protección para que su equipo sea guardado del mal, aunque han crecido en todas las áreas de su vida, el líder decide no soltarlos en oración ni por un solo momento.

Tiene seguridad de la conducta de sus discípulos

"No son del mundo, como tampoco yo soy del mundo"(Jn. 17:16).

Esta expresión aparece dos veces en la oración de Juan 17. En la primera, los discípulos no habían vencido el mal; en la segunda, ya lo habían superado.

Cuando Jesús fue al desierto y ayunó cuarenta días, fue tentado por el adversario y se enfrentó a él porque ya tenía la unción para hacerlo. La unción va por etapas, cuando Jesús venció la tentación, pudo bajar con mayor revestimiento del Espíritu Santo. Cuando el discípulo vence el mal, se reviste de mayor autoridad, y esto es algo que su líder debe lograr en cada uno de ellos.

Prepara a sus doce para la unción de santidad

"Santifícalos en tu verdad; tu palabra es verdad"(Jn. 17:17).

Es la santidad la que permite al discípulo conocer la verdad en forma más clara, profundizando en el estudio de la Palabra de Dios. La preparación para ello corre por cuenta del líder. Este es el proceso: se vence el mal, y al vencer el mal, se recibe la unción de santidad, y esta unción nos lleva al esclarecimiento de la verdad.

Como Jesús, aprovecha cada situación para enseñar a sus doce

"...porque las palabras que me diste, les he dado; y ellos las recibieron..." (Jn. 17:8 a).

No hubo momento propicio que el Señor no aprovechara para impartir sus enseñanzas a los doce, tenía la firme intención de capacitarlos para que cumplieran a cabalidad la misión que les encomendaba y esto lo impulsaba a compartir de lo suyo en medio de todas las circunstancias posibles. Hasta basado en detalles mínimos que observaba en el ambiente, dejaba una enseñanza a los de su equipo. En una ocasión los llevó al templo y les dijo: "Miren cómo cada quien da la ofrenda".

Al finalizar la reunión les pidió opiniones acerca de lo observado y, posiblemente, unos le dijeron: "Señor, hay gente muy generosa como aquellos que depositaron fuertes sumas de dinero, ¡qué generosidad!", pero El les dijo: "No se equivoquen, ellos dieron de lo que les sobraba, pero esa ofrenda no les será tomada en cuenta. Pero, ¿cómo les pareció la ofrenda de la viuda?

A lo mejor alguno de ellos criticó lo limitado de la ofrenda de la mujer que sólo dio unas monedas, pero Jesús les enseñó: "No se engañen, ella fue la que más ofrendó, porque dio todo cuanto tenía".

Después de estos comentarios, a los doce nunca se les olvidó esta enseñanza: la ofrenda que agrada a Dios, es la que va acompañada de esfuerzo y que viene de un corazón puro.

Jesús estaba reproduciendo su visión y su espíritu en estos doce hombres, y ellos no cesaban de beber de esta fuente inagotable pues, con el sólo hecho de caminar al lado del Señor, ellos iban recibiendo su unción divina.

La unción se transmite conviviendo con las personas y Jesús así lo hizo con su equipo, y cada uno de ellos llegó a parecerse tanto al Maestro, que cuando Pedro no quería ser reconocido como discípulo de Jesús, le fue prácticamente imposible ocultarse; aunque intentó pasar como otro hombre, no pudo, porque tenía la unción de Jesús, hablaba como El y se comportaba igual.

Hay una gran diferencia entre la manera como Jesús se relacionó con sus discípulos, a la forma como muchos líderes espirituales de hoy lo hacen con su equipo.

Prepara a su equipo para la obra evangelística

"Como tú me enviaste al mundo, así yo los he enviado al mundo"(Jn. 17:18).

El líder debe preparar a sus doce para que desarrollen la visión mediante el trabajo evangelístico.

La visión se reproduce cuando los discípulos han vivido el proceso de vencer al maligno y entran en una vida de santidad, allí es cuando las Escrituras se abren, se obtiene mayor entendimiento y son enviados para que se reproduzcan.

Se mantiene en santidad

"Y por ellos yo me santifico a mí mismo, para que también ellos sean santificados en la verdad"(Jn. 17:19).

La santidad es una exigencia directa de Dios a cada uno de sus hijos; El dijo: "Sed santos, porque yo soy santo", Dios quiere que nosotros expresemos que adoramos a un Dios santo, y que también elevemos nuestra vida a ese mismo nivel de santidad, ya que Dios nunca nos pediría algo que nosotros no podamos lograr. El líder sabe que mantenerse en santidad le servirá de inspiración para que sus doce también procuren mantenerse santos, y de esta manera la visión sea honrada, que cada quien le de honor con su testimonio.

Ora por los doce de sus doce

"Mas no ruego solamente por éstos, sino también por los que han de creer en mí por la palabra de ellos..." (Jn. 17:20).

Aparte de mantenerse orando por su equipo básico, el líder dedica tiempo para orar por los discípulos de ese equipo, es decir, por los doce de sus doce. Todo líder de doce debe interceder por sus 144, aquellos que son fruto de cada uno de los miembros de su equipo principal, y también ora por los 1.728 que son los doce de cada uno de los 144.

Como en la época de los apóstoles, cuando fue establecido el diaconado, la sugerencia fue que los apóstoles no se distrajeran sirviendo las mesas, sino que se dedicaran a la oración y al estudio de la Palabra. Esa es la labor del líder actualmente. Este tipo de oración ayuda al mantenimiento de la unidad y al logro de que la unción recibida del Padre, también repose en el resto del equipo y en el fruto de ellos, como vemos en los versículos 21 y 22.

Se preocupa por reproducir su carácter en los doce, tal como lo hizo el Señor

"La gloria que me diste, yo les he dado, para que sean uno, así como nosotros somos uno" (Jn. 17:22).

Podemos decir que al transmitir su espíritu, el Señor estaba dando su propia su vida al equipo. Al igual que la semilla, cuando ésta se siembra en tierra, da el fruto correspondiente. Jesús invirtió su vida en sus discípulos porque los consideró buena tierra, lo lógico era que ellos reprodujeran el carácter de Cristo en sus vidas. Surge una pregunta: Judas, uno de los doce de Jesús, ¿Por qué no reprodujo el carácter del Maestro en su vida? Porque su corazón ya tenía dueño: el amor al dinero. Jesús dijo: *"No se puede servir a dos señores a la vez, o amará al uno y aborrecerá al otro, no se puede servir a Dios y a las riquezas"*.

Cualquier persona que tenga algo incorrecto en su vida, no es terreno adecuado para que Jesús siembre su vida en él. Esto impulsó a Jesús a dedicar tres años y medio de su vida en la formación del carácter de sus apóstoles, para luego soplar su espíritu en ellos. Toda persona que esté en el liderazgo debe llenarse grandemente de la presencia de Cristo a través de la lectura de la Palabra para que Jesús, el verbo de vida, pueda desarrollarse dentro de él, y a ese mismo nivel debe llevar a sus discípulos.

Pedro hablaba y se comportaba de manera tan similar a la de Jesús, que la gente lo identificó como uno de ellos.

Lucha por la perfección de la unidad

"Yo en ellos, y tú en mí, para que sean perfectos en unidad, para que el mundo conozca que tú me enviaste, y que los has amado a ellos como también a mí me has amado" (Jn. 17:23).

El líder sabe que la perfecta unidad viene como fruto de una relación más allá de lo natural, pues, es establecida por los mismos lazos del Espíritu Santo y las personas ya no son un punto más de un conglomerado sino que son parte activa dentro de un organismo vivo como lo es el cuerpo de Cristo. Cuando existe un gran respeto a la autoridad, esto produce un impactante testimonio ante el mundo y Jesús lo dijo: "Para que el mundo conozca que tú me enviaste".

Este tipo de unidad, de acuerdo a las mismas palabras del Señor, ayuda a que el equipo de doce confirme en su corazón que son tan amados por Dios, como Dios ama a su líder.

Muchos están como miembros de un equipo de doce y luchan por llamar la atención de su líder de una u otra manera, y si éste no les da la atención que esperan, entonces se sienten rechazados, experimentan desamor, sin embargo, un discípulo que ya ha madurado espiritualmente, entiende que es una persona amada, siente que vale, que es parte del grupo y disfrutan tanto del amor de Dios, como del amor del resto del equipo.

Forma un equipo para toda la vida

"Padre, aquellos que me has dado, quiero que donde yo estoy, también ellos estén conmigo, para que vean mi gloria que me has dado; porque me has amado desde antes de la fundación del mundo" (Jn. 17:24).

Jesús nos enseña que los doce deben ser para toda la vida. A través del líder, Dios corre el velo a los doce y les permite ver la fe de quien los dirige y la unción que han recibido de él. "...aquellos que me has dado, quiero que donde yo estoy, también ellos estén conmigo". En el ministerio pasamos por distintas etapas, pero sin importar cuántas ni cómo sean, los doce van a estar siempre con nosotros.

Del mismo modo que la persona entra en el pacto matrimonial, porque tiene la plena certeza de que esa es la persona con la que pasará el resto de su vida, ocurre con el grupo de doce; como sucedió en el caso de Rut que cuando su suegra Nohemí trató de persuadirla para que regresara a su tierra y sus dioses, ella le respondió: "*No me ruegues que te deje, y me aparte de ti; porque a donde quiera que tú fueres, iré yo, y donde quiera que vivieres, viviré. Tu pueblo será mi pueblo y tu Dios mi Dios. Donde tú murieres, moriré yo, y allí seré sepultada; así me haga Jehová, y aun me añada, que solo la muerte hará separación entre nosotras dos*" (Rut 1:16). El pacto de Rut con Nohemí, fue un pacto de fidelidad hasta la muerte; y Dios la honró por esto, llegando a ser la bisabuela del rey David.

La fidelidad del grupo de los doce apóstoles fue tan firme, que el Señor la probó en diferentes formas. A excepción de Judas, todos permanecieron fieles, por lo que el Señor pide en oración que ellos estén siempre con El, en ese lugar preparado de antemano por el Padre; y no solamente pide por esto, sino que ellos puedan ver su gloria.

En otras palabras, que pudieran conocer a Jesús como el rey de la gloria celestial. Fue tal el compromiso de estos doce que después de que Jesús partió de este mundo, estuvieron dispuestos a afrontar cualquier adversidad, por amor de El, ya que su pacto era fidelidad hasta la muerte.

Está seguro de sus condición espiritual

"Padre justo, el mundo no te ha conocido, pero yo te he conocido, y éstos han conocido que tú me enviaste" (Jn. 17:25).

El líder sabe que la visión que Dios le ha dado no la comprenden aquellos que permanecen en la mentalidad terrena. La Biblia dice que el hombre natural no entiende las cosas del Espíritu porque deben ser discernidas espiritualmente. Tanto la mente del líder como la de sus discípulos, han sido abiertas mediante una delegación de autoridad, que ha hace clara la visión en cada uno de ellos, reconociendo que dicha visión procede de Dios. Cuando los apóstoles tuvieron que hacer su defensa ante los miembros del concilio de Jerusalén, Pedro, lleno del Espíritu Santo enfatizo diciéndoles: *"Este Jesús es la piedra reprobada por vosotros los edificadores, la cual ha venido ha ser cabeza del ángulo. Y en ningún otro hay salvación; porque no hay otro nombre bajo el cielo, dado a los hombres, en que podamos ser salvos"* (Hch. 4:11-12).

Los apóstoles conocieron muy bien a su líder y no les importó defender el nombre de El ante quien fuese; luego los miembros del concilio trataron de intimidar a los apóstoles para que no hablasen a hombre alguno en el nombre de Jesús, ellos respondieron diciendo: *"Juzgad si es justo delante de Dios obedecer a vosotros antes que a Dios; por-*

que no podemos dejar de decir lo que hemos visto y oído" (Hch. 4:19-20).

Ellos sabían que el deseo del corazón de su Señor era que predicaran y no callaran por nada del mundo. Aunque conocían que con esto se exponían a azotes, a cárceles, a tumultos, y aún hasta la muerte, no negaron su fe en Jesús con tal de terminar satisfactoriamente la carrera.

No deja de guiarlos en el conocimiento del Señor

"Y les he dado a conocer tu nombre, y lo daré a conocer aún..."(Jn. 17:26).

La gran mayoría de judíos se resistió a aceptar a Jesús como el Señor, ya que esperaban que el redentor de ellos fuera un gran líder político que moviera los ejércitos en contra del yugo del imperio romano. Cuando vieron que Jesús se relacionaba con los menos favorecidos, y que les proporcionaba, salud, alimento y dignidad, fue un choque muy fuerte para sus expectativas; no podían concebir que su Mesías esperado se estuviera relacionando con los pobres, con los mendigos, con los pecadores, etcétera. Pensaron: "si este hombre sigue liderando de esta forma vendrán los romanos y se enseñorearán de nosotros" Por ello, siempre presentaron alguna objeción para no darle a Jesús el crédito que merecía. *"A lo suyo vino, y los suyos no le recibieron. Mas a todos los que le recibieron, a los que creen en su nombre, les dio potestad de ser hechos hijos de Dios"* (Jn. 1:11-12).

Los judíos tuvieron la bendición de ser los instrumentos de Dios, para que a través de ellos, viniera la salvación a la humanidad, mas por una actitud caprichosa, la dejaron ir. Rechazaron al autor de la vida y pidieron que a cambio se les diese un homicida. Por esto el Señor abrió las puertas para que todos los gentiles tuviesen la oportunidad de entrar en esta preciosa salvación. Ya el Señor nos dejó todo el terreno abonado para que cada uno de nosotros se encargue de hacer de nuestros discípulos verdaderos seguidores de Jesús, y que a su vez ellos se puedan reproducir del mismo modo en otros.

Procura la madurez del equipo, en amor

"...para que el amor con que me has amado,
esté en ellos, y yo en ellos" (Jn. 17: 26b).

Lo que movió al Señor Jesús a dejar su reino de gloria y abandonar su naturaleza divina por un período de tiempo, fue el amor. El Señor lo expresó de otra manera cuando dijo: *"Por eso me ama el Padre, porque yo pongo mi vida, para volverla a tomar. Nadie me la quita, sino que yo de mí mismo la pongo. Tengo poder para ponerla, y tengo poder para volverla a tomar. Este mandamiento recibí de mi Padre"* (Jn. 10:17-18). El amor que Jesús demostró fue un amor con obras pues, estuvo dispuesto a morir por los suyos, sin embargo, El mismo dijo: "nadie me quita a mi la vida, porque voluntariamente la pongo". En el genuino amor es importante una entrega total e incondicional por la misión que Dios nos haya confiado. El líder cuida que sus doce alcancen un grado de madurez en amor, un amor sincero, genuino, "ágape", que proceda de Dios y se consolide en sus corazones. Este es el grado de amor que motiva a los miembros del equipo a defender la causa de Cristo, así como los discípulos del Señor se dispusieron a hacerlo tan pronto habían adquirido madurez. En primera instancia Pedro negó al Maestro, pero cuando maduró, estuvo listo para dar la vida por El.

Al finalizar este capítulo, me surge una pregunta: ¿Está usted listo para formar a su equipo de doce, cuidando que en su vida se observen estas características? Recuerde que todo es posible dependiendo del tipo de relaciones que sostengamos con ellos, y si su respuesta es afirmativa, entonces, el líder es usted.

Capítulo nueve

¡EL TIC TAC DEL RELOJ!

"Cada batalla ganada es el resultado de un líder que supo ubicar estratégicamente a su gente" C.C.D.

Todos los elementos de la visión son indispensables

El éxito de la visión de los doce depende de la aplicación precisa de todos los elementos que la componen, ningún factor de los que en ella interviene está de más, cada paso es necesario para alcanzar el siguiente hasta obtener el resultado global que orienta a la visión de ganar al mundo para Cristo. Como en el caso de los relojes, cuyo tic tac indica la precisión del sistema que le permite el funcionamiento correcto, la visión también es un sistema integrado por piezas esenciales que, aplicadas adecuadamente, conducen al éxito.

Precisión, afinidad y efectividad

Uno de los lugares turísticos o centros de atracción más populares de Londres y de reconocimiento mundial, es aquel en que se encuentra la Torre del Big Ben. El atractivo no lo tiene el sitio ni la torre misma, sino el reloj que aparece en ella. Este reloj está considerado como el de mejor sincronización y precisión del mundo, hasta el punto que, en todos los países, hacen diariamente el ajuste de su señal horaria teniendo como referencia la marcación del Big Ben. Sin importar las diferencias horarias por razones de ubicación geográfica, los países tienen en cuenta la hora de este reloj para alcanzar la exactitud del tiempo en sus respectivas regiones.

Investigando un poco acerca de la creación y la manera de funcionar de este famoso reloj, descubrimos que éste es objeto de un mantenimiento continuo, en el que cada una de sus partes es examinada a fin de que mantenga el ajuste con las otras. Quienes tienen a su cargo tan delicado trabajo, se basan en el sonido que produce el mecanismo al moverse las agujas, es decir su "tic tac" para confirmar que el reloj marcha adecuadamente. Sorprende saber que un sonido que a veces pasa inadvertido para el común de las personas, pueda ser el indicador del correcto funcionamiento de todo el aparato. Cuando algo anda mal en el Big Ben, por ejemplo que una pieza se haya averiado, su tic tac deja de ser el característico y de inmediato se hace el mantenimiento a fin de no distorsionar la exactitud del tiempo en el mundo.

El Big Ben y la visión del principio de los doce

Dirán ustedes, esa información acerca del Big Ben y de los relojes suizos pueda que suene interesante, pero ¿qué tiene que ver con la visión? Estando en una de nuestras convenciones, buscaba una manera de ilustrar acerca de la eficacia de la visión. La palabra sincronizar vino a mi mente al querer compartir acerca de la necesidad de mantener todos los elementos del modelo en armonía a fin de obtener los resultados esperados.

Como el reloj, la visión de los doce es un sistema en el que intervienen varios elementos que, entrelazados, contribuyen al alcance del objetivo. "El reloj consta de un dispositivo que genera una base de tiempo, un sistema que, partiendo de esa base, define la hora a marcar, y un dispositivo de fijación... La fijación del tiempo se efectúa mediante un dispositivo analógico (agujas que se desplazan), o digital (cifras fijadas por medio de diodos electro-luminiscentes o de cristales líquidos)". Al conocer esta explicación sobre el mecanismo de funcionamiento de un reloj, llegué a la siguiente conclusión: Nuestra visión consta de un mecanismo, sistema o dispositivo, llamado principio de los doce, éste sistema genera una base para el alcance de metas, y partiendo de esta base (los doce), se marca el objetivo a lograr en cuanto al crecimiento y la multiplicación. La fijación de esa meta de multiplicación, se efectúa mediante un dispositivo o estrategia analógica (agujas que se desplazan para ganar a los perdidos), y que denominamos "grupos homogéneos".

La visión es entonces un sistema comparable con el mecanismo de un reloj, en el que el tablero no es lo más importante, éste solo sirve de orientación porque están los números bien marcados con los cuatro tiempos principales, pero lo que más cuenta es la maquinaria que determina el funcionamiento, y ésta es precisamente la que no se ve. En la visión vemos como un tablero, fácilmente observado por todos, pero detrás hay una excelente organización que no permite que algo quede fuera de orden. Se corre peligro cuando nos distraemos con el tablero, con los doce números, mientras la maquinaria está oxidada, es decir, cuando los líderes no quieren despegar porque están llenos de ataduras, así no puede andar el sistema, el engranaje no funciona. De ahí la importancia de hacer un trabajo interno comprendiendo la visión y dominándola para llevarla a otras naciones.

De esta manera, el tic tac del buen funcionamiento del modelo de los doce, se obtiene cuando las piezas que integran nuestros equipos, tienen rasgos de afinidad. Pero, por encima de esto, se destaca la importancia de la visión como un sistema integral en el que todos los factores son claves para alcanzar el éxito en el desarrollo de los grupos de doce. No basta con ganar a las personas, es necesario que se consolide el fruto; no es suficiente con la consolidación, el discipulado es determinante en la formación del nuevo creyente; y no podemos limitarnos a discipular, es necesario que el individuo sea enviado para que se multiplique ganando a otros. Esto teniendo en cuenta los pasos esenciales de la visión que serán explicados detalladamente en la tercera parte del libro. Pero remitiéndonos a la formación y estructuración de los doce, el sistema total abarca el preencuentro, el encuentro y el post-encuentro, etapas que por ningún motivo pueden dejarse a un lado pues sería como ignorar a la visión misma. La sincronización, afinidad y precisión de este sistema está determinado por cada uno de estos pasos a través de los cuales pasan hombres y mujeres hasta que se convierten en líderes que, posteriormente, harán la misma tarea con aquellos que estarán a su cargo.

Precisando el tic tac en la visión mediante los grupos homogéneos

A veces algunos líderes se precipitan en la conformación de su equipo de doce, quizá en el afán de cumplir las metas, y al examinar el por qué los resultados no son óptimos, descubren que en su grupo están mezclados científicos con obreros rasos, profesionales con estudiantes de primaria, amas de casa con ejecutivas, etcétera, Y no es que estemos motivando la discriminación, es que, en la medida posible, el líder debe establecer en forma diáfana los rasgos de afinidad a fin de que todo su equipo experimente el mismo sentir, que ninguna circunstancia propicie distanciamientos o reservas entre unos y otros. Sin duda, el modelo de los doce tiene la cualidad de valorar a cada persona hasta el más alto grado, cuando se aplica la homogenización en el sentido estricto de la palabra.

Nosotros por, ejemplo, tenemos grupos conformados por profesionales, por amas de casa, y por hombres de negocio, entre otros, y el crecimiento de todos ellos ha sido excepcional cuando los rasgos de afinidad están plenamente definidos.

Es bueno aclarar que no siempre encontraremos de buenas a primeras las piezas adecuadas y en óptimo estado para vincularlas a nuestro reloj, pero nuestro trabajo consiste en empezar a formar y capacitar puliendo el carácter de cada uno hasta que alcance el nivel esperado. El objetivo es lograr que el reloj funcione.

Este, como vemos, es un modelo preciso, un principio cuya exactitud, garantiza la obtención de un extraordinario fruto cuando se cuida su sincronía al interior de la visión.

> *"Porque así como el cuerpo es uno, y tiene muchos miembros, pero todos los miembros del cuerpo, siendo muchos, son un solo cuerpo, así también Cristo... Y a unos puso Dios en la iglesia, primeramente apóstoles, luego profetas, lo tercero maestros, luego los que hacen milagros, después los que sanan, los que ayudan, los que administran, los que tienen don de lenguas"*(1 Co. 12:12 y 28).

Los grupos homogéneos constituyen una estrategia que garantiza el crecimiento armónico y acelerado. Desde que decidimos implementarlos, la proyección de multiplicación se ha dado de tal modo que los cálculos estadísticos siempre son superados.

Los doce deben desarrollar su trabajo de manera homogénea, que un joven gane a otro joven, que el hombre gane a otro hombre, la mujer gane a otra mujer, las parejas ganen a otras parejas y los niños ganen a otros niños. Hubo un tiempo en que empezamos a trabajar dividiendo la ciudad en zonas, como lo hace el hermano Cho, en Corea, dividimos la ciudad en 20 sectores (usando la estratificación electoral), pero este mecanismo no nos dio resultado, y no porque en sí mismo no funcione, porque los frutos que muestra el pastor Cho son impresionantes, el asunto es que nuestro contexto cultural opera de manera diferente. La gente no se comprometía igual y el liderazgo de cada sede se mantenía prácticamente en pugna procurando quedarse con esta o aquella alma porque, según el mapa, pertenecía a su sector. El crecimiento celular se redujo y tuvimos que buscar un mecanismo de acción para corregir el fenómeno y superarlo, fue así como surgió la idea de los grupos homogéneos que comenzamos a implementar en la sede central de la iglesia, y en sólo un año, esta sede igualó en células a todas las demás zonas juntas. Con los grupos homogéneos se terminaron las discusiones por sectorización, y el crecimiento ha sido grandioso.

Unidad de visión e identidad ministerial

¿Por qué da tantos resultados la homogenización? Porque un principio de la socialización de masas dice que "los elementos comunes a ciertos individuos, hacen que éstos se atraigan y se mantengan en cohesión y en unidad de criterios". En otras palabras, la homogeneidad, o identidad entre factores, permite el desarrollo compacto de la comunidad. La iglesia no puede desaprovechar las ventajas de este sistema. Al trasladar estos conceptos al trabajo dentro de la visión, percibimos su viabilidad como motor para el crecimiento firme y acelerado, formando grupos identificados por algo en común (edad, sexo, función, etcétera), pero recibiendo todos el mismo evangelio, la misma doctrina, los mismos principios de liderazgo y, por consiguiente, las mismas pautas para compenetrarse con la visión y contribuir al logro de sus metas. Entonces, los grupos homogéneos son:

"Núcleos de personas agrupadas por intereses comunes, en busca de los mismos objetivos y con la tendencia a satisfacer las mismas necesidades, pero procurando siempre desarrollar la visión de la iglesia".

El alcance de los grupos homogéneos es prácticamente incalculable, lo ha sido desde la formación de los mismos. Hemos podido comprobar que la penetración en la sociedad con el evangelio de Jesucristo es más rápida y eficaz. Podemos decir, sin temor a equivocarnos, que con los grupos homogéneos no existen límites, ni sociales, ni educativos, ni económicos, que impidan el cumplimiento de la Gran Comisión mediante la divulgación de la Palabra de Dios.

El crecimiento actual de la iglesia que el Señor nos ha permitido pastorear con mi esposa Claudia, se debe al trabajo de los grupos homogéneos como parte del engranaje total de la visión. Día a día, cada nuevo creyente que llega ansioso por conocer más de la Palabra de Dios, satisface sus expectativas y calma su ansiedad pues encuentra en la iglesia un grupo con el cual se identifica bien sea por su edad, por el sexo, o el estado civil. Una persona que llega a la iglesia con problemas de tipo espiritual, afectivo o emocional, nota que al llegar al grupo todos los miembros de éste se identifican con su problemática y aportan, con la ayuda de las Escrituras y la guía del Espíritu Santo, soluciones prácticas; todo porque se habla el mismo idioma, se tienen las mimas perspectivas y se observa hacia el mismo lado: el lado de la visión divina.

Desde cualquier punto de vista, los grupos homogéneos son la mejor estrategia que una iglesia puede utilizar si espera alcanzar un crecimiento sin precedentes, pleno de solidez, de unción, y fundamentado en una sana doctrina que nunca permitirá el desmoronamiento de la iglesia. Esto es lo que hemos podido corroborar con nuestra experiencia. Los grupos homogéneos, observados desde su interior hacia el resto de la comunidad, y desde afuera hacia ellos mismos, tienen un funcionamiento tan estratégico, que nunca permiten que un nuevo creyente se sienta fuera de contexto en relación con la visión. Dicho de otra manera, el niño que nace de nuevo, encuentra un sólido grupo de niños con el que logrará compatibilidad hasta verse como un elemento útil y sentirá que su presencia es importante para el resto de los miembros; de igual forma sucede con el joven, el adulto, el hombre, o la mujer. El secreto de la funcionalidad de los grupos homogéneos radica en la existencia de un factor común que facilita el aglutinamiento de personas dentro del conjunto.

Estos grupos, que surgieron en nuestra iglesia en 1989 inicialmente con jóvenes, mientras se reúnen atendiendo su afinidad, buscan alcanzar todos el mismo objetivo: el desarrollo de la visión de la iglesia. Es un compromiso en el que cada miembro aporta su grano de arena recibiendo la satisfacción de formar parte de un avivamiento en el que Colombia se muestra como ejemplo para el mundo.

Los grupos homogéneos con los que contamos actualmente son: jóvenes, que constituye un importante baluarte de crecimiento si se tiene en cuenta que cada semana reúnen dieciocho mil en el Coliseo El Campín de Bogotá; la red de hombres, que exalta el sacerdocio del hombre en la familia y en el liderazgo social; la red de mujeres que refleja el papel de las damas en una visión que trasciende las naciones, siendo también un gran ejemplo de multiplicación; el ministerio de parejas que destaca la vida matrimonial dentro de la perspectiva de crecimiento de la iglesia, favoreciendo a la familia; y el ministerio de niños y adolescentes, con el cual se observa la eficacia de la visión preparando a las nuevas generaciones.

Hay algo que identifica a todos estos grupos con la visión en general, y es que, mientras se asocian por edades, sexo, y afinidades de acuerdo al rol que desempeñan, colectivamente se identifican por su compromiso celular y la preparación de líderes para alcanzar la visión general de la iglesia. Cuando vemos actuar y crecer a los grupos homogéneos, notamos un dinamismo emanado de la unción del Espíritu Santo como agente protagónico del proceso multiplicador de células y, por consiguiente, de toda la iglesia. Lo que pasa en los grupos homogéneos es que *"a cada uno le ha sido dada la manifestación del Espíritu para provecho"*.

"Porque así como el cuerpo es uno, y tiene muchos miembros, pero todos los miembros del cuerpo, siendo muchos, son un solo cuerpo, así también Cristo... Y a unos puso Dios en la iglesia, primeramente apóstoles, luego profetas, lo tercero maestros, luego los que hacen milagros, después los que sanan, los que ayudan, los que administran, los que tienen don de lenguas..." (1 Co. 12:12 y 28), son palabras que concretan la estratégica funcionalidad de los grupos homogéneos. Aquí Pablo está hablando de funciones, de dones espirituales que se pueden desarrollar de manera más efectiva para beneficio de toda la iglesia. Esta referen-

cia bíblica destaca la importancia de la homogeneidad de los grupos celulares, de nuestro equipo de doce, y esto es lo que ha contribuido a que la visión que Dios nos ha dado se expanda de manera amplia y rápida dentro y fuera de Colombia. En los grupos homogéneos, los dones son detectados fácilmente y el discípulo que los posea, empieza a perfilarse como un líder de alta potencialidad.

En pocas palabras, el trabajo a través de los grupos homogéneos permite que el líder y cada persona comprometida con la visión, desarrollen una relación vertical mirando a Dios, al tiempo que los frutos de dicha relación se manifiestan horizontalmente en la comunidad con la cual se comparte; de ahí la importancia de que el líder portador de la visión sea un ejemplo vivo de la plenitud de Cristo, con un testimonio sin tacha pues, de esto depende el éxito de su ministerio. En la Misión Carismática Internacional lo hemos comprendido así y con toda seguridad es por eso que los frutos no han dejado de verse espiritual y numéricamente en cada grupo homogéneo que desarrolla la visión.

Capítulo diez

¡CAPACITADOS PARA EL TRIUNFO!

"La unción de Dios lo capacita para triunfar, la fe lo inspira, el amor lo sostiene, pero solo la perseverancia lo llevará hasta el final" C.C.D.

La formación integral del equipo de doce

No basta con seleccionar el equipo, escoger a los doce es sólo la primera parte de un proceso que culmina exitosamente cuando cada uno de ellos es formado y capacitado, y esto tiene que ver con el moldeo del carácter individual para poder verter en él el carácter de Cristo.

Prácticamente cada persona llega en obra negra, con la necesidad de pasar por una pulidora espiritual que cumple con la función de quebrantar maldiciones, romper ataduras, liberar de opresiones, sanar heridas y capacitar con principios doctrinales y concernientes a la visión.

Un líder sano puede ser usado para sanar

Ningún técnico deportivo que se respete enviaría a uno de sus atletas a competir en una importante carrera con los pies llenos de llagas, ya que si lo envía en esas condiciones, sería un total fracaso. Lo mismo sucede en el campo ministerial. Si aspiramos contar con un ministerio sólido que alcance altas proyecciones, todos los miembros de nuestro equipo básico, el equipo de doce, debe pasar por el proceso de estructuración que incluye la sanidad del alma. Cuando Dios nos creó, nos hizo como seres tripartitos: espíritu, alma, y cuerpo. En el alma se encuentran: la mente, las emociones y la voluntad. La mayoría de personas han sido heridas en sus emociones; y en gran parte de los casos, éstas levantan una barrera infranqueable ante los demás, como diciendo: una vez me hirieron, no me voy a exponer a que vuelvan a hacerlo.

Cuento con el apoyo de un equipo de pastores que se mueven mucho en lo sobrenatural, y entienden y ministran muy bien en lo que tiene que ver con la sanidad del alma y la liberación, pero ellos saben que deben estar abiertos para una ministración mucho más profunda que Dios quiera hacer en sus vidas. Así fue como, estando en una reunión, empecé a compartirles acerca del amor paternal de Dios, Después de compartir con los pastores la Palabra, tuvimos un tiempo de oración, y empecé a escuchar gritos desgarradores en los diferentes lugares del recinto. Por primera vez varios de ellos pudieron abrir su corazón ante Dios y con la ayuda de El confrontar su amarga experiencia del pasado. Cuando tuvimos un tiempo para escuchar testimonios, uno de ellos dijo: "La noche anterior a mi cumpleaños número doce, mi padre había recibido mis notas de calificaciones, y como no habían sido muy buenas, el regalo que me dio el día del cumpleaños fue una tremenda golpiza. Desde ese día me ha sido muy difícil relacionarme con la autoridad, porque siempre la asocio con mi padre pues, aunque el ya murió ha sido imposible perdonarlo" En ese momento me levanté y tomé el lugar de su padre, y le dije: "Hijo, perdóname por haber sido tan injusto contigo, y no haber tenido en cuenta que era la fecha de tu cumpleaños; hijo perdona mi ignorancia" Cuando hice esta confesión sustituta, él empezó a dar gemidos indecibles que estremecieron todo el recinto, e inmediatamente vino un quebrantamiento entre todos los presentes ya que la ministración produjo liberación en un buen grupo de ellos.

Luego cada uno compartió la experiencia que había tenido al conocer verdaderamente a Dios como su verdadero padre. Meses después, las esposas de todo el grupo que estuvo en esta ministración comentaban la manera como Dios transformó totalmente las vidas de estos pastores a partir de esa reunión, hasta el punto de decir que la vida cristiana de estos hombres se divide en dos: antes, y después de dicha reunión.

Poseemos una naturaleza eterna

Ser parte de los doce es más que participar de algunas reuniones formales con el líder, o el gozar de cierto prestigio ante la comunidad. Es entender que se es un hijo de Dios y por lo tanto alguien que posee dentro de sí la naturaleza eterna, sabiendo que cuando muera, su cuerpo físico vuelve al polvo de la tierra pero que dentro de él existe el alma, y ésta jamás morirá. *"A lo suyo vino, y los suyos no le recibieron. Mas a todos los que le recibieron, a los que creen en su nombre, les dio potestad de ser hechos hijos de Dios; los cuales no son engendrados de sangre, ni de voluntad de carne, ni de voluntad de varón, sino de Dios"* (Jn. 1:11-13). Todo aquel que ha aceptado a Jesús como el salvador de su vida, es hecho partícipe de la misma naturaleza divina pues, el mismo Espíritu de Dios se encarga de engendrar esa naturaleza espiritual para que cada quien llegue a tener la misma autoridad que tuvo Jesús en este mundo, ya que es un hijo de Dios.

Autoridad sobre los demonios

Existen diferentes clases de vidas en la esfera de la creación. La clase más baja de vida está en el reino mineral, seguido por el reino vegetal, luego está el reino animal, después la vida humana. Encima del hombre están las diferentes órdenes angelicales, y en el lugar más alto está la vida del reino de Dios. A este reino pertenecían las diferentes cortes angelicales, pero por causa de la rebelión de uno de los principales ángeles, conocido como lucero de la mañana, vino uno de los juicios más violentos de Dios, con el cual arrasó a este ángel y a los que se rebelaron, quedando en una posición inferior a la de los otros ángeles que se mantuvieron fieles a Dios, convertido en lo que hoy conocemos como Satanás, y los ángeles que fueron arrojados con él, convertidos en Demonios.

Después vino la creación del hombre, y Satanás astutamente usó una criatura del reino animal para engañar a la primera pareja; y de este modo toda la autoridad que Dios había dado a la primera pareja, pasó a ser controlada por esa corte angelical rebelde, dirigida por Satanás; quedando la raza humana en una posición más baja que la de ellos. Pero al venir Cristo a este mundo, se enfrentó al reino de Satán, quien en la cruz del calvario le lanzó el dardo más poderoso que tenía, un dardo mortal, pensando que de este modo se estaba deshaciendo de Jesús para siempre. Pero Jesús sí sabía lo que esto significaba: Para la raza humana, la liberación de la opresión demoníaca; en cambio, para los demonios, su más grande derrota.

Aunque Satanás sabe de la gran derrota propiciada por Jesús, él lucha por mantener al ser humano ignorante de estas verdades, para de este modo seguir ejerciendo control sobre ellos. El enemigo es consciente que en el momento en que las personas conozcan la verdad, ésta los hará libres, y se ubicarán en el reino más elevado que existe, que es el reino de Dios.

Después de que el Señor resucitó de entre los muertos, ascendió a los cielos y se sentó a la diestra de la majestad; y todo fue sometido bajo sus pies. Esto es: *"...todo principado y autoridad y poder y señorío, y sobre todo nombre que se nombra, no sólo en este siglo, sino también en el venidero; y sometió todas las cosas bajo sus pies"* (Ef. 1:21-22).

En la cruz, el Señor le arrebató al adversario todo el poder que tenía sobre la humanidad. Con su resurrección de entre los muertos, le restituyó esa autoridad al hombre, y con su ascensión al cielo, lo elevó al nivel más alto de vida, esto es, el nivel del reino de Dios. San Pablo dijo: *"Y junta-*

mente con él nos resucitó, y así mismo nos hizo sentar en los lugares celestiales con Cristo Jesús" (Ef. 2:6).

Autoridad sobre la maldición

> *"Como el gorrión en su vagar, y como la golondrina en su vuelo, así la maldición nunca vendrá sin causa"*(Pr. 26:2).

"Ciertamente el bien y la misericordia me seguirán todos los días de mi vida..." (Sal. 23:6). Dios habla de bendiciones que nos persiguen hasta alcanzarnos. ¿Qué quiere decir nos alcanzarán?: que para llegar a conquistar la bendición, primero Dios tiene que probar su corazón; observar si verdaderamente vive de acuerdo con la Palabra, si se somete a las enseñanzas estipuladas por el Señor, si hace lo que el Señor le dice, Dios ordena que las bendiciones lo persigan hasta alcanzarlo.

Pero por otro lado, el proverbista habla de que la maldición siempre es originada por alguna causa, y muchos saben que el mal los persigue, pero no saben cómo quebrantar las maldiciones. Todo creyente debe saber que en este mundo estamos en una guerra abierta contra las fuerzas del mal, y que éstas operan a través de argumentos que el ser humano les ha permitido levantar por errores cometidos en el pasado, y por causa de esto se sienten con autoridad sobre vidas o familias enteras. Para ningún americano hay duda de que la familia Kennedy ha sido perseguida por una sombra de maldición, la cual no deja que los miembros de la misma se desarrollen de una manera plena, sino que los está arrebatando sin importar la posición a que hayan llegado. Porque la maldición no mira ni riquezas, ni fama, ni amistades. Lo único que vence la maldición es el poder de la sangre del Cordero. *"Y ellos le han vencido por medio de la sangre del Cordero, y de la palabra del testimonio de ellos, y menospreciaron sus vidas hasta la muerte"* (Ap. 12:11).

Cuando se entra a estudiar el contraste que hay entre maldición y bendición, nota que la bendición es poderosa, pero que la maldición también lo es. Posiblemente alguien dirá: "hermano, yo no creo en la maldición, yo creo en la bendición", sería como decir: "hermano, yo no creo en la noche, creo solamente en el día; no creo en lo frío, creo solamente en lo caliente".

Existen los dos lados opuestos: existe el bien, pero también existe el mal. Nosotros determinamos si nos alcanza el mal o el bien, el asunto no está en Dios. Dios trazó el camino para que andemos por la bendición, pero también nos dice que hay otro camino que nos puede llevar por la maldición, y muchos han pisado el terreno del enemigo.

Salomón dijo: "hay algo que motiva a las aves a volar, algo que motiva al gorrión, así mismo, hay algo que motiva a la maldición". La maldición no viene como fruto del azar, la maldición entra cuando alguien le abre la puerta. Pero gracias a Dios que la Escritura enseña que todos los argumentos que había contra nosotros ya fueron cancelados por medio de la obra redentora. *"....anulando el acta de los decretos que había contra nosotros, que nos era contraria, quitándola de en medio y clavándola en la cruz, y despo-*

jando a los principados y a las potestades, los exhibió públicamente, triunfando sobre ellos en la cruz" (Col. 2:14).

Cada semana me reúno con mi equipo y tenemos un tiempo de oración, y si discierno que alguno de ellos requiere de alguna ministración más profunda, inmediatamente paso a hacerlo pues, en la medida que ellos se mantengan bajo el manto de la bendición, esto se va a reflejar en todas las demás áreas del ministerio; y así como ellos ven que su líder principal les ministra, así ellos van a ministrar a sus discípulos.

También la experiencia de Jesús nos sirve de marco de referencia para observar cómo debemos formar y capacitar a nuestros doce. Recordemos que el Señor escogió a doce hombres, y no precisamente los más intelectuales, o los más cultos, o de mejor posición social. Hubo en el grupo de Jesús personas de distinta condición, aún buscó entre la clase pobre, a hombres sin cultura, iletrados, y trabajó con ellos. El equipo de Jesús estuvo integrado no por los más brillantes pues, se encontraban entre ellos hombres sencillos, cada uno con carácteres y temperamentos que debían ser procesados. Me llama la atención la clase de personas seleccionadas por Jesús: hombres violentos como Jacobo y Juan a quienes llamaron "hijos del trueno"; incrédulos como Tomás, emotivos como Pedro; hasta un traidor como Judas. En fin, hombres como éstos fueron los seleccionados por el Señor como parte de su equipo de doce, pero Jesús sabía que le tocaba con ellos un trabajo intenso de formación, de estructuración de su carácter, de liberación, de renovación de mente y de vida, lo que demandaba trabajar profundamente en sus vidas hasta convertirlos en personas idóneas para que pudieran reproducir el carácter de Cristo hasta los confines de la tierra.

La unción se reproduce en el contacto

"Entonces llamando a sus doce discípulos, les dio autoridad sobre los espíritus inmundos, para que los echasen fuera, y para sanar toda enfermedad y toda dolencia"(Mt. 10:1).

Jesús invirtió tres años de su vida reproduciendo su unción en los doce. El equipo que Jesús formó eran doce de primera línea, y cada uno de ellos tenía que moverse en la misma dimensión de fe que se movía el señor. Ellos ya estaban acostumbrados a ver los milagros que el Señor hacía, pero otra cosa es que tengan que hacer los mismos milagros pero sin tener al señor a su lado. Ya Jesús les había dado la unción para expulsar demonios y sanar enfermos, ahora les correspondía a ellos creerle al Señor y entrar a moverse en esa dimensión de fe. Cuando regresaron con el reporte, estaban llenos de gozo al ver que aun los demonios se les sujetaban en el nombre del Señor, a lo que el Señor les dijo: *"Pero no os regocijéis de que los espíritus se os sujetan, sino regocijaos de que vuestros nombres están escritos en los cielos"* (Lc. 10:20).

Años atrás, les sugerí al equipo de pastores que programaran reuniones de milagros en sus respectivas congregaciones, y les motivé diciéndoles que ya todos tenían la unción, que simplemente les correspondía actuar en fe. Para ellos era uno de los más grandes desafíos pues, estaban acostumbrados a que yo como pastor era el que ministraba por las personas. Para ese domingo oraron: "Señor que los enfermos que vengan, tengan dolor de cabeza o de estómago, no nos mandes ningún caso difícil". Uno de ellos comentaba que a la primera persona que le preguntó: ¿qué tiene? Le respondió: cáncer. Y así fueron las necesidades de la mayoría de personas. Pero cuando oraron por ellos la sorpresa fue mayúscula al notar cómo el Señor se movía operando toda clase de milagros. "*Y estas señales seguirán a los que creen: En mi nombre echarán fuera demonios, hablarán nuevas lenguas; tomarán en las manos serpientes, y si bebieren cosa mortífera, no les hará daño; sobre los enfermos pondrán sus manos, y sanarán*" (Mr. 16:17-18).

La oración de Jesús para escoger y formar a su equipo tenía la intención de encontrar personas que fuesen dignas de recibir su unción y autoridad espiritual. El Señor transmitió su unción a los doce en forma constante, de ahí que Dios pudiera usarlos en sanidades y otros prodigios ya que la unción reposaba en ellos. Dice la Escritura que hasta la sombra de los apóstoles, como en el caso de Pedro, ministraba sanidad a los abatidos. De igual manera, nosotros debemos transmitir la unción y autoridad recibidas a cada uno de los miembros de nuestro equipo, ellos deben ser ministrados para que puedan ministrar.

Capítulo once

¡DESARROLLE LA VISIÓN DE LOS DOCE!

"Cada discípulo es un líder potencial y se convertirá en aquello que hayamos sembrado en él" C.C.D.

Pautas efectivas para el Éxito

Espero que hasta aquí usted haya recibido la suficiente motivación como para anhelar tomar esta visión como parte de su propia vida. Lo que Dios me ha dado es para compartirlo con el mundo y por eso he procurado exponer los resultados de una experiencia que hasta el momento ha sido exitosa y confío en que lo será mucho más en la medida en que creyentes, líderes y pastores como usted, estén dispuestos a desarrollarla; si ese es su caso, las siguientes pautas le serán de mucha ayuda para poner en marcha la visión de los doce.

Rompa los esquemas

Implementar el modelo de los doce implica abandonar lo tradicional y lanzarse a conquistar un mundo totalmente diferente, pero efectivo porque a través de él, el crecimiento está garantizado si se aborda con fe. No sea como aquellos que prefieren seguir un camino más fácil tratando de adoptar un poquito de aquí, y otro poco de más allá, pues piensan que si toman lo mejor de Corea, lo mejor del Salvador, lo mejor de Honduras, y lo mejor de Colombia, tendrán el modelo perfecto, pero esto así nunca funciona. El modelo de los doce es muy celoso, o se toma en su totalidad, o no, no hay términos medio.

Cave profundo para colocar el fundamento

Recuerde que el Señor Jesús estuvo trabajando por tres años y medio en la formación de su equipo de líderes, viendo a cada uno de ellos como un templo del Espíritu Santo, pero para hacer este templo El requería cavar profundamente y colocar allí el fundamento adecuado. Jesús cavó profundamente en el carácter de cada uno de sus discípulos, no olvide lo que sucedió con Pedro, y de igual manera usted debe hacerlo con su equipo de líderes pues son ellos los que le ayudarán a sacar adelante esta visión.

Considere que cada persona puede pastorear a doce

> "Recorría Jesús todas las ciudades y aldeas, enseñando en las sinagogas de ellos, y predicando el evangelio del reino, y sanando toda enfermedad y toda dolencia en el pueblo. Y al ver las multitudes, tuvo compasión de ellas; porque estaban desamparadas y dispersas

como ovejas que no tienen pastor. Entonces dijo a sus discípulos: A la verdad la mies es mucha, mas los obreros pocos. Rogad, pues, al Señor de la mies, que envíe obreros a su mies"(Mt. 9:35-38).

El Señor sabía la gran responsabilidad que tenía de suplir las necesidades de las multitudes, y lo que hace para cumplirla es llamar a sus doce pues ellos habían sido escogidos precisamente para satisfacer la necesidad de la gente de ser pastoreada.

Por experiencia puedo decir que doce es el número de personas sobre el cual uno puede ejercer un pastoreo directo, genuino y completo.

Cuando he compartido este principio con pastores de otras naciones, ellos se sorprenden, pero lo que quiero decir es que, aunque tenemos una iglesia grande, también contamos con una iglesia pequeña. La iglesia grande está integrada por toda la congregación, la iglesia pequeña es el grupo de doce.

El equipo de doce facilita las relaciones interpersonales, el cuidado directo del discípulo, si Jesús sólo pastoreó a doce ¿por qué vamos a sentirnos nosotros con capacidad para pastorear a muchos más? Cuando se tienen congregaciones muy grandes, la gente difícilmente tiene acceso al pastor, este privilegio queda reservado para el cuerpo de diáconos, los maestros de Escuela Dominical y uno que otro líder, pero con el principio de los doce, todo el mundo es pastoreado.

Todos deben de ser ministrados para ministrar

Tom Worsham hace el siguiente comentario sobre los gansos: "La ciencia ha descubierto por qué los gansos, especialmente durante el invierno, se dirigen al sur volando en forma de "V" La observación ha revelado que cuando cada ave bate sus alas, le crea un vacío a la compañera que viene tras ella. Volando en forma de "V", la bandada supera por lo menos en un 71% la distancia que pudieran cubrir si volaran individualmente. Cada vez que un ganso abandona la formación, siente la presión de ir solo y vuelve con rapidez a la formación para aprovechar el poder de elevación del ave que se encuentra enfrente suyo. Cuando el ganso que dirige se cansa, entonces gira en la "V", y otro toma la delantera. Los gansos que están en la retaguardia, graznan para animar a los de la vanguardia a conservar su velocidad. Finalmente, cuando un ganso sale de la formación porque está enfermo o ha sido herido por alguna arma de fuego, otros dos compañeros salen y los siguen para ayudarlo y protegerlo, permaneciendo con él hasta que pueda volar nuevamente o hasta que muera, entonces despegan por sí mismos o en otra formación para alcanzar a su grupo".

Jesús tuvo una relación permanente con sus doce, y en este tipo de relación se hace fácil ministrar continuamente. Es en la ministración donde se discierne el tipo de ataduras que puedan tener las personas, los corazones son conocidos. La ministración permanente ayuda a conocer a los doce de una manera individual, en forma muy personal. La ministración de sanidad interior, liberación, rompimiento de ataduras, es lo que brinda autoridad a los discípulos para poder influir en otros, porque el que nunca ha sido ministrado, jamás podrá ministrar a otros. La ministración demanda un pastorado sobrenatural porque tenemos que movernos de acuerdo a los dones del Espíritu Santo.

Cuando uno es ministrado, recibe unción para ministrar. Algo que he notado en distintos lugares a donde he ido a dictar conferencias es que la mayoría de pastores no tienen quien les ministre, y si pertenecen a denominaciones o concilios, tienen una vez al año una gran reunión pero para hablar de asuntos administrativos y financieros. Cuando se desarrolla un ministerio a través de los doce, hay ministración permanente, porque el que va a dar, primero tiene que recibir.

Cuando una persona pasa por liberación y sanidad interior, su vida se convierte en un vaso a través del cual fluye el Espíritu Santo convirtiéndola en canal de bendición para otros. El gran problema de muchas denominaciones es que se han llenado de conceptos teológicos y han buscado argumentos bíblicos para convencer a la gente de que no es necesario pasar por liberación, haciéndoles creer que basta con aceptar a Jesús; ante lo cual surgen los siguientes interrogantes: ¿de qué manera se hizo la confesión de fe? ¿Fue una conversión genuina? ¿Se experimentó un verdadero arrepentimiento? Muchos no han sido libres de sus ataduras porque su conversión fue superficial y no han abandonado sus hábitos pecaminosos, son personas que nunca se han quebrantado ni doblegado ante el Señor. Es en la ministración donde somos confrontados cara a cara con el pecado hasta que llega el quebrantamiento que es señal de arrepentimiento genuino.

Para aquellos que no creen en la liberación y, por consiguiente, no la admiten, respeto su posición, pero el modelo de los doce no les va a funcionar. El modelo es viable y efectivo cuando se implementa en su totalidad y un requisito del mismo es que toda persona pase por liberación. Recién comenzábamos el ministerio, ministrábamos con mi esposa en todos los encuentros, ahora esta labor está en manos de las personas que hemos venido formando, confiamos plenamente en ellos pues sabemos que ya han pasado por el mismo proceso; al romperse las cadenas que existían en sus vidas, quedaron en capacidad de experimentar la unción divina que opera en el plano espiritual.

El que lleva el fruto obtiene el reconocimiento

"Por sus frutos los conoceréis..." (Mt. 7:20).

Recuerde que los doce deben ser personas que den fruto. Como expuse en otro de los capítulos, la selección de los doce no puede hacerse por simpatía pues de esta manera el modelo no da resultados, por el contrario, se corren riesgos. La Biblia dice "por sus frutos los conoceréis", y nosotros podemos escoger a aquellos que den muestras de diligencia en el proceso evangelístico y que, por lo tanto, tengan fruto. Una persona de fruto es aquella que tiene metas y se esfuerza por alcanzarlas.

Es el que ve en cada nuevo un discípulo en potencia y se dedica a cuidarlo hasta que alcance la madurez y se afirme en la vida cristiana.

Tenga en cuenta que todos son ganadores de almas

Los doce tienen que conocer muy bien que la principal responsabilidad de todo creyente es el trabajo evangelístico. Tienen que saber buscar las almas, crear estrategias para compartir el mensaje de salvación, conocer cómo ministrarles.

Al comenzar a desarrollar el modelo, permitimos que la mayoría de líderes seleccionaran a sus doce de entre los miembros de la congregación, personas con cierto nivel de formación y madurez en la vida cristiana, pero ya en este sentido el personal se agotó, de manera que el proceso evangelistico se ha convertido en prioridad para poder tener de dónde escoger a los doce.

De ahí que hayamos expuesto lo relacionado con la "oración de tres" que tiene un objetivo evangelistico, pero también es aplicable a la selección de los doce. Cada creyente es un ganador de almas, y este principio debe estar en mente de todos los líderes y pastores que aspiren poner en práctica el modelo. Hay muchas maneras de ganar almas, por ejemplo mis doce de la Red de Hombres están usando como estrategia visitar las empresas y desarrollar conferencias para hombres de negocios, tratando temas que competen al área administrativa, al recurso humano, etcétera. Otros están visitando colegios y universidades con disertaciones sobre temas como el SIDA, drogadicción, alcoholismo, entre otros tópicos contemporáneos, todo con el propósito de rescatar a las personas y ganarlas para las células.

Las mujeres, bajo la coordinación de mi esposa, han usado la estrategia de la pesca milagrosa, y han alcanzado a reunir hasta 20.000 de ellas en un Coliseo, teniendo más de 3.000 conversiones en una sola reunión. Cada sábado los jóvenes son testigos y protagonistas de reuniones en las que se convierten de 600 a 1.000 nuevos muchachos por semana. Cada domingo, en las reuniones congregacionales, vemos más de 800 convertidos; y todo esto ocurre porque la gente está comprometida haciendo la labor evangelística, se ha tomado conciencia de que somos ganadores de almas. Los líderes están saliendo de las iglesias y yendo a buscar a la gente para que sean salvas.

No olvidar la reproducción por grupos homogéneos

Ya hemos tratado el tema en todo un capítulo, pero es bueno insistir en la necesidad de buscar la afinidad de los grupos, ya que de esta manera es más rápida la adaptación del nuevo creyente. Los jóvenes buscan a los de su misma edad, las parejas a otras parejas con las cuales puedan edificarse y compartir experiencias de bendición, y lo mismo sucede con las mujeres, lo hombres y los niños.

El hombre es un ser eminentemente social y, por lo tanto, los grupos homogéneos tienen las características, actividades y objetivos que contribuyen a satisfacer la necesidad social del ser humano y, aprovechando este aspecto, se canaliza la formación y edificación de cada individuo dentro del grupo. Son los grupos homogéneos los que nos han permitido experimentar un sólido y acelerado crecimiento. Cuando quisimos implementar el trabajo en zonas geográficas, no se vieron los resultados, el crecimiento era lento y se daban situaciones de conflicto entre el liderazgo pues cada quien procuraba afirmar al nuevo en su zona. Los grupos homogéneos no están limitados por zonas geográficas, los doce cuidan de sus doce sin importar el sector en el que vivan.

Considere a los doce como sus asistentes

Los doce llevan la extensión de nuestro ministerio, ellos nos asisten en todas las operaciones que el mismo demande. Anteriormente trabajábamos con la figura de copastor en la iglesia, viajamos a Corea en 1990 y lo dejamos encargado de todo; cuando regresamos, nos encontramos con la sorpresa de que le había gustado saborear la posición de pastor encargado y quería quedarse en dicho lugar. Nos vimos obligados a eliminar esta figura, el Señor nos estaba empezando a mostrar que El tenía una estrategia mejor: el modelo de los doce.

Estos doce son nuestros amigos, compartimos con ellos, nos asisten en todo, y lo más interesante es que, cuando por razones del atentado nos tocó ausentarnos del país, entre ellos mismos seleccionaron a la persona que debía reemplazarme.

El modelo de los doce permite que cada quien desarrolle integralmente la visión y se comprometa en su alcance, sin que el pastor esté preocupado de que alguien vaya a moverle la silla ya que es un trabajo en equipo, no hay intere-

ses particulares, sino colectivos, el respeto mutuo y la consagración a la visión, priman por encima de todo. Mi equipo de doce tiene la autoridad para reemplazarme cuando
sea necesario, lo mismo sucede con los otros niveles de
doce, si el líder tiene que ausentarse por algún motivo, uno
de los doce puede asumir temporalmente su lugar. En esto,
el modelo es el más eficaz.

Conforme un grupo anexo

La estrategia del grupo anexo consiste en tener un equipo de doce personas que se va formando a la par de los
doce principales. No son suplentes como tales, pero sí son
los que estarán listos para entrar a reemplazar a aquella
persona del equipo básico que en algún momento y, por
alguna circunstancia, tenga que faltar.

Los doce anexos contribuyen de manera eficiente al desarrollo de las visión, porque ellos realizan las mismas
labores de los principales y se sienten con las mismas
responsabilidades. Cuando el equipo de discípulos va creciendo, cuando la multiplicación va llegando a la iglesia,
la conformación de grupos anexos facilita que la visión se
extienda sin que rompa su estructura.

Todo líder que se está entrenando, debe tener la habilidad para entrenar a otros líderes, deben volverse expertos en este trabajo de formación y capacitación. En tal
sentido, el Señor nos llevó a un paso más allá: no sólo a
entrenar los doce que llamamos principales, sino también
a levantar un grupo alterno, motivando a otros a entrar en
esta poderosa visión.

El grupo alterno, generalmente, sale de aquellos que más se reproducen en células, luego de que el equipo principal ya está formado. La experiencia nos enseña que la mayor parte del crecimiento celular siempre se da con el grupo anexo. Cuando se tiene la intención de empezar a conformar el equipo alterno, debe cuidarse que sus miembros surjan de nuestro mismo ministerio; no se trata de pasar personas caprichosamente de un grupo a otro, sino actuar como el pueblo de Israel que no pasaba caprichosamente de una tribu a otra.

La proyección del doce alterno

Alguien del grupo alterno, de acuerdo al éxito celular que haya tenido, puede aspirar a ingresar al grupo principal. Como en el plano deportivo, aquellos que permanecen en la banca esperan el momento para que haya un cambio en el equipo a fin de entrar a participar en la competencia.

Son varios los aspectos que influyen para que alguno de los miembros del equipo principal llegue a faltar: un traslado de ciudad por cuestiones laborales; el sentir que se puede dar más fruto en otro ministerio, y en tal caso se cambia a otro con el visto bueno de su líder principal; la apertura de obra en otra ciudad y haber sido escogido para liderarla gracias al éxito que ha tenido; también se presentan situaciones de carácter disciplinario por problemas de inmoralidad, aunque en nuestro caso no se han dado en forma reiterada. Cuando alguien tiene que ser disciplinado por alguna circunstancia justificable, entonces esa persona pasa a un tiempo de quietud y es reemplazada por uno del grupo anexo. Otro de los aspectos determinantes para que alguien baje del grupo principal y tenga que darle lugar a uno de los anexos es su falta de fructificación.

El grupo alterno: para descubrir talentos y dones

Una de las ventajas más sobresalientes del equipo anexo es que permite el descubrimiento de talentos y dones. También es un desafío para el líder pues a través de este grupo se da a la tarea de transformar, con el poder de Jesús, a todos aquellos nuevos creyentes llenos de potencialidades para el liderazgo. También, todos los que hacen parte del equipo anexo, están familiarizándose constantemente con el lenguaje de la visión, sin que tenga que invertirse mucho tiempo para enseñarle el esquema.

En esta visión los que más escalan posiciones son los que han capturado el sentir de su líder y trabajan hombro a hombro con él. La misma estructura permite que exista una continua motivación para que nadie detenga su crecimiento, y parte de esa motivación está relacionada con el equipo anexo. Por ejemplo, mi esposa puso en práctica una estrategia que le dio grandes resultados: formó a sus doce principales y a cada una de ellas le delegó a otra del equipo anexo a fin de que la impulsara en su proceso de crecimiento, con la meta de elevarla en su nivel espiritual en un lapso de tres meses; el desarrollo que han tenido tanto principales como anexas, ha sido extraordinario. Con seguridad estas pautas le ayudarán a impregnarse aún más de la visión de los doce y a obtener un éxito inigualable en su aplicación.

Capítulo doce

¡LOS DOCE FRENTE AL NUEVO MILENIO!

"Una visión correcta es aquella que logra afectar positivamente a las nuevas generaciones" C.C.D.

La estrategia de multiplicación para el siglo XXI

"¿No decís vosotros: Aún faltan cuatro meses para que llegue la siega? He aquí os digo: Alzad vuestros ojos y mirad los campos, porque ya están blancos para la siega" (Jn. 4:35).

La iglesia del Señor Jesucristo está experimentando uno de los avivamientos más extraordinarios de todas las épocas. Día tras día, el número de almas sedientas de conocer la esperanza de restauración y salvación para sus vidas, aumenta en forma acelerada. Esto significa que la cosecha que Dios ha preparado para estos días postreros es inmensa y ello implica estar preparados para recogerla.

Ahora más que antes, el cumplimiento de la Gran Comisión se hace inminente, pero este cumplimiento implica no sólo ir a ganar las almas para Cristo, sino, como El mismo demanda: Discipularlas, prepararlas para que ellas estén capacitadas para ganar a otros.

> *"Por tanto, id, y haced discípulos a todas las naciones, bautizándolos en el nombre del Padre, y del Hijo, y del Espíritu Santo; enseñándoles que guarden todas las cosas que os he mandado;..."*(Mt. 28:19-20a).

La enseñanza que se le ha de brindar a cada nuevo creyente, debe llevarlos al desarrollo de un liderazgo que les permita ir también con autoridad espiritual y conocimiento pleno de la Palabra, al mundo necesitado. El texto de la Gran Comisión sugiere entonces una preparación de líderes y, nuestra experiencia nos indica, que el modelo de los doce facilita de manera extraordinaria el alcance de este propósito. De ahí que uno de los objetivos de la visión consista en: Hacer de cada creyente un líder.

El panorama presente y futuro

Debemos ser conscientes de la situación en que viven nuestras naciones, el mundo está siendo convulsionado por necesidades que golpean a todas las razas, la humanidad se encuentra asistiendo de manera horrorizada a un dantesco espectáculo caracterizado por violencia, desastres naturales, guerras, corrupción y otros flagelos que nos hacen suponer que la sociedad está enferma. La mayoría de estos hechos corresponden a señales que la Biblia describe como puerta de entrada a los tiempos finales.

Este presente de inquietud y preocupación hace que el hombre vislumbre el futuro de manera desesperanzada, sin embargo, estamos a tiempo de plantear la respuesta de aliento a todos aquellos que dudan de un mañana mejor. Es la iglesia de Cristo la que posee el mensaje que constituye la única alternativa de paz y libertad, y divulgarlo demanda seleccionar a personas que no solo hayan nacido de nuevo, sino que hayan llegado al conocimiento pleno de la verdad y estén capacitados para contrarrestar las fuerzas del enemigo.

Estando a las puertas del Siglo XXI, la iglesia no puede desconocer la realidad del panorama que nos asedia. En nuestro caso, por ejemplo, somos conscientes de la actual situación de Colombia, no podemos colocarnos las manos en los ojos y decir que el país está bien; política, social y económicamente, el país, como otras naciones del mundo, está atravesando por un momento crítico, todo porque existen algunos egoístas que, para lograr sus propósitos, no les importa a quiénes tengan que atropellar, es algo que ha surgido en generaciones pasadas y, como dice Pablo: "*Todo lo que el hombre sembrare, eso también segará*" (Gá. 6:7), de manera que estamos cosechando lo que nuestros antepasados sembraron. Y ¿cuál es la alternativa de cambio?: La que puede ofrecer la iglesia con una nueva generación de líderes transformados y capacitados para dar la respuesta de paz que necesitan Colombia y el mundo.

Los doce: la nueva generación

"El bueno dejará herederos a los hijos de sus hijos..."(Pr. 13:22).

Dios ha estado mirando la aflicción de su pueblo y ha decidido abrirle un camino de paz, para ello, está levantando una generación completamente distinta, dispuesta a sacrificarse para que ese camino se extienda sin limitaciones ante los ojos del mundo. Esa generación se encuentra al interior de la iglesia de Cristo, conformada por hombres y mujeres agradecidos por lo que el Señor ha hecho en sus vidas y conscientes de que el cambio al que aspira el resto de la humanidad será posible en la medida en que todos nos levantemos a testificar del amor de Cristo, y dispuestos también a ser formados para formar a otros.

El modelo de los doce es el adecuado para mirar de frente al nuevo milenio, con garra, con fuerza; una fuerza que no viene del hombre, sino del poder de lo alto. Las palabras del proverbista encajan en el concepto de liderazgo de los doce: este modelo permite que el bueno deje como herederos a los hijos de sus hijos, es decir, cuando cada quien pastorea a doce personas, y éstas a su vez a otras doce, está transmitiendo la visión y la unción para establecer el cambio en la sociedad.

Este cambio comienza dentro de la iglesia, rompiendo todos aquellos moldes tradicionales que no permitían el desarrollo de cada individuo, sino que hacían del pastor el hombre orquesta, como el único con unción para predicar, para sanar a los enfermos, para enseñar en las escuelas de líderes, para dirigir a los jóvenes, a las mujeres, a los caballeros y a los niños; todo ello mientras la congregación está a la expectativa de que el pastor les brinde una oportunidad. El modelo de los doce es un modelo de oportunidad para todo creyente, un sistema en el que cada quien puede proyectarse como líder brindándosele la oportunidad de pastorear a otros doce, luego de haber recibido la capacitación adecuada, y de esta manera ayudar a cuidar el gran remanente de ovejas que va llegando a la iglesia en tiempos de avivamiento. Quienes no adoptan este modelo lo hacen porque temen que alguno de sus líderes se levante y le divida la iglesia o haga algo similar, pero para ellos va este consejo: aprenda a confiar en su gente, si aspira tener la unción de multiplicación que Dios ha preparado para el nuevo milenio. Confíe en el Señor y en esta visión.

> *"El temor del hombre pondrá lazo; mas el que confía en Jehová será exaltado"* (Pr. 29:25).

El mejor equipo para tiempo finales

> *"La gloria postrera de esta casa será mayor que la primera, ha dicho Jehová de los ejércitos; y daré paz en este lugar, dice Jehová de los ejércitos"* (Hag. 2:9).

La gloria postrera empezó el día de Pentecostés con ese gran derramamiento del Espíritu Santo, y con el mensaje ungido de los apóstoles quienes fueron respaldados con señales, maravillas y prodigios, aún los muertos eran resucitados por la fe de estos hombres de Dios. Pero el mensaje profético va más allá, hacia la postrimería de los tiempos, es decir, que involucra a todos nosotros, a la gente de hoy.

Cuando el profeta dice: "La gloria postrera de esta casa...", se refiere a la casa de Dios, pero no dando a entender específicamente "paredes". Cuando Jesús dijo: "*Destruid este templo, y en tres días lo levantaré*" (Jn. 2:19), aunque los judíos lo relacionaron con un edificio, El se estaba refiriendo a su cuerpo, a su propia vida, dando a entender que el verdadero templo de Dios no está constituido por paredes, ni por tradiciones, sino por individuos sobre quienes desea manifestar su presencia.

Los días que vivimos son esos de los cuales dijo el Señor que vendrían a ser como el buen vino, que está reservado para el final. Por esta razón, las personas de esta época tenemos un firme compromiso con el Señor como quizá no lo han tenido personas de épocas anteriores.

Entendiendo lo que esto significaba fue que Jesús decidió hacer su obra con doce personas, revelándonos así el modelo que permitiría el desarrollo exitoso de este compromiso con Dios. Jesús podía haber pensado en más personas, pero comprendió que con doce hombres plenamente comprometidos podría impactar las naciones de la tierra; por tanto, decidió reproducir su carácter, su visión, su espíritu y unción solo en doce, y les confió la tarea más importante: La evangelización del mundo.

Los discípulos de Jesús cumplieron fielmente el sueño del Señor llevando el mensaje hasta lo último de la tierra, y llegaron a ser conocidos como "los que trastornaron al mundo entero con la predicación del evangelio". Aunque en los primeros tres años y medio, Jesús tuvo que soportar las flaquezas, angustias, debilidades y actitudes inmaduras de sus doce, no obstante, ellos fueron los que soportaron el peso de la obra y continuaron con el desarrollo de la visión, iniciada con la idea del Señor Jesucristo de que "ninguno se perdiera, sino que todos procedieran al arrepentimiento" Todos debemos considerarnos privilegiados de que Jesús haya pensado en nosotros para confiarnos esa gran tarea y ser esa generación encargada de llevar su evangelio a los perdidos en estos tiempos postreros.

Así como Jesús reprodujo todo lo suyo en el equipo de doce, estamos experimentando la satisfacción de verter lo que tenemos en otras personas aplicando el mismo modelo, la misma estrategia del Señor.

Algo que hemos podido notar es que, en la medida en que estamos haciendo la obra de Dios, vienen ideas reveladoras de las que emanan estrategias divinas para que el trabajo sea más eficaz, lo cual hace del modelo de los doce algo dinámico, flexible, permitiendo que nos movamos de acuerdo a la guía del Espíritu Santo.

Comprendiendo las demandas del nuevo milenio, vemos que con el modelo de liderazgo de los doce el Señor está dándonos nuevas ideas de manera continua en la parte evangelística. Cada día oramos a Dios, diciéndole: Danos más creatividad, renueva nuestra mente, para poder impactar a la gente con tu mensaje y cumplir así con la tarea que nos has encomendado.

Lo que hemos logrado hasta ahora ha superado toda expectativa porque Dios nos dio el mejor equipo del mundo, un equipo comprometido que no busca su propia gloria, sino que lucha apasionadamente por hacer la obra de Jesucristo. Es un equipo, más que de líderes y discípulos, integrado por amigos que se apoyan mutuamente.

Este es el equipo que se requiere para seguir propagando el evangelio en el nuevo milenio y lograr la más grande cosecha de almas para Cristo.

Parte III
Visión celular:
Revolución del siglo XXI

Capitulo uno

¡VISIÓN CELULAR!

"La visión es como un gran campo, su vida como una semilla; el quebrantamiento es la semilla sembrada, y el entusiasmo es el agua que la hace germinar" C.C.D.

Unción de multiplicación

Desde el comienzo de la creación, Dios a todo le dio el toque de la multiplicación pues, sin esto, sería imposible mantener la calidad de cada género que conformaba dicha creación. Dios multiplica lo pequeño, lo transforma en algo grande.

> *"Y dijo Dios: Que haya vegetación sobre la tierra; que esta produzca hierbas que den semilla, y arboles que den su fruto con semilla, todos según su especie! y así sucedió"* (Gn. 1:11, N.V.I).

Todo lo que Dios creó tenía como componente fundamental la semilla. Hablar de semilla es hablar de la multiplicación, de la reproducción para perduración. Antes de crear al hombre, Dios preparó todo con el toque de la multiplicación, de no haber sido así, posiblemente el alimento solo habría alcanzado para aquella generación. Gracias a Dios por la multiplicación a través de las semillas.

> *"Y Dios los bendijo diciendo: Fructificad y multiplicaos, y llenad las aguas en los mares y multiplíquense las aves en la tierra"* (Gn. 1:22).

Antes de Dios crear al hombre, preparó el hogar donde éste tendría que morar con toda su descendencia y, por esta razón todo debería tener el toque de la multiplicación. Tanto los árboles como las plantas, desde su creación, tuvieron las semillas. ¿Qué hubiese sucedido si la vegetación no tuviera semillas? Sencillamente el alimento solo habría alcanzado para la primera generación.

Es sorprendente ver cómo la tecnología ha logrado sacar una gran variedad de exquisitos frutos pero que no tienen semillas por dentro y solamente sirven para un momento, porque sin semilla no hay forma de que se reproduzcan.

Tanto los peces del mar, como las aves que vuelan por los cielos, las bestias del campo y todo lo que Dios creó, llevaban el toque de la reproducción porque la multiplicación es vida.

Cuando Dios creó al hombre, puso la unción de multiplicación dentro de él, *"y los bendijo Dios, y les dijo: Fructificad*

y multiplicaos; llenad la tierra, y sojuzgadla, y Señoread en
los peces del mar, en las aves de los cielos, y en todas las
bestias que se mueven sobre la tierra" (Gn. 1:28).

Y los bendijo Dios

Aunque Adán pasó mucho tiempo solo disfrutando de
la majestuosidad del paraíso, la bendición plena solo fue
desatada sobre su vida cuando llegó su compañera. Dios
pudo haber bendecido solamente a Adán, pero siempre el
Señor ha pensado en la familia, y de lo mismo sucede con
la visión celular. Esta es una visión de trabajo en equipo,
donde la pareja, de mutuo acuerdo, debe trabajar para la
multiplicación. El hombre debe involucrar a su cónyuge
pues, el llamado es para ambos. Dios quiere que la pareja
se involucre en el ministerio. Un sentir fuerte que Dios ha
puesto en el corazón de mi esposa y el mío, es que El va a
restaurar la unción sacerdotal a nivel familiar, es decir, que
ya el peso del ministerio no va a estar sobre una sola persona, si no que será distribuido en familias enteras. Por esto,
el hombre debe saber cómo involucrar a la mujer, y la pareja debe saber cómo involucrar a los hijos para que sean
parte activa dentro del ministerio. Dios dijo que para el tiempo del fin vendría una unción especial para la restauración
del ministerio familiar, mediante la cual el corazón de los
padres se volvería al de los hijos, y el de los hijos se volvería
al de los padres (Mal. 5:7). Cuando la familia entiende su
responsabilidad dentro de la obra de Dios, el ministerio se
desarrolla mucho mas rápido de lo que alguien pueda ima-
ginarse. Aunque Adán fue creado primero y luego Eva, la
bendición plena no vino sino hasta cuando Dios los unió
como pareja. Como dándole a entender al hombre: si quie-

res la bendición plena de Dios para tu vida, debes mantener la armonía familiar.

Durante los primeros años de ministerio la mayor parte del trabajo estaba sobre mis hombros ya que mi esposa pensaba que su único ministerio era cuidar la familia, no obstante, el deseo de mi corazón, era que ella fuese más activa, aunque siempre conté con su apoyo. Poco antes de empezar la Misión Carismática Internacional, Dios habló a mi corazón, diciéndome: "Despertaré el espíritu de tu esposa". Después de aquella palabra vi de una manera palpable el poderoso entusiasmo que Dios puso en ella, y desde entonces, mi esposa pasó a ser el 50% del ministerio, adquiriendo un compromiso por la obra tan intenso como el que yo tenía. Y este mismo entusiasmo fue siendo trasmitido a toda la familia porque, por el hecho de que mis hijas vieran la manera como los dos estábamos comprometidos en el mismo porcentaje en la obra de Dios, produjo en ellas un ardiente deseo de comprometerse. Y lo que hemos experimentado es que, cuando la pareja se compromete, como en el caso nuestro y el de todos los pastores que trabajan con nosotros, Dios trae una protección poderosa sobre la familia, mucho mayor que cuando la mujer se queda sola pendiente de sus hijos. Las presiones que los jóvenes reciben en el mundo son tan fuertes que se requiere algo más que una mujer pendiente de ellos, y este es el ejemplo de un ministerio sólido de pareja.

Puedo decir, gracias a la experiencia personal, que esta es una visión de familia. Al interior de nuestro hogar, por ejemplo, se aplica detalladamente la visión, de tal modo que mis cuatro hijas están involucradas y cada una de ellas forma parte del grupo de la que le antecede, así, Lorena es de los doce de Johanna, Manuela de los doce de Lorena, y Sara es de los doce de Manuela. Todos estamos impregnados de la visión.

Fructificad

La bendición de Dios se refleja en la fructificación. Todo creyente tiene que primero dar fruto para luego multiplicarse, es el plan establecido por el Señor a través de cada una de las páginas bíblicas. La fructificación depende de la vida de santidad que Dios exige a cada uno de sus hijos. La Santificación viene a ser la semilla del carácter de Dios en nuestras vidas, la cual nos fue dada desde el momento de la creación. Cuando Dios sopló en el hombre aliento de vida, y éste vino a ser alma viviente, adquiriendo la imagen y semejanza del Dios trino. Dios quería que esta imagen y semejanza que había reproducido en el hombre, éste la reprodujera en toda su descendencia. Fructificar es hacer que la semilla de santidad que Dios había puesto se acreciente en el hombre y en su descendencia. La santificación es un efecto de la presencia del Espíritu de Dios dentro de la vida de cada creyente. El Señor dijo: *"Sed santos porque yo soy santo... y sin santidad nadie me verá"* (1 P. 1:16 y He. 12:14). Pablo dijo que debemos tener como fruto nuestra santificación.

El punto de partida para cualquier ministerio debe ser la santificación. Si alguien experimenta algún crecimiento numérico, y ve que día a día más y más personas se vinculan a su ministerio, no debe pensar por este simple hecho que Dios está en el asunto. Crecimiento sin santificación es una gran distracción del enemigo para llevar a muchos a la destrucción. Crecimiento con santificación es la estrategia de Dios para hacer que muchos entren por la puerta de la salvación. El orden es el siguiente: la bendición es impartida a la pareja, de una correcta relación viene la fructificación, la cual se refleja en la multiplicación, y ésta conduce a la autoridad.

La primera pareja centró toda su atención específicamente en la procreación o en la multiplicación y dejó a un lado la fructificación, o vida de santidad; debido a esto crecieron muchos que llenaron la tierra, pero por descuidar la semilla de la santidad que Dios había puesto en ellos, la maldad entró y minó a toda la especie humana, contaminando al resto de la creación. Por esto Dios se arrepintió en su corazón de haber hecho al hombre y propuso destruir y borrar de sobre la faz de la tierra todo lo que había creado, mas Noé halló gracia ante los ojos de Dios y por este hombre Dios preservó a la raza humana (Génesis 6:8). Dios envió el diluvio universal, toda la creación fue arrasada, pero conservó a Noé y a su familia a quienes bendijo, diciéndoles: *"Fructificad y multiplicaos, y llenad la tierra. El temor y el miedo de vosotros estarán sobre todo animal de la tierra, y sobre toda ave de los cielos, en todo lo que se mueva sobre la tierra, y en todos los peces del mar; en vuestra mano son entregados"* (Gn. 9:1-2). Note el orden: Bendición, fructificad, multiplicaos, llenad la tierra, temor y miedo.

Fue así como Dios le dio otra oportunidad a la especie humana, borrando todo el pasado. Las mismas bendiciones que había puesto sobre Adán y Eva, fueron trasladadas a Noé y a su familia dejando en ellos una luz de esperanza para la humanidad.

Te bendeciré

> *"Y haré de ti una nación grande, y te bende-ciré, y engrandeceré tu nombre, y serás ben-dición"*(Gn. 12:2).

Dios le dio a Abraham la promesa, no cuando eran muchos, sino cuando él estaba solo. La promesa no quiere decir que se cumple al día siguiente pues, ésta queda condicionada a la obediencia que se tenga a la Palabra de Dios. Dios le dijo: *"Haré de ti una nación grande"*. Esta promesa va acompañada de otra promesa, en la que Dios le dice: "Te bendeciré". La palabra bendecir significa que le irá bien en todo, esto es, gozar de buena salud, disfrutar de paz mental, tener estabilidad emocional, alcanzar la prosperidad, tener armonía familiar, y desarrollarse espiritualmente.

La bendición conlleva a un lugar de preeminencia, lo cual significa que Dios se encarga de engrandecer su nombre, colocándolo en un lugar de autoridad. Podemos observar que las bendiciones de Dios siempre van en aumento, este es el deseo que hay en el corazón de Dios: llevar sus hijos de gloria en gloria.

Primero la promesa, luego la bendición, luego Dios lo engrandece y éste se convierte en bendición para otros, es cuando bendice vidas, familias, ciudades y naciones. Usted tiene que llegar a ese punto de ser bendición para otras personas. Dios decide entrar en pacto con un hombre que vivía en una tierra pagana y con una familia idólatra pues ve en él la luz de esperanza para bendecir a todas las familias de la tierra, pero tiene que sacarlo de en medio de ellos para trabajar en su vida, en el temperamento y en su carácter; Abraham fue obediente en todo, le creyó al Señor, le fue contado por justicia y vino a ser amigo de Dios.

Conociendo al Dios paternal

Después de veinticuatro años de esperar infructuosamente el milagro del hijo prometido, Dios se le revela nuevamente a Abraham, diciéndole: *"Yo soy el Dios Todopoderoso"*. En el idioma hebreo es: "El Shadai" que Significa el Todopoderoso. Shad. Significa pecho, refiriéndose al pecho materno. Con esta revelación, Dios llena un vacío emocional que había en la vida del patriarca, quien, aunque tenía noventa y nueve años de edad, mantenía latente en su vida la experiencia emocional de su niñez . Dios tiene que revelársele como el Dios paternal que nunca falla, en quien no existen las imposibilidades, dándole a entender que, aunque su padre humano hubiese fallado, el Padre Dios no le fallaría. Y aunque su madre humana no suplió plenamente sus necesidades emocionales, Dios decide manifestársele como aquel que nutre o suple cualquier necesidad que el pudiese haber tenido. Luego de suplir sus necesidades, le dice: *"Anda delante de mí y sé perfecto"*.

Si Abraham no hubiera sanado su corazón, habría sido prácticamente imposible que caminara delante de Dios y vivir en perfección. Luego, Dios entra en pacto con el patriarca, diciéndole: *"Estableceré mi pacto contigo y con tu descendencia"*. Lo que Dios hizo con Abraham es un ejemplo para cada uno de nosotros, El primeramente quiere sanar nuestro corazón para que luego podamos vivir delante suyo en perfección; de este modo, Dios podrá establecer su pacto con nosotros.

Serás padre de multitudes

Nuevamente el proceso se repite: vida de santidad (perfección), para luego entrar en la multiplicación. Dios nos dio una gran lección a través de Abraham ya que escogió a una pareja de ancianos, sin esperanza de reproducción, y los renovó convirtiéndolos en padres de multitudes. Lo único que tuvo que hacer Abraham para que el milagro sucediera fue creerle a Dios. De igual forma, el Señor puede tomar un ministerio completamente estéril y convertirlo en un ministerio fructífero y multiplicador, sin importar los años de esterilidad que lleven sus líderes. Para esto, es fundamental que cada persona entre en la dimensión de la fe pues, sin ésta, es imposible agradar a Dios.

Abraham nunca se debilitó al considerar las circunstancias, porque humanamente hablando todo estaba en su contra, sino que se fortaleció en la fe. Todas las noches salía a contemplar las estrellas y podía ver en cada una de ellas los rostros de quienes integrarían su descendencia, y en fe, siempre le daba gracias a Dios por haberlo hecho padre de multitudes. Cuando todo decía no a la descendencia del patriarca, Dios dijo sí, y Sara quedó embarazada teniendo su hijo a los noventa y nueve años de edad, porque para Dios no hay nada imposible. Luego Isaac engendró a Jacob y éste a los doce patriarcas que conformaron las doce tribus de Israel, llegando a ser tan numerosos como las estrellas del cielo, o como la arena del mar.

Estos principios se aplican a nosotros. Si somos capaces de creerle a Dios, El nos dará corazón de multiplicadores ya que no hace acepción de personas. Así como Abraham creyó, nosotros debemos creerle a Dios pues, El anhela que conquistemos todas las cosas en la dimensión de la fe; podemos soñar y llamar las cosas que no son como si fuesen. Podemos ver las multitudes y llamarlas para el reino de Dios y para nuestro ministerio.

Capítulo dos

VISION CELULAR: EL AVIVAMIENTO POSTRERO

"Todo cuanto existe se mueve a través de la palabra. Lo que nosotros decimos determina lo que seremos, trazando el camino o de vida, o de muerte. Que nuestras palabras sean el fruto de una vida de justicia" C.C.D.

La iglesia primitiva empezó en una casa conocida como el aposento alto, donde Dios derramó de su Espíritu, trayendo un gran avivamiento que empezó con ciento veinte discípulos, los cuales perseveraron en la oración pues, estaban esperando lo que el Señor les había prometido: el Espíritu de poder. El impacto fue enorme porque el Espíritu vino para quedarse permanentemente en la iglesia.

Un pastor amigo me compartía acerca del concepto de célula entre los judíos, y me dijo que, según ellos, para que una célula tenga autoridad, debería contar con un número de asistentes no inferior a diez personas. Por este motivo, en el aposento alto, estaban 120 personas que eran los representantes de las 12 tribus de Israel. Como fruto de esa visitación, vino una unción de autoridad y de poder sobre las vidas de cada uno de los discípulos que se encontraban en aquel lugar, y sus mensajes empezaron a ser respaldados por la presencia gloriosa y permanente del Espíritu Santo. El primer mensaje que predicó Pedro arrojó un resultado de tres mil nuevos convertidos, en el segundo mensaje, cinco mil más fueron añadidos. Pero ¿Cómo hacía la Iglesia para pastorear de una manera personalizada a más de ocho mil personas, sabiendo que el gran peligro a que se exponen las iglesias en crecimiento es el de la masificación haciendo que cada individuo se convierta en un punto más en medio de un conglomerado? Sencillamente haciendo un trabajo personalizado, porque si no se opera de esta forma, el potencial de desarrollo espiritual de cada quien se verá reducido a una simple asistencia formal a su respectiva denominación, pasando por alto las necesidades básicas del desarrollo espiritual de cada uno de ellos. Pero usted notará que en la Iglesia primitiva todas las necesidades de cada persona eran suplidas, a través de la infraestructura celular que ellos lograron implementar. Se reunían todos los días en el templo y en las casas, y no cesaban de predicar a Jesucristo.

Un mes antes de comenzar la iglesia que actualmente lideramos junto a mi esposa Claudia, Dios se reveló a mi vida de manera extraordinaria mientras pasaba vacaciones con mi familia en una de las costas colombianas. En un mensaje de casi cuarenta y cinco minutos, me dijo: "Sueña con una iglesia muy grande, porque los sueños son el lenguaje de mi Espíritu. La iglesia que tú pastorearás será tan numerosa como las estrellas del cielo, y como la arena del mar, que de multitud, no se podrá contar". Guiados por esta manifestación, iniciamos con ocho personas reunidas en la sala de nuestra casa, el ministerio que Dios nos había confiado. Las bendiciones de Dios siempre van de lo menos a lo más, son como la luz de la aurora que va en aumento hasta que el día es pleno. He entendido que una familia impactada por el evangelio se convierte en una influencia poderosa que motivará a otras familias.

El éxito de la iglesia está en las células

Estoy convencido de que el éxito de la iglesia cristiana en el mundo dependerá de la manera como ésta se apropie de la visión celular, y se esfuerce en desarrollarla. También creo que los retos de crecimiento en los cuales nos movemos son tan grandes, que sólo mediante el desarrollo de una visión celular la iglesia podrá dar cumplimiento integral al la formación y capacitación de discípulos que se encargarán de seguir difundiendo el mensaje en todo el mundo.

Nuestra meta es alcanzar las naciones, pero para ello se hace necesario ejecutar una labor al interior de los hogares. Abrir la puerta de una casa para que funcione una célula, equivale a llevar el arca de Dios a ella procurando desde allí irradiar con la luz del evangelio a todo un vecindario. Al ser fieles en lo poco, una célula, el Señor se irá encargando de ir colocándonos en lo mucho.

No tendremos ministerios grandes, si no hemos sido capaces de administrar lo poco que comenzamos a tener. Creo que no existe otra forma para tomar nuestra ciudad, nuestro país y al mundo para Cristo, sino es a través de la visión celular.

Entregando el ministerio al Espíritu Santo

Cuando empezó la iglesia cristiana el Señor estableció el fundamento sobre la base de su Palabra, pero antes de partir de este mundo, entregó toda la responsabilidad de la iglesia en las manos del Espíritu Santo.

Al hablar del Espíritu Santo me estoy refiriendo específicamente a la tercera persona de la trinidad. Cuando Jesús estuvo en la tierra, las personas le podían ver tocar y palpar, pero Jesús les dijo a los discípulos: *"os conviene que yo me vaya; por que si no me fuera, el Consolador no vendría a vosotros; mas si me fuere, os lo enviaré"* (Jn. 16:7). Desde entonces, el Espíritu de Dios tiene toda la libertad de desarrollarse a través de la iglesia, con el mismo poder que fluyó a través de la vida del Señor.

Los apóstoles rindieron sus vidas a la dirección que el Espíritu estimaba conveniente para cada uno de ellos. Aunque ellos podían discutir sobre opiniones, todas deberían partir de la base de lo que dijera el Espíritu de Dios. Esto tenía desconcertados a todos los opositores pues, entre ellos más se esforzaban por detenerlos, éstos más se multiplicaban. No valía ninguna estrategia, por ingeniosa que fuera, que tuviese buen resultado porque los creyentes estaban preparados, tanto para sufrir, como para morir por causa del nombre de Jesús.

Desde el momento en que iniciamos la congregación que el Señor nos guió a pastorear, el Espíritu Santo ha sido el soporte de la misma. En cada uno de los aspectos que hemos requerido dirección, El siempre ha estado presente mostrándonos de una manera sencilla los pasos que debemos dar, a tal punto, que todo lo que hemos podido lograr ha sido específicamente por la dirección clara del Espíritu. Nosotros probamos lo que fue el pastorado pretendiendo dirigir al Espíritu de Dios y los resultados fueron escasos, pero luego le entregamos todo el control al Espíritu Santo y se desató el crecimiento celular más allá de lo que habíamos imaginado.

Una visión para el pastoreo persona a persona

El concepto genérico de una iglesia son las paredes de un templo, pero Jesús desarrolló su ministerio a través del contacto que logró cultivar con la gente, sin la limitación de ningún recinto. El se preocupaba por llegar a las necesidades de cada persona.

La mejor manera de lograr lo que el Señor hizo es a través del sistema celular en el que nuestros líderes deben estar fortalecidos en la unción del Espíritu Santo para sanar a los enfermos, deshacer las obras del enemigo y llevar consolación y salvación a las gentes. Todo creyente debe adquirir los conocimientos básicos de su fe cristiana, porque lo menos que un creyente debe anhelar dentro de la iglesia es compartir de su fe con otras personas, ya que de ella depende la salvación de las almas. Como lo dijo San Pedro: *"Para que sepamos cómo responder ante aquellos que demandan razón de nuestra fe"*. Toda la iglesia, a través del sistema celular, se involucra como ganadora de almas. Aún el creyente más sencillo puede reunir a su familia que quizás nunca iría a la iglesia, y a través del líder de la célula todos pueden ser tocados por la Palabra.

El desafío de cada pastor es lograr comprometer a cada uno de los miembros de su comunidad, para que todos unidos cumplan el propósito que Dios preparó para ellos. La fórmula de Pareto dice que el 20% de cualquier empresa o comunidad hace lo del 80%, por este motivo encontramos a gente muy capaz dentro de nuestras congregaciones, que prefieren descansar y recibir los beneficios de aquellos que sí han entendido la importancia de involucrarse dentro de la obra. Pero cada pastor, con la sabiduría que Dios le ha dado, debe tener como meta involucrar a todos los miembros de su comunidad.

Una de las cosas que hemos experimentado en el ministerio, donde hemos logrado involucrar un alto porcentaje de los miembros dentro de la visión, es que ésta demanda tal compromiso de trabajo entre los miembros que no hay tiempo ni para la ociosidad, ni para la murmuración, cada uno se mantiene luchando por alcanzar sus metas. La labor pastoral se hace mucho más fácil cuando el peso de la iglesia no está centrado en una sola persona, si así fuera, se trabajaría más y se vería menos. Cuando el pastor logra involucrar a toda la iglesia, con menos esfuerzo, los resultados son mucho más exitosos.

Pequeños grupos que fortalecen la iglesia

Las células son: *"Grupos pequeños integrados por personas que se reúnen mínimo una vez por semana, con el ánimo de desarrollar un crecimiento integral centrado en la Palabra de Dios".*

Las reuniones de hogar constituyen pequeños centros de enseñanza donde la Palabra de Dios es compartida de manera sencilla y práctica, reproduciéndose en todos los asistentes, incluyendo a los nuevos creyentes que semana tras semana son ganados para Cristo. Desde los tiempos de la iglesia primitiva el crecimiento de las congregaciones se ha dado significativamente a partir de las células. *"Y crecía la palabra del Señor, y el número de los discípulos se multiplicaba grandemente en Jerusalén..."* (Hch. 6:7).

Al interior de la célula se cumple con una misión evangelística ya que se facilita la invitación a personas nuevas cada semana haciendo la parte que nos corresponde para su conversión, también se hace un trabajo de edificación del nuevo creyente mediante la enseñanza de la Palabra, y de igual manera se alista a los miembros del grupo para que lleguen a ser instrumentos útiles cuando ésta célula se multiplique.

En términos generales, la célula permite que las personas se perfeccionen y fortalezcan en su relación con Dios y el conocimiento de su Palabra: *"...él mismo os perfeccione, afirme, fortalezca y establezca"* (1 P. 5:10b).

Células: la estrategia de Dios

Es amplio el alcance que tiene una célula tanto en la edificación del creyente, como en la multiplicación de la iglesia madre, y esto se debe a que el proceso de una célula biológica es adaptable al proceso de una célula espiritual. En el plano biológico, la célula es la unidad más pequeña de vida y tiene la capacidad de multiplicarse; toda célula se alimenta, crece y se reproduce en otra célula que tendrá funciones propias con características similares a la célula de donde ha salido.

La célula es la unidad morfológica y fisiológica de los seres vivos, constituida por núcleo, centrosoma, citoplasma y cromosomas, y cada uno de estos elementos interviene en el proceso de multiplicación celular. En este proceso, el centrosoma se divide y los cromosomas aumentan buscando una nueva posición, la cual se da cuando el núcleo se rompe. Los núcleos son luego formados nuevamente con sus respectivos cromosomas. De esta manera, cada célula vive su etapa de multiplicación y el crecimiento es constante.

Trasladando el concepto biológico al trabajo celular desde el punto de vista espiritual, notamos grandes similitudes que orientan la base de crecimiento de la iglesia. La célula espiritual constituye la más pequeña unidad de vida de la iglesia, es una iglesia en miniatura, la cual recibe alimento a partir de la Palabra de Dios, crece y se multiplica. Cada célula está integrada por: Un anfitrión, un líder, un asistente, y los participantes.

Célula de éxito

Una célula de éxito es aquella en la que se han preparado doce líderes, los cuales están listos para ser enviados. El nivel de éxito en el cual se encuentra cada célula, está representado por el nivel de éxito de cada uno de los líderes preparados para dirigirla. Este grupo, que comienza con un promedio de seis asistentes, va formándose para la multiplicación. Una estrategia de éxito que se utiliza para lograr el crecimiento en el número de asistentes es la de la "silla vacía" que consiste en dejar una silla desocupada en cada reunión y orar reclamando al Señor una persona nueva que la ocupe. Todos los asistentes se comprometen a interceder por esa posible persona y a invitar nuevos a la reunión. Se sugiere que cuando se consolide una asistencia de doce personas, el líder debe comenzar a pensar en las posibilidades de multiplicación de la célula.

Aunque en el campo biológico se habla de división celular, nosotros preferimos utilizar el término "multiplicación". El propósito de la visión celular es la multiplicación de la iglesia, hemos podido comprobar, gracias a este grandioso sistema, que la multiplicación está al alcance de cualquier congregación o ministerio que decida sin temor entrar en esta la visión.

Requisitos de la célula de éxito

- Santidad dentro de ella.
- El líder debe conocer la visión y saberla transmitir.
- El anfitrión debe estar comprometido con la visión, no solo conocerla, sino estar desarrollándola.
- Motivar a las personas para que se involucren en la visión (invitarlos a asistir, que se congreguen y se preparen en la escuela de líderes).
- Desde el principio, debe conocer el objetivo de la célula: formar discípulos que puedan formar a otros.

Definición de términos

Duplicar

Hacer doble una cosa (multiplicar por dos). Formar células idénticas.

La duplicación es cuando una célula se convierte en dos en doce meses. De acuerdo a esto, en veinticuatro meses se llega a cuatro células, en treinta y seis meses se alcanzan ocho células, en cuarenta y ocho meses se logran diez y seis, en sesenta meses se obtienen treinta y dos, y en setenta y dos meses se logran las sesenta y cuatro.

Cuadro de duplicación celular.

Cantidad de células	1	2	4	8	16	32	64
T. programado		3	6	9	12	18	24
T. ideal		12	24	36	48	60	72

Cantidad: Corresponde al número de células.

T. Programado: Frecuencias teóricas de tiempo de multiplicación en meses.

T. Ideal: Frecuencias reales de tiempo de multiplicación en meses.

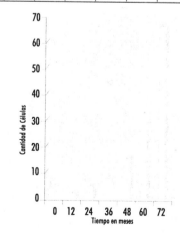

Multiplicación

Multi=muchos. Aumentar considerablemente el número de células, teniendo en cuenta que una persona ha recibido la formación durante nueve meses para dirigirlas.

Esto significa que, en doce meses, el líder ha logrado reproducirse en doce células; en veinticuatro meses ha alcanzado las ciento cuarenta y cuatro células, en treinta y seis meses ha conquistado las mil setecientas veintiocho, en cuarenta y ocho meses se ha multiplicado hasta las veinte mil setecientas treinta y seis células, en sesenta meses, si sigue fielmente el esquema, podrá alcanzar las doscientas cuarenta y ocho mil ochocientas treinta y dos células, y en setenta y dos meses se puede llegar al extraordinario número de dos millones cuatrocientos ochenta y cinco mil novecientos ochenta y cuatro células.

Cantidad células:	1	12	144	1.720	20.736	248.832	2.485.984
T. Ideal:		12	24	36	48	60	72

Diferencia entre la cantidad de células reproducidas por el método de duplicación y por el método de multiplicación, durante el mismo período de tiempo.

GRAFICO MULTIPLICACION CELULAR

T. ideal:	1	2	24	36	48	60	72
Diferencia	0	10	140	1.720	20.720	248.800	2.485.912

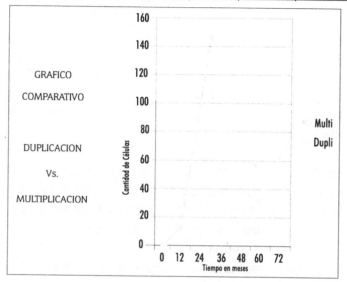

GRAFICO
COMPARATIVO

DUPLICACION

Vs.

MULTIPLICACION

Células: fuente de formación de los doce

No es que los doce sean la célula, sino que de ese grupo que se reúne semanalmente se pueden ir seleccionando aquellos que tengan más éxito dando fruto y candidatizarlos para conformar el equipo básico de líderes. Hay marcadas diferencias entre la célula y los doce:

La célula es abierta al que quiera asistir, mientras que en la reunión de los doce solo asisten los miembros del equipo; la reunión celular tiene un tiempo de duración limitado, en tanto que las reuniones de doce no tienen límite de tiempo; la capacitación a nivel celular es más orientada hacia la edificación del creyente como tal; en la reunión de doce la capacitación es orientada más hacia el liderazgo.

Los doce pueden ser un producto de la célula, pero constituyendo un equipo de trabajo. En la célula las actividades a desarrollar en el corto tiempo de la reunión, están claramente definidas: bienvenida, oración inicial, testimonios breves, alabanza, enseñanza, oración por las necesidades, llamado, ofrenda y oración final. En las reuniones de doce, aunque se tiene un objetivo definido, el desarrollo de la reunión va sugiriendo las actividades y, lo que es más importante, la ministración a los miembros del equipo es parte fundamental.

Realizar una reunión celular en un período de una hora tiene grandes ventajas: se aprovecha mejor el tiempo, no se interrumpen las actividades normales o rutinarias de cada miembro, los asistentes quedan ansiosos por conocer más de la Palabra, se compacta la unidad y la comunión ya que cada quien desea hacerse partícipe a fin de aprovechar al máximo cada parte de la reunión, se evitan los rodeos temáticos que desorientan a los asistentes, es decir, cuando un líder tiende a extenderse más de la cuenta en una exposición tratando parecer muy erudito, puede llegar a generar controversias que confunden a los presentes.

Todo líder debe tener en cuenta que la Biblia es nuestro manual, que la oración nos une y por lo tanto no puede faltar en la reunión, y evitar los comentarios negativos. En la célula la edificación es mutua, por ello debe ser dirigida con amor porque el amor acepta, perdona y busca el bien de todos.

Estoy seguro que esta es la estrategia de Dios para el próximo milenio, la iglesia que aspire conquistar al mundo para Cristo debe realizar su trabajo basada en la visión celular. La iglesia tiene que llegar a ser sin paredes porque éstas limitan la obra de Dios. Cada casa debe ser un pequeño templo en el que el Espíritu Santo es derramado como ocurrió en la antigüedad en el día de Pentecostés.

Capítulo tres

¡UNA VISIÓN LLENA DE AUTORIDAD ESPIRITUAL!

"Hazte amigo del Espíritu Santo, y El te dará la unción; Ama el modelo de los doce ,y tendrás dirección; trabaja con células, y tendrás multiplicación" C.C.D.

Lo que permite el éxito de la visión celular es la autoridad espiritual que el Señor derrama sobre ella a través de los líderes involucrados. Pablo pidió en oración que El Padre de la gloria nos diera espíritu de sabiduría (Ef. 1:17).

Salomón dijo: "... *la sabiduría es provechosa para dirigir*" (Ec. 10:10).

Hay momentos en que, como líderes, tenemos que tomar decisiones delicadas y difíciles, pero la sabiduría es provechosa para dirigir, porque viene la unción de Dios y a través de su Espíritu nos da la orientación que requerimos en ese instante. La meta que habíamos trazado en 1995 era terminar ese año con doscientas iglesias en Bogotá, una meta bastante amplia y desafiante, y pensábamos que era la más correcta.

Llevábamos seis meses entrenando a quienes serían los pastores de aquellas sedes cuando se presentó la oportunidad de viajar a Seúl, Corea. Mientras participábamos de uno de los servicios dominicales en la iglesia del pastor Cho, el Señor me dio una palabra en la que me dijo que El me había dado una visión similar a la del pastor Cho, una iglesia grande con muchas células, pero que yo estaba tratando de introducir otra visión dentro de la visión. Aunque pensaba que hacía lo correcto, el Señor me dio a entender que eso no era lo que la tenía para mí en ese momento. Dentro de la lógica humana el abrir doscientas iglesias en un año, suena extraordinario, pero en la sabiduría divina, prima siempre lo que El nos indique. Pablo dijo: "una sola cosa hago". La sabiduría de Dios consiste en trabajar específicamente en una sola cosa, esto es, en la visión que El nos ha dado. Lamentablemente muchos de nosotros caemos en el error de, por querer hacer más, hacemos menos. Al regresar a la ciudad reuní al liderazgo y les dije: Hermanos qué vergüenza con ustedes, me equivoqué, ya no vamos a abrir las doscientas iglesias. Cuando nos equivocamos, tenemos que reconocerlo, pedir perdón, y cambiar de actitud. Así lo hice, pero le dejé al liderazgo un nuevo reto: multiplicarnos celularmente durante todo el año. Gracias a Dios las cosas se dieron mucho mejor de lo que habíamos imaginado, porque pasamos de mil doscientas células, a cuatro mil en sólo seis meses de trabajo. Aunque nos estábamos desviando de la visión, el Señor nos volvió a reincorporar en el propósito suyo para nuestras vidas.

Si obramos precipitadamente podemos equivocarnos, y esto se verá reflejado en el estancamiento del ministerio que Dios nos haya confiado; por esta razón debemos pedirle siempre al Señor que nos de la sabiduría necesaria para tomar decisiones correctas.

La autoridad implica revelación de conocimiento

La sabiduría es necesaria para dirigir cada uno de los aspectos de nuestra vida y del ministerio, pero la revelación nos lleva a entender los planes que Dios tiene para ese ministerio. Mientras la sabiduría nos dirige, la revelación nos informa, nos dice qué hacer en las diferentes situaciones. Dios tiene todo conocimiento, pero a Él le plació depositarlo plenamente en nuestras vidas. *"y de revelación, para que lo conozcan mejor"* (Ef. 1:17 N.V.I).

En una oportunidad estaba reunido con un grupo de personas del liderazgo y el Espíritu comenzó a mostrarme los diferentes pecados en que habían incurrido algunos de ellos. Cuando lo oculto de sus corazones fue manifestado por la unción de conocimiento que Dios había traído en ese momento, los ciento treinta hombres allí reunidos cayeron de rodillas pidiendo perdón a Dios, y durante la semana siguiente proclamaron ayuno, trayendo una santificación plena dentro de esa rama del ministerio. Como sucedió en la época de Pedro con Ananías y Zafira su mujer, quienes quisieron engañar al Espíritu Santo, y fueron desenmascarados, cayendo ambos muertos a los pies de los apóstoles, del mismo modo la santificación revela quiénes tienen un corazón perfecto para con Dios y con la obra, o quiénes están infiltrados para contaminar. En aquella reunión de varones, el Señor me mostró que había el mismo pecado de Acán quien hurtó, mintió, y escondió; al instante uno del grupo se levantó confesando su pecado, diciendo que exactamente eso mismo era lo que él había hecho; inmediatamente cayó un temor reverente sobre todo el grupo. Después de aquella experiencia, esos hombres nunca más volvieron a ser los mismos.

En la revelación no es necesario que intervenga alguna fuente humana porque el Espíritu Santo es quien se encarga de revelar las intenciones y los pensamientos del corazón. Se requiere que esta revelación de conocimiento esté permanentemente en la iglesia, para guardarla de cualquier infiltración de hipocresía, y así se mantiene a la iglesia en una dimensión de santidad, pureza y honestidad. Aquellos hombres que se estaban habituando a llevar una vida doble, fueron totalmente quebrantados desde ese mismo momento pues, la convicción de pecado fue demasiado poderosa sobre sus vidas.

La autoridad de la Palabra

La palabra mueve el sistema de cosas en que nos encontramos y , todo lo que decimos determina lo que vamos a ser, marcando el camino de vida, o de muerte. El Señor Jesucristo dijo: "*Mas yo os digo que de toda palabra ociosa que hablen los hombres, de ella darán cuenta en el día del juicio. Porque por tus palabras serás justificado, y por tus palabras serás condenado*" (Mt. 12:36-37).

El Señor siempre actúa en comunión con la palabra. La Escritura dice que antes de crear el mundo " era la palabra" y Jesucristo es la palabra. Dice también que "la palabra estaba con Dios, y la palabra era Dios, esto era en el principio con Dios". Cuando Dios propuso en su corazón crear al mundo y al hombre, simplemente envió su palabra. La palabra de Dios expresada es tan poderosa que pone a actuar todo el ejército del cielo. Una sola palabra de El puede dar vida y convertir lo que no es en algo hermoso y bello.

El poder creativo

Dios hizo el universo de la nada. En el plano natural, la nada es algo que no existe; en el plano espiritual, la nada es algo invisible que se trae a lo visible a través de la fe.

Esto nos lleva a entender la grandeza de la soberanía divina. Envió la palabra y la nada se convirtió en algo que tuvo forma porque en el principio creó Dios los cielos y la tierra, y el Salmista dijo: *"Los cielos y la tierra fueron creados por la palabra de Dios"*. O como lo expresa el libro de Hebreos: *"Por la fe entendemos haber sido constituído el universo por la palabra de Dios, de modo que lo que se ve fue hecho de lo que no se veía"* (He. 11:3).

Es decir, que Dios hizo todo este sistema de cosas de la nada. El apóstol Pedro dijo que las promesas de Dios nos hicieron participantes de la naturaleza divina, (2 P. 1:4).

Esto significa que, aunque no hayamos visto ningún fruto ministerial, debemos conquistar el éxito que anhelamos primeramente en nuestro interior, para luego traerlo al plano natural a través de la fe, pero se hace importante que cada quien sepa qué es lo que quiere y tener la convicción de que lo puede alcanzar.

Un gran equipo

Jesucristo se convirtió en la expresión divina, toda la voluntad de Dios empezó a ser transmitida y revelada a través de este hombre tan extraordinario, como ningún otro. Mientras Él estuvo en este mundo manifestó su autoridad y poder, porque era consciente de su naturaleza divina, y su palabra estaba acompañada del poder del Espíritu Santo. Esta unión era la dinamita de Dios operando en Él.

Cada creyente puede cultivar la amistad con el Espíritu y la Palabra, quien lo logre, podrá cambiar el aspecto de las cosas porque, cuando la presencia de Dios llega a un lugar, éste se satura de gloria.

El poder de la Palabra

El vino a suplir la necesidad del corazón del Padre, esto es, traer salvación a la humanidad. Cuando predicaba, la gente decía: "*este hombre habla con autoridad*". Cuando estaba frente a los endemoniados, los mismos demonios tenían que doblar su rodilla porque veían su autoridad; conque Jesús dijera sencillamente ¡sal de El!, los demonios se estremecían y temblaban, aún le rogaban: "*Señor, si nos echas, déjanos ir a los puercos*", y el Señor simplemente decía: *¡id!,* y esa palabra era suficiente para que le obedecieran. A veces pensamos que si multiplicamos nuestras palabras, Dios nos escucha más, pero no es así. Los Judíos tiene fama de ser cortos de palabras y si nos compenetramos con el idioma hebreo notaremos que su vocabulario solamente tiene diez mil palabras comparado con el griego que tiene más de doscientso mil. El Señor no quiso que el hombre se preocupara por las muchas palabras, porque a El le interesan las palabras de verdad. Las palabras del Señor Jesucristo fueron pocas, pero revolucionaron el mundo entero, dividieron la historia en dos, trajeron esperanza a los corazones angustiados y desesperados, abrieron un camino nuevo al enfermo, al doliente, al necesitado, y con ellas Jesús se convirtió en el único que puede suplir la necesidad del mundo. El Señor puso a nuestro alcance este mismo poder, cuando manifestó: *"Cualquiera que dijere a este monte: Quítate y échate en el mar, y no dudare en su corazón, sino creyere que será hecho lo que dice, lo que diga le será hecho"* (Mr. 11:23) .

Cuidando nuestro lenguaje

El Señor nunca empleó una palabra negativa, o de queja, cada palabra que brotó de sus labios fue de edificación. Dios siempre ha tratado de cuidar mucho el lenguaje, el vocabulario de su pueblo, pero hoy en día encontramos una sociedad en la que la gente se ha habituado a proferir palabras de maldición, de queja, o de negativismo. Todas esas palabras de maldición, atraen los poderes demoníacos, del mismo modo, cuando proferimos palabras de vida que estén acorde con la Palabra de Dios, palabras de fe, de victoria y de esperanza, inmediatamente los ángeles tienen libertad para trabajar en la persona que las pronuncia, obrando de acuerdo a lo que ha sido dicho. Ese es el poder que existe en las palabras.

El sabio Salomón dijo: *"Si verbalmente te has comprometido, enredándote en tus propias palabras, entonces has caído en manos de tu prójimo*" (Pr. 6:2-3, N.V.I.). El hombre se enreda en lo que ha dicho, porque sus palabras atraen las fuerzas espirituales, y una persona se puede atar con bendición o con maldición.

Palabra de autoridad

Cuando Josué estaba conquistando la tierra de Canaán, y libraba una de las más aguerridas batallas que hubiese tenido, ya estaba oscureciendo y él sabía que si esto sucedía no alcanzaba a derrotar a todos sus enemigos, así que asumió una actitud de fe, y levantó su voz, diciendo: "*Sol detente en Gabaón y tú luna en el Valle de Ajalón*". Sus palabras fueron pocas, pero inmediatamente el sol y la luna se detuvieron, y no hubo noche, no oscureció. Todos los enemigos esperaban que oscureciera y esto no ocurrió porque un hombre entendió el poder de las palabras, actuó en fe, Dios lo honró.

Salomón dijo: "*La muerte y la vida están en poder de la lengua, y el que la ama comerá de sus frutos*". Si empieza a cambiar ese modo de actuar, de pensar y de hablar y comienza a verse como la persona que Dios quiere que usted sea, su vida y su ministerio cambiarán de manera radical. El enemigo quiere hacerle ver como el más pequeño, pero usted debe entender que Dios le ha puesto por cabeza y no por cola; el Señor Jesús se caracterizó por actuar y hablar siempre con autoridad.

Usted puede ver que cuando un agente de tránsito se para en una gran avenida y extiende la mano, hasta los camiones más grandes, así se desplacen a gran velocidad, tienen que obedecer su autoridad; de igual forma el Señor nos dio la palabra de autoridad. El dijo a sus discípulos: "*El que en mí cree, las obras que yo hago, él las hará también; y aun mayores hará, porque yo voy al Padre*" (Jn. 14:12).

Podremos ver milagros extraordinarios si solamente creemos a la Palabra de Dios. A veces nosotros mismos nos encargamos de poner ciertos obstáculos enseñanza de la Palabra. Estuve orando por un general en retiro, un hombre de unos 73 años quien llevaba ocho años inválido. Cuando lo vi, le pregunté: "¿General, usted cree que Dios le va a sanar? El me miró y me dijo: "Estoy tan viejo que difícilmente podré creer que suceda un milagro". Como él, muchas personas aceptan que la enfermedad tome dominio de sus cuerpos, pero no hice caso de la actitud negativa de este hombre, le hablé de las promesas de sanidad para su vida, y en la medida que le explicaba las Escrituras su fe fue aumentando; luego me pidió que orara por él y repitió la oración de fe, le impuse las manos y le dije: "¡En el nombre de Jesús, levántese y ande!", y empezó a hacerlo hasta lograr quedar en pie. Sus dos piernas se veían tan endebles, que daba la impresión de que ya se iba a caer, pero le dije: "Empiece a caminar en el nombre de Jesús". Así comenzó a dar pasos, y en la medida en que avanzaba, sus piernas iban fortaleciéndose.

Aquel día este hombre vivió el milagro más grande de su vida, el cual permaneció en él hasta el día de su muerte. La palabra de autoridad, tiene el poder de mover aún las montañas más encumbradas. Dios quiere llevar a cada uno de sus hijos al mismo nivel de autoridad que tuvo el Señor Jesús.

Fundamento y autoridad bíblica de la células

Todos los aspectos relacionados con la visión, tanto en su forma como en su fondo, tiene un fundamento bíblico definido. Estando en una cena de pastores en la ciudad de Bogotá, con motivo de la visita del pastor Chó, el cual estaba compartiendo acerca del sistema celular que le había permitido un extraordinario crecimiento a su iglesia, un pastor se me acercó y me susurró al oído: "Eso de las células funciona allá en Corea, aquí en Colombia no". En aquel momento, me dije: Estoy seguro que las células funcionan en Corea, en Colombia, y en cualquier lugar del mundo; sé que esta es la visión de Dios para la iglesia en los días actuales.

Aunque al principio intentamos implementar el modelo celular de la misma manera como se trabaja en Corea, los resultados no fueron los mismos.

Esto me movió a buscar en oración una estrategia que se adecuara a nuestro medio, y así fue como en el año 90 Dios corrió el velo y me reveló el modelo de crecimiento a través de los doce. Hoy estamos comprometidos como una iglesia eminentemente celular, lo cual ha traído una gran madurez espiritual a miles de familias en nuestra nación, siendo la plataforma para estructurar como líderes a un gran número de personas. Sabemos que el exitoso trabajo de la iglesia primitiva se debió a que sabiamente lograron incluir dentro de sus actividades las reuniones dentro de las casas, mediante un pastoreo personalizado.

La esencia del sistema celular se descubre en el trabajo de la iglesia primitiva, y lo que sucedía en las casas en aquel entonces, es lo mismo que continúa sucediendo hoy en las células cuando la visión se desarrolla correctamente.

Capítulo cuatro

JESUS: LÍDER CELULAR POR EXCELENCIA

"Quienes poseen una imagen pobre de sí mismos, necesitan ser liderados; quienes poseen una imagen elevada de sí mismos, se exponen a ser humillados; quienes poseen una imagen correcta de sí mismos, éstos serán exaltados" C.C.D.

Jesús ministró continuamente en las casas

Fue en las casas donde el Señor Jesús ministró de tal manera que obtuvo el mayor número de seguidores. Estos estaban integrados por publicanos, prostitutas, ladrones y mucha gente que había recibido el menosprecio de la sociedad judía. El siguiente texto es confirmación de este fruto ministerial en las casas:

"Y aconteció que estando él sentado a la mesa en la casa, he aquí que muchos publicanos y Pecadores, que habían venido, se sentaron juntamente a la mesa con Jesús y sus discípulos"(Mt. 9:10).

El Señor Jesús rompió todos los esquemas que para los líderes religiosos de su época eran demasiado sagrados. Ellos no veían con buenos ojos que un judío se fuese a juntar con un gentil, y menos acudir a la casa de alguno de ellos, ya que tenían a los gentiles como inmundos, y cualquier nexo con ellos los contaminaba. Razón por la cual miraban con desdén muchas de las cosas que hacia Jesús. Pero el Señor quiso enseñarles unas verdades:

- Seleccionó la vida de uno de aquellos que ellos consideraban pecadores, y posó en su casa, transformándolo luego en uno de sus apóstoles.

- Usó esta situación para compartirle a un grupo de publicanos, posiblemente amigos de Mateo.

- Les dió la gran lección de que la voluntad de Dios es alcanzar a los perdidos y sanar a los enfermos pues, esto es una muestra del amor y de la misericordia de Dios.

Aprendiendo a ministrar al Señor

Entrar a formar los mejores y tener un equipo comprometido implica todo un proceso en el que, como líderes, debemos tener el más alto nivel espiritual para que las personas a quienes estamos discipulando sientan el anhelo de parecerse a nosotros, a fin de que no suceda como en muchos hogares, donde los hijos quieren parecerse a cualquiera, menos al padre o a la madre por el mal ejemplo que han visto en ellos. También existen ministerios en los que la membresía de la iglesia no quiere parecerse a su pastor.

El líder tiene personas que están detrás suyo siguiendo cada uno de sus pasos, porque han visto en su vida algo que ellos quieren alcanzar, y es cuando se convierten en discípulos. La palabra discípulo viene de disciplina, y es que los discípulos adquieren ciertas disciplinas espirituales; ellos ven en su líder el carácter de Cristo y por esto desean convertirse seguidores de Jesús a través de su líder. El Señor dijo: *"¿Si tú no puedes amar a tu hermano a quien estás viendo, cómo vas a amar a Dios al cual no estás viendo?"*.

El liderazgo se establece sobre las bases de las relaciones, si podemos amar a nuestro prójimo va a ser fácil relacionarnos con Dios.

Para ministrar al corazón de Dios debemos entender que el Señor demanda de cada uno de nosotros servirle a El, antes que a su obra.

El servicio correcto

"¿Quién de vosotros, teniendo un siervo que ara o apacienta ganado, al volver él del campo, luego le dice: Pasa, siéntate a la mesa? No le dice más bien: Prepárame la cena, cíñete, y sírveme hasta que haya comido y bebido; y después de esto, come y bebe tú? ¿Acaso da gracias al siervo porque hizo lo que se le había mandado? Pienso que no. Así también vosotros, cuando hayáis hecho todo lo que os ha sido ordenado, decid: Siervos inútiles somos, pues lo que debíamos hacer, hicimos" (Lc. 17:7-10).

El Señor presenta dos aspectos de lo que es el servicio dentro de su obra: uno tiene que ver con el servicio a Dios, y el otro con la ministración al corazón de Dios. Muchos están tan ocupados en trabajar para la obra del Señor, que se han olvidado del Señor de la obra. Algunos piensan que enseñando en las células, que el tiempo que invierten ministrando a las personas que están bajo su responsabilidad, aún el tiempo que sacrifican por cumplir dentro de la obra, es motivo para considerar que están haciendo una gran obra para el Señor. El siervo que está arando, o está pendiente del rebaño, cuando llega a la casa, sabe que su obligación es atender a su amo. Generalmente el trabajo en la obra se convierte en un reflejo de nuestra ministración al corazón de Dios, si a diario separamos un buen tiempo para estar en su presencia, los resultados no se van a hacer esperar, porque la gente va a ver en nosotros el carácter de Cristo.

Para que las personas puedan escuchar la voz de Dios a través su líder, se requiere que éste tenga el tiempo suficiente que satisfaga el corazón de Dios. De este modo el resultado se va a reflejar prácticamente en todas las áreas de su vida.

¡Que desperdicio!

Que alguien dedique su vida al servicio de Dios es para algunos un desperdicio. No es extraño que aún los mismos apóstoles se sorprendieran al ver que una mujer conocida como pecadora, aprovechara la oportunidad para acercarse a Jesús sin haber sido invitada, y con el ánimo de demostrarle su amor, tomar un frasco de perfume de alabastro de gran precio y derramarlo sobre la cabeza del Señor. La actitud de la mujer molestó tanto a los apóstoles que uno de ellos dijo: *"¿Para qué este desperdicio? Porque esto podría haberse vendido a gran precio , y haberse dado a los pobres".*

Recién iniciaba la vida cristiana tuve que enfrentarme a las oposiciones de mis familiares porque ellos pensaban que invertir mi vida en el cristianismo era un desperdicio, así que, en varias ocasiones me recriminaron por ello hasta que optaron por ignorarme, quizás pensando que si yo estaba dispuesto a desgastarme y desperdiciar mi vida en la nueva creencia, ellos no iban a hacer lo mismo. Pero con el paso de los años mi familia ha entendido que rendir la vida al Señor es la mejor inversión que el ser humano pueda hacer. Algunos consideran que se puede sacar mejor provecho al tiempo trabajando en una empresa secular que sirviéndole a Dios. Otros se resisten a comprometerse seriamente en la visión pues, consideran que le restan tiempo al cuidado de los hijos y, por temor, no se atreven a dar el paso de compromiso dentro de la obra. Pero nuestra experiencia ministerial nos indica que, la visión es tan emocionante, que toda la familia se involucra forjando de esta manera poderosos lazos de unidad. El Señor se agradó tanto de la actitud de aquella mujer que la inmortalizó diciendo que donde se predicara este evangelio, también se contaría para memoria de ella.

Desperdiciar la vida en Jesús trae la satisfacción más extraordinaria. El hecho de ver miles de vidas y familias transformadas por el poder del Señor produce un gozo tan especial, que es difícil encontrar en este mundo algo que lo supere. La mejor decisión que puede tomar el ser humano es invertir cada día de su vida en el servicio de Dios.

Siguiendo al líder por excelencia

En aquel entonces el mundo tuvo la bendición de que el ser más extraordinario de todo el universo estuviera en cuerpo y alma con ellos. Su personalidad era tan fascinante, que atraía a las multitudes y todos querían estar con El; sin embargo, el Señor sabía que en algún hogar su presencia era importante y, por lo general, siempre daba prelación a este tipo de visitas, tal como ocurrió en el caso de Jairo, quien, en medio de la angustia y el dolor por la pérdida de su hija, decidió acudir a Jesús y pedirle que fuera a su casa porque necesitaba un milagro que sólo el Maestro podía hacer.

La visita de Jesús trajo la mayor alegría a la casa de Jairo porque, estando allí, el Señor dice: *"Apartaos, porque la niña no está muerta, sino duerme. Y se burlaban de El. Pero cuando la gente había sido echada fuera, entró, y tomó de la mano a la niña, y ella se levantó. Y se difundió la fama de esto por toda aquella tierra"* (Mt. 9:24-26).

Era tanto el poder que emanaba del Señor Jesús que se convirtió en la única esperanza para el mundo, como lo dijo el profeta: *"Los que estaban en tinieblas vieron gran luz"*. Y cuando Jesús entraba a alguna casa eran muchos los que acudían porque sabían que El tenía la respuesta a sus necesidades, así que se esforzaban para no perder la oportunidad de experimentar un milagro en sus vidas o en la de algunos de sus familiares o conocidos. Lucas relata el caso del paralítico a quien sus amigos habían llevado a Jesús, pero no hallando cómo hacerlo a causa de la multitud, subieron encima de la casa, y por el tejado le bajaron con el lecho, poniéndole en medio, delante de Jesús. Al ver El la fe de ellos, le dijo: *"Hombre, tus pecados te son perdonados"* (Lc. 5:20).

Por muchos años traté de dibujar en mi mente lo que pudo haber sido ese momento en que las multitudes asediaban al Señor, tanto que El se sintió muchas veces asfixiado; pero después de algunos meses de haber comenzado la Misión Carismática, nuestra casa, que era el lugar donde se hacían las reuniones, semana tras semana se encontraba inundada de personas.

Era mucha la gente que acudía en busca de un milagro, o simplemente para adorar y darle gracias a Dios, y aunque el salón tenía capacidad para ciento veinte personas, a cada servicio asistían un promedio de quinientas, las cuales teníamos que distribuir en el garaje, en nuestras habitaciones y en el jardín.

El tráfico vehicular era impresionante. Recuerdo que un día llegué a la reunión, y ésta ya había comenzado: me tomó veinte minutos llegar a plataforma pues, no había ni un espacio libre para pasar.

Imagínese cuando llegaba algún enfermo deseando una oración por su necesidad, por lo general tenía que esperar a que todos salieran para poder orar por ellos. Pero gracias a la visión celular, hemos podido suplir las necesidades espirituales de muchos.

Un buen maestro siempre aprovecha las circunstancias para enseñar

No había absolutamente nada que tomara al Señor por sorpresa, y cuando los discípulos disputaban por el camino sobre quién de ellos sería el más grande, el Señor les preguntó: "*¿Qué disputabais entre vosotros en el camino?*" (Mr. 9:33).

> *"Y tomó a un niño, y lo puso en medio de ellos; y tomándole en sus brazos, les dijo: El que reciba en mi nombre a un niño como este, me recibe a mí; y el que a mi me recibe, no me recibe a mí sino al que me envió"* (Mr. 9:36-37).

Hay muchas cosas sobre las cuales los líderes viven discutiendo permanentemente unos con otros, pero el más grande es aquel que tiene un fuerte espíritu de servicio. Jesús, quien vino a ser la máxima expresión del amor de Dios, al habitar en los corazones de sus discípulos estaría reproduciendo su carácter en cada uno de ellos; pero era fundamental que ellos se mantuvieran en ese espíritu de amor, no como un formalismo, sino como un mandato especifico del Señor.

Pablo un instrumento en las manos de Dios

Desde el inicio del cristianismo muchas casas comenzaron a ser abiertas para la predicación del evangelio, aún el apóstol Pablo tuvo la oportunidad de hacer una célula en casa de un principal de la sinagoga en Roma: "*Y se detuvo allí un año y seis meses, enseñándoles la palabra de Dios"* (Hch. 18:11).

Dios tocó el corazón de Crispo, quien tomó la decisión de servir al señor juntamente con toda su casa, este testimonio se difundió por todo Corinto, y muchos cobraron ánimo para entregar sus vidas al Señor, testificándolo a través del bautismo. Dios le habla al apóstol en visión de que no debe temer nada, porque El mismo se encargaría de protegerlo. Esto motivó a Pablo a quedarse por un año y medio en aquel lugar, predicando y persuadiendo a los hombres a que honren a Dios de la manera correcta, ya que la salvación es por gracia y no por ley. El trabajo que le tocó desarrollar al apóstol debió ser muy intenso, porque el comportamiento moral de los corintios era extremadamente libertino, tanto, que la expresión "Corintizar", se hizo famosa, porque era la referencia a la inmoralidad. Pero Dios usó en gran manera a Pablo con los habitantes de esta ciudad, y por eso Pablo los presenta luego como carta de garantía cuando dice: *"Si para otros no soy apóstol, para vosotros ciertamente lo soy, porque el sello de mi apostolado sois vosotros en el Señor"* (1 Cor. 9:2). Además en ese tiempo el apóstol aprovechó para escribir las dos epístolas a los Tesalonicenses.

Al poco tiempo de haber iniciado la iglesia, sentíamos una gran carga en nuestro corazón por la formación espiritual de nuestra gente, mi gran inquietud era cómo poder estar en contacto con ellos de una manera permanente. Debido a esa inquietud, surgió el deseo de desarrollar una actividad de discipulado en sus casas. Pero también comprendí mis propias limitaciones, ya que si estaba en un lugar, no podía estar en dos al mismo tiempo. Y aunque tenía muchas reuniones que dirigir por semana, sentía que otros deberían hacer lo mismo que yo hacía; pero que tenían que actuar con mi mismo espíritu. Para poder reproducir la visión de una manera correcta, me vi en la necesidad de capacitarlos, de una manera personal y permanente. Entendí que si no hay gente formada para la obra del ministerio, no podía haber células. La frase célebre de Esopo: "No hay que contar los pollos antes de que rompan el cascarón", tiene una fuerte aplicación en lo que es un trabajo celular: Si no hay gente formada, no podemos contar con ellos. Los mejores líderes que tenemos son aquellos que se formaron desde un comienzo con nosotros en la visión que Dios nos dio.

Capítulo cinco

¡EL ESPÍRITU SANTO EN LA VISIÓN CELULAR!

"El hombre fuerte domina su espíritu, el sabio dirige sus deseos, el entusiasta conquista naciones y el sencillo transforma corazones" C.C.D.

Dándole forma a la iglesia

La participación del Espíritu Santo es siempre fundamental en la perfección de su obra. Cuando Dios estaba creando el universo, el Espíritu se movía en medio del caos esperando la palabra de Dios para poder ejecutar los deseos de su corazón. El poder del Espíritu Santo es indescriptible, pero está sujeto a la voluntad del Padre; de ahí que, sólo hasta cuando Dios habló, fue que se sintió en plena libertad para actuar. El Salmista dijo:

"Envías tu Espíritu, son creados, Y renuevas la faz de la tierra"(Sal. 104:30).

De la misma manera que el Espíritu influyó en la creación de cada persona, se encarga también de darle vida a todo aquel que se encuentre muerto en sus delitos y pecados. El Señor dijo:

"Y cuando él venga, convencerá al mundo de pecado, de justicia y de juicio" (Jn. 16:8).

Fue el Espíritu Santo quien convenció a Tomas de su pecado de incredulidad quien, cayendo de rodillas, exclamó ante Jesús: *"¡Señor mío y Dios mío!"* (Jn. 20:28). También fue el Espíritu el que usó la mirada del Señor Jesús para redargüir a Pedro después de que éste lo negara en tres oportunidades: *"Y Pedro, saliendo fuera, lloró amargamente"* (Lc. 22:62).

Poco antes de que el Señor ascendiera al cielo, instruyó a sus discípulos diciéndoles que no se movieran de Jerusalén hasta que recibieran la promesa del Padre: el Espíritu de verdad, y cuando viniera, ellos recibirían poder, y testificarían acerca del Señor; esto lo harían de manera progresiva, empezando desde su ciudad, y siguiendo hasta lo último de la tierra. El Señor les quiso decir que el Espíritu Santo actuó en él durante todo su ministerio terrenal, pero que después de su partida ya no estaría manifestándose en una persona en particular, sino en millones que conformarían la iglesia. Esto exigiría un arduo trabajo de su parte pues, todo dependería de la manera como ellos dieran a conocer ese mensaje.

Por diez días, los discípulos no se movieron de la ciudad de Jerusalén esperando la manifestación del Espíritu de Dios en sus vidas, lo que sucedió en el día de Pentecostés.

Aquellos ciento veinte que se hallaban reunidos en el aposento alto, representaban la plenitud de autoridad para una gran celebración. En esa oportunidad la asamblea estaba completa: había diez representantes de las doce tribus, aún el vacío de Judas ya había sido suplido por Matías, de manera que la plenitud de la autoridad apostólica estaba presente y bien representada por los doce grupos de Diez.

Conservando una relación genuina con El

No me imagino cómo hubiese sido el desarrollo de la iglesia sin la ayuda del Espíritu Santo. Alguien se atrevió a comentar que la persona más ignorada de este siglo ha sido el Espíritu Santo. Aunque han transcurrido dos mil años de su manifestación gloriosa en las vidas de los creyentes, algunos líderes religiosos se rehusaron a entregarle el control total del ministerio y prefirieron desplazarlo de sus organizaciones. Pero si damos una mirada retrospectiva, veremos que todo el desarrollo de la iglesia giraba alrededor del Espíritu de Dios.

Los ciento veinte discípulos fueron llenos del Espíritu Santo, la presencia de Dios tomó control de sus lenguas porque quien domine la lengua del hombre, habrá dominado todo su cuerpo. Y el Espíritu expresó a través de sus lenguas palabras que ellos no conocían. Dios usó las lenguas para confundir a la gente antidiluviana, cuando éstos, movidos por una actitud egoísta, quisieron construir un imperio que se levantara hasta el cielo, guiados por la arrogancia de Satanás, quien decía: *"Sobre las alturas de las nubes subiré, y seré semejante al Altísimo"* (Is. 14:14). Dios empleó las lenguas para impedir la edificación profana en la que estaban empecinados aquellos hombres. Pero con el suceso del Pentecostés fue completamente diferente pues, la manifestación de lenguas fue el medio usado por Dios para la edificación de su iglesia. El Señor dijo:

> *"El espíritu es el que da vida; la carne para nada aprovecha; las palabras que yo os he hablado son espíritu y son vida"*(Jn 6:63).

El poder que salía de las palabras de los discípulos el día de Pentecostés, no era otra cosa que la expresión de Dios por sus bocas. Los que entendían lo que ellos decían testificaban que estaban hablando de las maravillas de Dios. Pedro, inspirado por el Espíritu de Dios puesto en pie, dio una excelente disertación que trajo convicción de pecado a miles de judíos, invitándoles a que renunciaran a todo su pasado expresando su arrepentimiento a través del bautismo, y de este modo recibirían el don del Espíritu Santo (Hch. 2:38-39).

Fue tal la presencia del Espíritu en el ministerio apostólico, que: *"Por la mano de los apóstoles se hacían muchas señales y prodigios en el pueblo, y estaban todos unánimes en el pórtico de Salomón"*.

Una de mis oraciones era: "Señor, permite que nuestra gente esté tan comprometida con tu obra como lo estuvieron los creyentes de la época apostólica". A medida que transcurren los años, he visto que nuestra gente ama en gran manera el servir al Señor, y esto aparece por encima de cualquier incentivo económico o de cualquier otra índole pues, para ellos el mayor honor es tener la oportunidad de desarrollarse ministerialmente. Quince años atrás, la labor pastoral era la menos atractiva porque se tenía un concepto equivocado del pastorado, pero en la actualidad, si se le pregunta a cualquiera de nuestros jóvenes: ¿Cuál es tu mayor deseo? Ellos responderían: servir en el ministerio. Somos testigos oculares de cómo Dios se encarga de transformar toda una cultura. Y eso es lo que percibimos, que Dios ha levantado una nueva generación como si fuera otra nación dentro de nuestra nación, quienes constituyen la otra cara de Colombia. Sé que el Espíritu Santo es el único responsable de este gran despertar espiritual que estamos viviendo, cuando a nuestra gente no le importa pasar noches enteras en oración, o participar de los diferentes programas de ayuno, o estar desde tempranas horas de la mañana en el templo adorando al Señor antes de salir a sus actividades cotidianas.

Una persona que nos visitó de la República del Brasil, después de haber participado de algunas de las actividades normales de la congregación, me hizo el siguiente comentario: "La iglesia primitiva se reunía todos los días en el templo y por las casas. Pero esta iglesia se reúne todos los días y todo el día, porque la actividad es continua en los diferentes frentes del ministerio".

La gloria de Dios descendió en la fiesta del Pentecostés, cuando fueron todos levantados con la unción del Espíritu Santo y empezaron a impactar al mundo con el mensaje de Cristo. Estoy convencido que así como sucedió con ellos, la base para entrar en la visión celular y desarrollarla exitosamente es la llenura del Espíritu Santo.

Muchos programas celulares han fracasado porque se han establecido como sustitutos del Espíritu de Dios, convirtiéndose sólo en modelos de hombres. Sin la influencia del Espíritu Santo lo que hagamos contará con la técnica humana, y todo lo humano, tarde o temprano, cae en la monotonía, y lo monótono termina siendo archivado. La mejor manera de comprender el concepto celular es entrando en la dimensión del Espíritu, es necesario cultivar una relación continua con Él y ser sensible a su voz para obtener el éxito.

Algunos pastores me han insinuado que no enfatice tanto en el mover espiritual porque a ellos les llama más la atención el método, pero así como el cuerpo sin el espíritu está muerto, de igual manera, la visión celular sin la unción del Espíritu Santo es una visión muerta o, diría mejor, que no es visión.

Ignorar al Espíritu Santo es desviar el propósito de Dios

Para realizar un trabajo celular, Dios está buscando a líderes y pastores, que le crean a El, que obedezcan su Palabra, y actúen bajo la dirección del Espíritu. Recordemos que Jesús dijo:

"Si me amáis, guardad mis mandamientos.
Y yo rogaré al Padre, y os dará otro Consola-

dor, para que esté con vosotros para siempre:
el Espíritu de verdad, al cual el mundo no
puede recibir, porque no le ve, ni le conoce;
pero vosotros le conocéis, porque mora con
vosotros, y estará en vosotros"(Jn. 14:15-17).

Notemos que Jesús destaca al Espíritu Santo como Espíritu de verdad, y el sólo ignorarlo, implica desconocer el propósito de Dios para nuestras vidas.

Junto con mi familia nos hemos propuesto cultivar una relación bien estrecha con el Espíritu Santo, y esto implica una gran sensibilidad a Él. Recuerdo nuevamente la experiencia que vivimos con mi esposa en una de nuestras convenciones anuales, y que nos dejó una gran lección en cuanto a este tema. Con Claudia casi nunca disgustamos, nuestra relación se ha caracterizado siempre por la armonía, la unidad y la comprensión mutua; sin embargo, iniciando tan importante evento para la iglesia en enero de 1997, tuvimos una pequeña diferencia, a la cual no le presté mayor atención; pero por el temperamento de mi esposa, quien es demasiado sensible, había quedado bastante compungida, a lo que decidí responder con silencio, tratando de ignorarla.

Quise olvidarme del asunto, y como si nada hubiera sucedido, di comienzo a la reunión. Luego di participación a Charles Martin, uno de los invitados, quien, con una unción extraordinaria, empezó a fluir en una ministración profética a través del saxofón. En aquel mismo instante, el Espíritu le dio la interpretación de la melodía profética a mi esposa, ella entendía con plena claridad cada uno de los sonidos emitidos por aquel ungido instrumento, Y el Señor le decía: "Hija, lo que experimentaste con tu esposo yo lo permití, pues he querido darte una alegoría de lo que sucede con mi iglesia. Así como tú te sentiste mal por el hecho de que tu esposo te ignoraba, y te trató como si tu no existieras, imagínate cómo se siente mi Espíritu cuando la iglesia lo ignora, cuando pasan los días, las semanas, y aún los meses y mis hijos ni siquiera lo determinan. Así como en el matrimonio deben gozar de una relación correcta, en lo espiritual, cada uno de mis hijos se debe esforzar por mantener una excelente relación con el Espíritu de Dios, ya que mantener la comunión con el cónyuge, equivale a mantener la comunión con el Espíritu".

Lejos estuve yo de imaginar lo que le había sucedido a Claudia y cuando la llamé para que diera un saludo a las casi 20.000 personas que nos acompañaban aquel día, en medio de lágrimas empezó a compartir de nuestra diferencia a todo el auditorio, habló de la manera como se sintió cuando yo prácticamente ni la determinaba, y dijo cómo el Espíritu de Dios usó esta situación para enseñarle a ella y a la iglesia acerca de la manera como se siente El cuando a diario lo ignoramos. Así como en lo natural, también sucede en lo espiritual.

Mientras estaba compartiendo su experiencia, vino un quebrantamiento por todo el auditorio; cada uno de los asistentes fue redargüido por la ministración del Espíritu Santo. Con mi esposa hemos entendido que si permitimos alguna diferencia, toda la iglesia muy rápido se enterará, porque no podemos tener secretos con el Señor ni con la iglesia.

Listos para el trabajo celular

Cuando cultivamos una genuina relación con el Espíritu Santo, estamos listos para entrar a desarrollar la visión celular. En las células, el Espíritu de Dios es desatado y los milagros comienzan a ocurrir, partiendo de la conversión de una vida, hasta llegar a otras maravillas y prodigios.

Tal como explicamos en el capítulo anterior, en la iglesia primitiva los creyentes se reunían diariamente en el templo y en las casas puesto que el crecimiento era multitudinario y no se contaba con edificios como los actuales para congregar a tantos convertidos.

Y en cada casa, en cada una de esas células, al tiempo que la Palabra de Dios era compartida, los milagros empezaban a suceder porque la unción del Espíritu tenía cabida. No se ignoraba la presencia del Espíritu, por el contrario, se buscaba siempre esa manifestación poderosa en liberación, en sanidades y otros milagros, y dice la Escritura que día tras día iban añadiéndose los que harían parte de la iglesia.

Las células son núcleos de personas en los que Dios prepara el ambiente propicio para que su Espíritu descienda poderosamente. El líder debe mantener una relación íntima con el Espíritu Santo, a fin de que pueda ser un canal de bendición a través del cual fluirá la unción para que otras vidas sean transformadas y liberadas. La visión que Dios nos ha concedido y que, poco a poco, hemos venido compartiendo con el mundo entero, da resultados en la medida en que se realiza en comunión con el Espíritu de Dios.

No aspiremos a lograr grandes conquistas y ministerios fructíferos, ignorando al Espíritu, es Él, a través de los dones, el que brinda la autoridad para quebrantar los poderes demoníacos que operan al interior de las familias, y en la vida de cada persona. Nuestra labor consiste en ganar almas y hacer discípulos, pero no es un trabajo que pueda hacerse en la dimensión intelectual, creyéndonos autosuficientes, la nuestra es una labor en la que Dios interviene usándonos como instrumentos en sus manos, pero que tiene éxito cuando el Espíritu Santo está en el asunto.

Capítulo seis

¡LOS DIEZ MANDAMIENTOS DE LAS CÉLULAS!

"Los sabios conocen el tiempo que están viviendo, que el fruto está maduro, y diligentemente vinculan a otros para que les ayuden en la recolección y el fruto no se pierda" C.C.D.

Sabemos que todo el universo está regido por las leyes divinas. La ley de la gravedad quedó establecida desde que Dios le dijo a la tierra que se quedara en su lugar. De la misma manera, cada astro obedece al mandato establecido por el Señor, de modo que el sol no se puede ni acercar ni alejar de la tierra, sino que permanece donde Dios le dijo que se quedara. En el universo, todo está sometido a los parámetros preestablecidos por el Señor y, gracias a ello gozamos de sus beneficios. Así como hay leyes naturales, también hay otras espirituales que el hombre ha querido quebrantar por su propia voluntad y encontramos que algunos se ufanan diciendo: "Las leyes se hicieron para quebrantarlas", pero sabemos que cuando las reglas se quebrantan, es difícil evadir las consecuencias.

En la antigüedad, Dios le dio al pueblo de Israel diez mandamientos por los cuales tenían que regirse a fin de llegar al alcance de su ideal, de su meta; del mismo modo, si queremos que la visión celular se desarrolle correctamente y el suyo alcance a convertirse en un ministerio y liderazgo fructíferos, deben considerarse ciertas normas que ayudarán a obtener la bendición divina al aplicar la visión. De acuerdo a la experiencia que hemos tenido en el trabajo celular, hemos llegado a entender que para que tenga efectividad, se deben guardar ciertas reglas fundamentales para asegurar el éxito en la responsabilidad que se nos haya asignado en lo que concierne a la visión celular.

Estos diez mandamientos deben convertirse en un gran soporte de su trabajo celular. En este capítulo trataremos cinco de esos mandamientos, los cuales tienen que ver directamente con su compromiso como líder y el de su iglesia con respecto a la visión celular.

Primer mandamiento: Amar la visión celular

El amor hacia lo que tenemos y lo que hacemos, rompe cualquier posibilidad de duda y nos prepara el camino para obtener el éxito. Todo el que anhele poner en práctica esta visión y obtener los mejores resultados, debe enamorarse totalmente de esta visión, disponerse a romper todos los esquemas que puedan obstaculizarla, y estar listos para el cambio.

La iglesia de Efeso empezó con un gran compromiso con el Señor, una pasión extraordinaria por los perdidos, se esforzaban por alcanzarlos para Cristo; pero con el paso de los años, el trabajo ministerial se fue convirtiendo en algo mecánico, había mucha labor, pero sin amor. A raíz de esto, el Señor les envía una carta de recriminación por haber dejado su primer amor (Ap. 2:4).

El amor no busca lo suyo, el amor equivale a renunciar a muchas cosas para que lo que amamos sea valorado y, en este caso, para que las células se reproduzcan y multipliquen, es necesario aprender a amar la visión celular. Donde no hay amor, no hay nada. *"Si tuviese toda la fe, de tal manera que trasladase los montes, y no tengo amor, nada soy. Y si repartiese todos mis bienes para dar de comer a los pobres, y si entregase mi cuerpo para ser quemado, y no tengo amor, de nada me sirve"* (1 Co. 13:2-3). Si usted saca el amor del trabajo celular, empezó mal. Amen las células entrañablemente.

Cuando uno de nuestros pastores le preguntó al pastor del ministerio juvenil: ¿Cómo puedo alcanzar a los jóvenes y hacer que nuestro grupo crezca? La respuesta que le dio lo dejó completamente perplejo, él le dijo: ¡Ámelos! Eso fue exactamente lo que empezó a hacer este pastor y a los pocos meses se vieron excelentes resultados.

Debo aclarar que este tipo de amor profundo no se daba siempre ni en el ámbito de todo el liderazgo, ha sido un proceso en el que, paso a paso, cada cual ha terminado comprometiéndose hasta convertirlo en una prioridad. Por ejemplo, nuestra ministra de alabanza cantaba muy hermoso y sus inspiraciones eran bien edificantes, pero tenía sólo 16 células, un número muy reducido si consideramos el ritmo de crecimiento de la iglesia. Al pedirle una explicación ella me indicó que su principal tarea estaba en el ministerio de alabanza, pero la desafié a comprometerse más con esta visión pues, todos en nuestra iglesia, sin importar a cuál ministerio se pertenezca, deben trabajar con células. Ella se dispuso y en el primer año pasó de 16 a 100 células, desde entonces su amor por la visión celular ha sido muy intenso y es una de las personas que más células tiene dentro de la red de mujeres, todo porque le puso amor a esta visión.

Una situación parecida sucedió con mi suegra, quien dirige el ministerio de intercesión. Al consultarle por sus células en una oportunidad, me respondió: "Tú sabes que mi trabajo consiste en orar todos los días por ti, si me exiges células, ¿Quién va a interceder por tu ministerio?". Le expliqué que esto no era algo familiar, sino que era parte de la visión y que todos se deberían comprometer con el trabajo celular. En principio consideró que le decía esto porque quería trasladarla de ministerio, pero luego entendió que era el siguiente paso que tenía que dar. Sobreponiéndose a todos los argumentos que habían surgido en su mente, de que eso de las células es responsabilidad de los jóvenes quienes disponen del tiempo suficiente para hacer el trabajo, entendió que la edad tampoco es una objeción ya que Dios no hace acepción de personas, estuvo dispuesta a dar el paso en fe y en un año alcanzó las cien células. Estos resultados fueron posibles porque le puso amor a la visión celular.

No importa la edad, mi madre tiene 77 años y está involucrada con células, tampoco importan las ocupaciones, la mayoría de líderes de células trabajan tiempo completo en empresas seculares, pero están dedicados a esta visión con una motivación constante. La clave está en el amor.

Segundo mandamiento: No desviarse de la visión celular

Uno de los aspectos fundamentales dentro de la visión celular, es la perseverancia, y ser fieles a la visión ya que salirse de ella puede resultar tan fácil que casi no nos damos cuenta. Esa fue la experiencia que tuve años atrás pues, uno de mis amigos, quien vio la explosión numérica que estábamos experimentando dentro de nuestra congregación, me sugirió que conociera su programa y cuya visión era plantar iglesias en sectores donde hubiese escasez de las mismas. Esto me pareció interesante, vi que era una visión correcta y me propuse la meta de abrir doscientas iglesias en un año, me di a la tarea de entrenar a un grupo considerable de personas para este trabajo. Seis meses después de haber empezado este entrenamiento fue cuando llegó una invitación para asistir a un seminario en Seúl Corea. Cuando vi la lista de los talleres que se estarían dando me llamaron la atención algunos y decidimos con mi esposa viajar hasta aquel lugar para aprender mucho más sobre la no fácil labor que teníamos por delante.

Al evento asistieron más de cinco mil líderes cristianos de los diferentes lugares del mundo y me registré para participar del taller "plantación de iglesias". Mi esposa se inscribió en el de "saturación de evangelismo". Pero los dos tuvimos una experiencia similar: mientras estábamos escuchando a los conferencistas, el Señor nos decía: Todo lo que ellos les están diciendo que hagan, es justo lo que no deben hacer. Cuando el Señor nos ministró esta palabra nos sentimos tan desilusionados que nos dijimos : este viaje fue toda una equivocación. No obstante, nos esperamos hasta el final del evento pensando que Dios tendría algo para nosotros, pero nada sucedió. Acordamos con un grupo de amigos asistir a uno de los servicios de la iglesia del Dr. Cho. Cuando llegamos aquella mañana, era tanta la gente, que no había una sola silla vacía, mi esposa encontró lugar en uno de los escalones del auditorio, mientras yo participaba en pie de aquel maravilloso servicio. Mirando a la plataforma, Dios me dio una visión en la que vi al pastor Cho corriendo en traje de atleta, con una antorcha en su mano, y llegando ante mí para entregármela, cómo diciendo: Ahora tú tienes que continuar. Fue entonces cuando oí la voz del Espíritu, diciéndome: "Hijo, yo te di una visión similar a la de este hombre: Una iglesia grande con muchas células, y tú has tratado de introducir otra visión dentro de la visión, y esto es división". Dios, en su misericordia estaba guardando la iglesia de una división interna en el trabajo.

Aquel día sentí tanta vergüenza delante de Dios, que le pedí perdón con todas mis fuerzas, y le prometí que volvería a la visión original, lo que hice tan pronto regresé a la ciudad. Cuando expliqué al liderazgo mi experiencia, todos entendieron y de nuevo acordaron darme el apoyo en la visión. Y, como ya es de su conocimiento, aquel año tuvimos un crecimiento extraordinario pues, pasamos de mil doscientas células a cuatro mil células, en solo seis meses. El trabajo de las células es emocionante, pero debe ser realizado a partir del modelo de los doce. Las células obtienen su desarrollo de acuerdo al liderazgo que esté sobre ellas.

Tercer mandamiento: No permitir que la célula sea infructuosa

Todas las células tienen que ser evangelísticas. Usted tiene que salir a buscar a las personas. Cuando los miembros de la célula tienen metas de crecimiento, ya sea por semana o por mes, todos se esfuerzan por cumplir con lo que a cada quien le corresponde. El Señor dijo: *"Os he puesto para que llevéis fruto y más fruto, y mucho fruto"*. Estos son los tres grados de fructificación dentro del ministerio: se comienza con una célula, luego de doce meses, deben tenerse doce, y en veinticuatro meses haber llegado a las ciento cuarenta y cuatro.

Llevando fruto. (Jn. 15:2). Es una célula de evangelismo a la cual asisten personas nuevas que tienen poco conocimiento y ningún tipo de formación. Aquí se desarrolla la tarea de consolidar e involucrar a las personas en un proceso de formación. Se hace el llamado a muchos y se realiza la labor de evangelismo o discipulado. *"Después volvió a salir al mar; y toda la gente venía a él, y les enseñaba"* (Mr. 2:13).

Llevando más fruto. (Jn. 15:2). Es la célula a la cual asisten personas con más conocimiento de la Palabra de Dios y están más estructurados en la visión, y la gran mayoría se están entrenando para un liderazgo eficaz.

Llevando mucho fruto. (Jn. 15:5). Es cuando todos los asistentes están preparados para la multiplicación (Doce células nuevas). El grupo ya constituído pasa por un tiempo de preparación con el objetivo específico de lo que deben hacer para luego ser enviados.

Toda visión celular tiene que dar fruto. El fruto se ve reflejado en la cantidad de células que periódicamente se están abriendo. Sabemos que en toda labor hay fruto, y éste debe darse desde su inicio.

Cuarto mandamiento: Reunirse una vez por semana

La frecuencia de reuniones más efectiva en relación con las células es la semanal. Tanto el líder como el anfitrión, y los demás integrantes de la célula deben trabajar para tener personas nuevas en cada reunión. Cuando Cornelio fue a recibir la visita de Pedro, quien representa al líder de célula, se preparó extendiendo la invitación a sus familiares y amigos más cercanos, lo cual contribuyó al éxito de aquella reunión porque el Espíritu Santo fue derramado por primera vez en medio de un grupo no judío, lo que dejó asombrados a todos los que acompañaban a Pedro, quienes vieron cómo Dios los bendijo de la misma manera que a ellos.

No permita que en esta reunión semanal se desvíe el propósito, trate de que siempre se mantenga un buen equilibrio espiritual procurando no caer en misticismo. La visión de la iglesia se reproduce dentro de las células, y por esta razón hemos tratado que éstas sean homogéneas: hombres con hombres, mujeres con mujeres, jóvenes con jóvenes, parejas con parejas, niños con niños; así, personas que hablan el mismo lenguaje, pueden desarrollar un trabajo más efectivo.

Quinto mandamiento: La célula debe ayudar a la restauración familiar

El trabajo celular es para restaurar familias. El mundo entero está siendo sacudido por la crisis familiar. Do quiera que vamos encontramos que las personas necesitan una respuesta que de solución a la problemática que viven como familia, ya sea como pareja, o en la relación entre padres e hijos. Las células deben estar preparadas para atender esta necesidad, en ellas se busca que los hijos restauren la relación con sus padres, los padres con los hijos, la mujer con el marido y el hombre con su mujer. Para lograr que esta labor sea exitosa se necesita tener discernimiento de espíritus, llegar a la raíz del problema, sanar heridas profundas del alma, romper cadenas y ataduras del pasado.

En las células, las familias son vistas como pequeñas iglesias en las que se ministra con la intención de reafirmar los lazos de consanguinidad y la preeminencia del amor entre esposos, hermanos, hijos, etcétera. Estamos convencidos que la base para restablecer la sociedad es restaurar su núcleo principal que es la familia, esto demanda cumplir con todos los procesos que permiten el renacer de una vida y de una familia, lógicamente, practicando cada etapa dentro del orden correcto. Pablo dice: "*Hágase todo decentemente y con orden*" (1 Co. 14:40).

Si alguien necesita de una ministración más profunda, la sugerencia es que esta persona sea llevada a un encuentro de tres días, durante los cuales pasará por liberación, sanidad interior, seguridad de salvación y llenura del Espíritu Santo.

Sexto mandamiento: Haga de cada miembro un líder

A la congregación llegan personas con diferentes necesidades, pero a cada uno de ellos se les deben brindar las mismas oportunidades para que alcancen su desarrollo espiritual. Se hace necesario que aprendamos a verlos con los ojos de la fe.

Sugiero que cada persona que llega a la célula sea visualizada como un gran líder. Usted no sabe si esa persona habrá de convertirse en campeona ganando almas y abriendo células. Hemos escuchado los testimonios de aquellos que ganaron solamente a un hombre, y éste ha sido usado para cambiar multitudes de vidas, aún naciones enteras.

Séptimo mandamiento: Velar por la santidad del grupo

El Señor dijo: *"Yo soy santo y sin santidad, nadie me verá"*. Cuando se permite el pecado, se tolera y se consiente, la célula empieza inmediatamente a decaer. Usted tiene que ser muy radical contra el pecado y no confiarle células a alguien que lleve una vida doble porque la carta de garantía del líder debe ser su testimonio. La santidad debe comenzar en el líder, quien debe cuidarse aún de las más pequeñas indiscreciones. Salomón dijo: *"Las zorras pequeñas echan a perder las viñas"*. El testimonio del líder se inicia en su propia casa, y él debe tratar de que ésta sea una casa de paz en la que reine la presencia de Cristo, y esforzarse para que todos los miembros de la familia vivan en el temor de Dios.

Lograr vivir en santidad es posible cuando nos disponemos a confesar nuestros errores. Si alguien tiene una caída, el primero en saberlo debe ser su líder o su pastor. A uno de los miembros de mi equipo le preguntaron: "¿Si usted llegara a cometer un pecado, a cuál persona se lo diría primero?", a lo que él respondió: "A mi pastor". Quien hacía la pregunta era un evangelista quien se sorprendió con la respuesta porque, por lo general, lo que menos desearía el líder o la persona que ha caído es que su pastor se entere. Sin embargo, hemos podido establecer una relación de amistad con el liderazgo, y esto les facilita la confianza y el acercamiento a nosotros; por consiguiente, entrar en restauración para lograr la santidad, se hace posible.

Octavo mandamiento: No trabajar en fundamento ajeno

En la congregación hemos encontrado el caso de personas que han llegado a pensar que, atrayendo a un líder ya formado en otro ministerio, están ganando tiempo, pero los resultados demuestran todo lo contrario porque lo único que han logrado es demorar más el proceso.

Por ejemplo, durante un tiempo la Red Internacional de Hombres reportaba emocionadamente un gran número de células, pero noté que la mayoría de asistentes a las mismas eran mujeres, y ellos argumentaban que los hombres no querían comprometerse. Esto me impulsó a que los hombres entregaran las mujeres que tenían en sus células a sus respectivos cónyuges, lo que fue de mucha ayuda para ellas.

Cada miembro debe ser fiel a su grupo y no estar visitando diferentes células ya que esto puede traerle confusión y, además, tampoco podría entrar firmemente al proceso de formación ministerial requerido. Usted no debe llenar sus células con miembros de otras iglesias porque esto crea inestabilidad en las personas.

Noveno mandamiento: Nunca permita la murmuración dentro de la célula

Cuando el agua se estanca se descompone, hiede y genera mal olor.

Cuando una célula se estanca y no crece, ésta también se descompone y empieza a heder: Lo que sale del grupo es chisme, murmuración, crítica y queja.

Nunca permita que alguien le hable mal de otro. Le escuché decir a un predicador que nos visitó hace varios años: "Si no tengo nada bueno que decir de alguien, prefiero no decir nada". Guarde su lengua, nunca murmure ni del pastor, ni de los líderes, ni de la iglesia. Si usted ve muchos defectos en otros, ore por que quizá el Señor le está colocando carga de oración por ellos. Recuerde que todos los que murmuraron cuando marchaban por el desierto, quedaron postrados allí sin conocer la tierra prometida, porque cuando entra la murmuración, ésta causa estragos. Sea radical y nunca permita un chismoso dentro de su célula.

Décimo mandamiento: Desarrolle las metas estratégicamente

Es fundamental que tenga metas realizables, pero que impliquen un esfuerzo de su parte. Sus metas deben ser claras y con el propósito de la multiplicación. Nunca establezca metas con una mentalidad negativa, pensando que va a ser muy difícil cumplirlas, usted debe estar dispuesto a asumir los riesgos que demande la visión. Es importante que desarrolle un programa de metas en el que debe aparecer escrito todo cuanto anhele alcanzar, éste le ayudará a mantener un espíritu de oración en favor de esas metas y no desmayar hasta lograrlas. Es importante:

- Comprometerse a alcanzarlas
- Supervisarlas continuamente
- Mantenerse física, espiritual y mentalmente en forma.
- Convertir sus desventajas en ventajas.
- Mantener una vida disciplinada
- Conseguir toda la ayuda que pueda.
- Trabajar en equipo.
- Ser positivo.
- Soñar con el éxito.

El trabajo de la iglesia debe ser como el de una empresa, con proyecciones. Si hablamos con el gerente de una compañía sobre sus metas, nos va a mostrar un cuadro con las proyecciones que aspiran alcanzar; sin embargo, cuando hablamos con muchos líderes y pastores, la respuesta que obtenemos es: "la proyección de mi iglesia es hacer lo que Dios quiera". No es lo correcto, cuando Dios da una visión a un hombre, éste pasa a convertirse en el piloto de un avión que debe saber hacia dónde va. Si el pastor no tiene la visión, su iglesia tampoco. El líder debe conocer la visión de los doce, cómo va prepararlos y cuándo, cuántas células deberá tener a fin de año, etcétera., Tengamos en cuenta que los grandes logros parten de la conquista de metas pequeñas. Dios cumple sus metas echando mano de los miembros de la iglesia.

Capítulo siete

¡UNA ESCALERA HACIA EL ÉXITO!

"Sé dueño de una poderosa fuerza espiritual, que sea arrolladora e impetuosa pues el mundo necesita de hombres aguerridos en la palabra y fuertes en el espíritu que sean dignos de imitar" C.C.D.

El proceso al interior de la visión

Hoy por hoy, la aplicación de los principios de la visión nos permite obtener mayores resultados que al comienzo y el Señor nos ha llevado a la creación de un proceso que garantiza el éxito a toda persona dispuesta a consagrarse en el trabajo celular, este proceso se llama: Escalera del Éxito. Son cuatro pasos, que en este libro identificaremos como escalones, y que nos conducen en forma ascendente a hacer de cada nuevo creyente un líder y convertirlo en otro agente de multiplicación capacitado para expandir la visión con el mensaje de Cristo. Estos cuatro escalones son: Ganar, consolidar, discipular, y enviar.

Cada uno de estos pasos va unido al otro, entrelazado, sólo de esta manera dan resultado. Hace más de 150 años el científico Justus Won Liebig, biólogo y químico, descubrió que para el desarrollo de una planta y lograr que las semillas den fruto se requieren cuatro elementos fundamentales (Nitrógeno, Potasio, Cal, y ácido fosfórico), así hemos notado que los cuatro escalones de la escalera del éxito son los que brindan la mejor fertilidad a la visión en la medida en que sean aplicados y cuidados como un todo. Si uno de los elementos químicos de la tierra es usado en mayor proporción que otro, no dará el mismo resultado. En cuanto a los pasos de la escalera, notamos que algunos se concentran más en discipular en la escuela de líderes llegando a la sobresaturación, pero descuidan la parte de la consolidación; o consolidan, pero descuidan la evangelización, y así no se obtiene el mejor fruto. Los resultados son óptimos cuando cada paso se desarrolla en forma equilibrada con el otro hasta completar el ciclo.

Como es nuestra intención guiarle de la mejor forma posible en la implementación de la visión celular, trataremos cada uno de los pasos de la escalera del éxito a fin de que a usted también le brinde un fruto abundante. Nos ocuparemos seguidamente del primero de ellos.

El reto es ganar

> *"Toda potestad me es dada en el cielo y en la tierra. Por tanto, id, y haced discípulos a todas las naciones"* (Mt. 28:18-19).

Es, en términos sencillos, el evangelismo, que se realiza bien sea en forma personal, cuando establecemos contacto directo con las vidas que aspiramos sean ganadas para

Cristo, aprovechando toda circunstancia posible; o que se da también en forma masiva en las reuniones congregacionales mediante el llamado al altar. Es el evangelismo, esta primera etapa de la escalera consistente en ganar almas, lo que comienza a brindar garantías de éxito a la visión celular. Si no hay evangelismo, entonces no tendremos a quién vincular a las células.

La tarea de ganar a los perdidos no es algo que dependa de nuestra decisión en cuanto a si queremos hacerlo o no, es un mandato que todo creyente en Cristo debe cumplir, es el cumplimiento de la Gran Comisión dada por El a sus discípulos antes de ascender al cielo. No es algo opcional, es un proceso que el Señor estableció como vital y esencial para que el mundo pudiera conocerle y ser salvo por El. Gracias a que los discípulos de Cristo se dedicaron a cumplir con este mandato, el mensaje de salvación llegó a nosotros, ahora es nuestro compromiso permitir que aquellos que no han tenido un encuentro personal con Jesucristo, también disfruten de este privilegio obteniendo la oportunidad de ser llamados hijos de Dios y declarados coherederos de Cristo.

"Y esta es la vida eterna: que te conozcan a ti, el único Dios verdadero, y a Jesucristo, a quien has enviado"(Jn. 17:3).

Algo que el Señor tuvo en su corazón fue la salvación de las almas, y ganar almas tiene que ser un arte en el que se combinan: el tiempo de Dios, la unción divina, y la sensibilidad al Espíritu Santo para movernos en la dimensión de lo sobrenatural. El Señor Jesucristo dijo que hay vida eterna, pero enfatizó: *"Esta es la vida eterna: que te conozcan a ti, el único Dios verdadero, y a Jesucristo a quien ha enviado"* (Jn. 17:3).

En la etapa de ganar nos toca llevar a las personas a través de un proceso mediante el cual anunciamos el evangelio, pero también los descontaminamos de los dioses que han tenido para que conozcan al Dios verdadero y a Jesucristo a fin de que puedan entrar así a lo que es la dimensión de la vida eterna. Para lograr este propósito, Dios siempre busca hombres y mujeres para que hagan la obra. Este trabajo lo podrían hacer tranquilamente los ángeles que anhelan anunciar el evangelio, pero Dios no se los permite, porque, como sabemos, este privilegio le fue confiado a los que han sido redimidos por la sangre del Cordero de Dios. Los ángeles tienen otra forma de trabajar: están al servicio de los siervos de Dios, son agentes ministradores que el Señor puso como colaboradores nuestros, pero el trabajo de evangelizar es solamente del hombre.

Por esto Jesús tuvo que hacerse hombre, para en su condición humana, poder proclamar el evangelio del reino y presentarlo en un lenguaje sencillo a la humanidad. Es muy diferente cuando se habla a una persona a la cual se está viendo, presentándole argumentos lógicos acerca del evangelio.

Para comunicar el evangelio se necesita todo un ejército, el cual debe estar conformado por hombres y mujeres que han sido redimidos y transformados por la sangre del Cordero de Dios, y cuya pasión sea ganar almas.

*"Y fueron con él los hombres de guerra cu-
yos corazones Dios había tocado"* (1 S. 10:26b).

Podemos ver que quienes acompañaron a Saúl fueron
los hombres de guerra, pero de corazones renovados, los
que habían sido tocados por Dios. Dentro de la labor que se
desarrolla en la M.C.I. las personas están bastante comprometidas con la evangelización, y lo hacen sintiendo una
gran compasión por los perdidos. Veo que todos ellos son
hombres y mujeres de guerra porque Dios ya ha preparado
sus corazones, los ha tocado y colocado a nuestro lado para
ir al combate, a la guerra de Dios. Para llegar a tener ese
ejército se empieza por algo sencillo: por un evangelismo
persona a persona.

Es una estrategia

El Señor nos enseñó sobre la gran estrategia de ganar
almas, lo hizo con la mujer Samaritana. De aquel diálogo
personal vino la salvación a toda una ciudad por medio de
esa mujer.

Para el Señor, el ganar un alma era como su comida pues,
entendía que la voluntad del Padre era que ninguno se perdiera, y que todos procedieran al arrepentimiento. El tenía
una misión que debía culminar y por esto dice a sus discípulos:

*"¿No decís vosotros: aun faltan cuatro meses
para que llegue la siega? He aquí os digo:
alzad vuestros ojos y mirad los campos, porque ya están blancos para la siega"* (Jn. 4:35).

El Señor nos da a entender que no hay tiempo que perder, que la gente ya está lista para convertirse. Es como cuando el fruto está maduro en el árbol, si los segadores no lo recogen pronto éste se cae y se pierde. Lo mismo sucede a nivel mundial, el fruto está maduro y si se deja pasar ese tiempo, la gente puede endurecer su corazón, y luego se va a requerir de un mayor esfuerzo. ¿Cuántas naciones hay que han dejado pasar el tiempo de gracia de Dios y no fueron a cosechar porque se sentían satisfechas? Algunos de sus líderes decían: ya tenemos quinientas o mil personas en nuestra congregación, ¡esto es avivamiento!, y dejaron de hacer la obra evangelística; pasó el tiempo de gracia y los corazones fueron entregados al endurecimiento. Gracias a Dios, Colombia está viviendo uno de los mejores momentos porque, en medio de la adversidad, Dios ha puesto su mano sobre nuestra nación y nos ha bendecido con una cosecha abundante de almas.

Todos los que vienen a Colombia dicen lo mismo: Este es un tiempo de gracia de Dios para con esta nación. Donde quiera que usted predique, a quien quiera que le hable, abre el corazón para aceptar a Jesucristo.

La cosecha está madura

Las puertas están abiertas, solo se necesita entender que la cosecha ya está madura y los segadores somos nosotros. Dios nos envió únicamente a cortar el fruto y prepararlo de la manera correcta.

"Y el que siega recibe salario, y recoge fruto para vida eterna, para que el que siembra,

goce juntamente con el que siega. Porque en
esto es verdadero el dicho: Uno es el que siem-
bra, y otro es el que siega" (Jn. 4:36-37).

El Señor enseña que algunos predicaron y no vieron las conversiones, pero regaron la semilla. Otros predican y la gente se convierte, pero no es por el trabajo actual, es que otros ya dejaron el terreno abonado, prepararon todo para que nosotros llegáramos, tomáramos el fruto y lo consolidáramos.

El Señor enseña también que el que haya sembrado, no quedará sin recompensa, aunque no haya visto el fruto de la conversión de almas.

"Yo os he enviado a segar lo que vosotros no
labrasteis; otros labraron, y vosotros habéis
entrando en sus labores"(Jn. 4:38).

¿Cuántos métodos evangelísticos han existido desde entonces hasta nuestros días?: muchos y excelentes. Pero vino una gracia, que es una estrategia divina, para tomar el fruto, consolidarlo y retenerlo para que luego éste diera más fruto. No podemos dejar de trabajar en lo que Dios nos confió que es la visión primaria: avanzando y ganado almas, porque tenemos aun un gran desafió por delante.

Tenemos que reforzar el trabajo de evangelismo persona a persona. Gracias a Dios nuestra gente está siendo entrenada para que se reproduzcan donde quiera que se encuentren, por ejemplo, como pastor yo no puedo estar en las empresas, pero en ellas sí están los miembros de la iglesia; yo los entreno para que hagan la obra evangelística en sus lugares de trabajo, en los colegios, en las universidades, en los sectores donde viven; es decir, entrenar a nuestra gente es parte del trabajo que Dios nos ha confiado, formarlos para que ellos se dediquen a ganar a otros.

La manta del amor

La mayoría de los que pretendemos ganar están llenos de problemas y de necesidades. A ellos debemos darles un mensaje de amor, de fe y de esperanza. En la época de David, cuando ya estaba viejo, nada lo calentaba, aunque le colocaban una manta tras otra, y por más mantas que le colocaban, nada lo calentaba; hasta que uno de los consejeros sugirió conseguir una doncella para que lo calentara con el calor de su cuerpo, y esto fue lo único que logró que el cuerpo del rey entrara en calor. Podemos entender que cada manta representa un mensaje que el predicador da a las almas perdidas, pero éstas entran en calor sólo cuando viene una expresión de amor y se les ministra con la compasión de Dios, entonces es cuando se derrite el corazón de los hombres y deciden volverse al Señor con toda su alma.

Carlos Spurgeon dijo: "Si yo fuera absolutamente egoísta y no me preocupara más que por mi propia felicidad, aún así me preocuparía por ganar almas para Cristo; porque nunca conocí alegría más indescriptible, pura y rebosante que la que llenó mi ser el día que vi a uno que había hallado a su salvador por mi propio medio, O por él como intermediario, jamás joven madre se regocijó más sobre su primogénito ni se ha exaltado guerrero alguno después de obtener y disputar la victoria". Spurgeon jamás había obtenido en su vida tanto gozo como el que le proporcionó el ver un alma rendida a los pies de Cristo a través de uno de sus mensajes Esto sucede cuando uno es un canal de bendiciones para otros, y es el instrumento que Dios está usando para sacar a una persona del abismo del infierno, y trasladarlo al reino de Cristo, esto proporciona mucha felicidad.

Un jovencito de once años, hijo de uno de los líderes de parejas, tuvo un sueño con el Apocalípsis: vio cómo las almas se iban a la perdición, soñó con la bestia de la cual habla el libro, y que es el líder religioso mundial, y detrás del cual hay una bestia de siete cabezas, un monstruo terrible; vio cómo las gentes eran engañadas e iban camino al infierno; vio el lago de fuego y que, cuando caían a este lugar, la piel empezaba a deshacerse en ellos como cuando les cae ácido. Este joven nunca había leído sobre el Apocalípsis, Dios le dio esta revelación para que tuviese compasión por los perdidos. Al mismo tiempo el Señor le mostró la felicidad del reino celestial, y pudo ver que lo que la Biblia enseña al respecto es una gran realidad.

R. A. Thorrey testificó: conocí muy poco del gozo de la salvación hasta que alguno aceptó a Cristo por primera vez a través de mí. ¿Usted qué siente cuando alguien se convierte? Nunca debemos perder el gozo de ver personas que se rinden a los pies de Cristo.

Ganamos mientras guerreamos

No podemos cesar de proclamar porque estamos en este mundo cumpliendo una Misión específica encomendada por Dios, y nos encontramos en guerra abierta contra el infierno, tenemos que arrebatarle las almas al adversario para trasladarlas al reino del precioso Hijo Jesucristo.

Pablo dijo: *"Me he hecho débil a los débiles, para ganar a los débiles; a todos me he hecho de todo, para que de todos modos salve a algunos"* (1 Co. 9:22).

El apóstol decide no limitar el evangelio y se propone ser un gran estratega para poder llegar de manera eficaz a cada persona, sin importar la posición social, o el nivel cultural o su origen racial.

"El que gana almas es sabio" (Pr. 11:30b).

La sabiduría consiste en ganar almas. No dice la Biblia que el que hace dinero es sabio; no dice: el que seduce es sabio; no dice: el que estudia mucho es sabio. Solamente el que gana almas es sabio.

"El cual quiere que todos los hombres sean salvos y vengan al conocimiento de la verdad" (1 Ti. 2:4).

Creo que cuando la tierra se abona , se trabaja de la manera correcta, y se siembra la semilla adecuada, el fruto se tiene que ver. D.L. Moody oyó al predicador Henrry Barley decir: "El mundo no ha visto lo que Dios puede hacer con un hombre que esté completamente rendido a El". Este mensaje cambió su vida pues, determinó que ese hombre seria él. Y llegó a ser uno de los más grandes ganadores de almas. Un hombre rendido en las manos de Dios de la manera correcta, será alguien que transforme naciones y continentes enteros para la gloria del Señor Jesucristo.

> *"Así que, hermanos, os ruego por las misericordias de Dios, que presentéis vuestros cuerpos en sacrificio vivo, santo, agradable a Dios, que es vuestro culto racional. No os conforméis a este siglo, sino transformaos por medio de la renovación de vuestro entendimiento, para que comprobéis cuál sea la buena voluntad de Dios, agradable y perfecta"*
> (Ro. 12:1-2).

¿Qué es lo que pretende decir el Apóstol? Hace una suplica indicando que debemos presentar nuestros cuerpos en sacrificio vivo, santo y agradable a Dios porque esto es lo que corresponde a nuestro primer culto, un culto racional, es decir, la vida de integridad del líder a diario.

No os conforméis a este siglo si no transformaos por medio de la renovación de vuestro entendimiento: el líder debe estar en una continua renovación de la mente, ésta se produce cuando estamos en el altar de Dios muriendo a diario; es allí donde comprobamos cuál es la buena voluntad de Dios: ganar almas. Esa buena voluntad es agradable y es perfecta.

> *"¿O ignoráis que vuestro cuerpo es templo del Espíritu Santo, el cual está en vosotros, el cual tenéis de Dios, y que no sois vuestros? Porque habéis sido comprados por precio; glorificad,*

> *pues, a Dios en vuestro cuerpo y en vuestro*
> *espíritu, los cuales son de Dios"*
> (1 Co. 6:19-20).

Debemos entender que el Señor pagó un precio por cada persona, el precio de sangre como lo dice la Escritura: "Por precio fuisteis comprados, por precio de la sangre", ya Jesús pagó por esa alma hace dos mil años. Ese es el mensaje que debemos compartir con ellos, que ya el precio de su rescate está pagado. Si lo creen, serán trasladados de las tinieblas a la luz admirable del Señor Jesucristo, y es cuando las personas se convierten en el templo del Espíritu Santo.

> *"No temas, porque yo estoy contigo; del oriente*
> *traeré tu generación, y del occidente te reco-*
> *geré. Diré al norte: Da acá; y al sur: No de-*
> *tengas; trae de lejos mis hijos, y mis hijas de*
> *los confines de la tierra"*(Is. 43:5-6).

Como iglesia tomamos autoridad sobre los poderes demoníacos, atando a los espíritus que operaban al norte, al sur, al oriente, y al occidente. Ordenándoles que suelten las almas en el nombre de Jesús, y luego activamos los ángeles pidiéndoles que los trajeran del norte, del sur, del oriente y del occidente. Las almas llegan porque usted primero le gana la guerra al diablo en el lugar secreto. Usted debe mover a la iglesia en la guerra espiritual, luego debe mandar personas a los diferentes sectores a que evangelicen, ya que la oposición ya ha sido quitada, procurando que todos lleguen al conocimiento de la verdad.

Capítulo ocho

¡CONSOLIDAR!

*"La santidad es la huella de Dios, la fe
te relaciona con él y la diligencia te
hace participar de su mesa"* C.C.D.

La conservación del fruto

La iglesia del Señor empezó a establecerse con un fundamento firme: Jesucristo como la piedra angular, la base sobre la cual descansaría todo el peso de la iglesia.

"Porque nadie puede poner otro fundamento que el que está puesto, el cual es Jesucristo" (1 Co. 13:11).

Sobre esta base se iría colocando el fundamento apostólico y profético, es lo que se confirma en Ef. 2:20:

"Edificaos sobre el fundamento de los apóstoles y profetas, siendo la principal piedra del ángulo Jesucristo mismo".

Luego vendría una gracia especial, a través de la cual el Espíritu de Dios se encargaría de coordinar perfectamente el crecimiento, hasta alcanzar la madurez de un templo santo para el Señor.

"En quien todo el edificio, bien coordinado, va creciendo para ser un templo santo en el Señor; en quien vosotros también sois juntamente edificados para morada de Dios en el Espíritu" (Ef. 2:21-22).

El desarrollo espiritual de cada creyente implica un rendimiento total al Espíritu de Dios pues, en el sentido espiritual, somos piedras vivas, y el Espíritu Santo es quien se encarga de colocar cada piedra en su lugar, para ello el Señor requiere que cada persona se deje moldear por su Espíritu. Este moldeo se va concretando, luego que la persona ha sido ganada para Cristo, en un proceso llamado consolidación. La consolidación es el proceso eficaz para formar discípulos, es la etapa donde el nuevo reafirma su decisión personal por Jesucristo, lo cual se logra mediante el cuidado que se le brinda a la persona desde el mismo momento de la entrega.

Conversando con un reconocido evangelista éste me decía: "Durante los años ochenta se convirtieron unos dos millones de personas durante nuestras cruzadas, y hoy necesito cinco mil ujieres para que me apoyen en los eventos evangelísticos y los pastores no los encuentran. ¿Dónde está la gente que hemos ganado?". La inquietud de este evangelista es la misma que se vive en cientos de iglesias alrededor del mundo ¿de todas las personas que han pasado por aquí, cuántas se han quedado? Como en un vehículo de transporte urbano, las personas entran a los templos por una puerta delantera, se quedan un breve tiempo, y salen por una trasera. La razón de este fenómeno es que se está fallando en la conservación del fruto, no hay un programa efectivo de consolidación, un programa que ayude a cerrar la puerta de atrás.

El Señor nos permitió concientizarnos de la necesidad de cuidar al nuevo creyente brindándole pautas que le ayudaran a afirmarse como cristiano y comprometerse con Dios y con la iglesia. En este aspecto hemos procurado fortalecernos a fin de que cada persona que se entrega en las reuniones, perdure y persevere en la congregación y aún se forme como líder para ganar a otros.

En nuestra iglesia, un promedio de mil a mil quinientas personas por semana se están entregando a Jesús, y contamos con un equipo de consolidadores que las llevan a un salón aparte para ayudarles a reafirmar el paso que han dado compartiéndoles principios básicos de la vida cristiana, luego se les prepara para un discipulado, se les lleva a un retiro de tres días (encuentro), después se les vincula a una célula, y por último se establece en la escuela de líderes. Toma unos seis meses el formar a una persona, pero se logra el propósito porque existe una etapa de consolidación en la que el nuevo creyente es cuidado en la reafirmación de su fe y compromiso con el Señor.

Para evitar la esterilidad

Pablo escribe a Timoteo en su primera carta capítulo 2, verso 15, haciendo una alegoría de la iglesia con la mujer y diciéndole: *"Pero se salvará engendrando hijos, si permaneciere en fe, amor y santificación, con modestia"*. No obstante, hay muchas iglesias estériles en el mundo, que se han pasado los años con la misma membresía, no sólo porque no han hecho un trabajo evangelistico continuo y agresivo, sino porque no se ha cuidado el fruto, no se ha consolidado.

Sin dolor no hay multiplicación

El apóstol Pablo ganó las almas con esfuerzo, gimiendo, derramando lágrimas por ellas, por eso leemos en Gá. 4: 19 *"Hijitos míos, por quienes vuelvo a sufrir dolores de parto, hasta que Cristo sea formado en vosotros..."* (Gá. 4:19).

De acuerdo al apóstol, no puede haber consolidación sin que se experimente el nuevo nacimiento, sin que haya dolores de parto.

El Señor le dice a Sidón: *"Avergüénzate, Sidón, porque el mar, la fortaleza del mar habló, diciendo: Nunca estuve de parto, ni di a luz, ni crié jóvenes, ni levanté vírgenes"* (Is. 23:4). Sidón representa a algunas congregaciones que nunca han experimentado dolores de parto y que, por lo tanto, no han tenido hijos, es decir, no ha habido fruto en ellas, no ha habido multiplicación.

La esterilidad de la higuera

"...tenía un hombre una higuera plantada en su viña, y vino a buscar fruto en ella, y no lo halló. Y dijo al viñador: He aquí, hace tres años que vengo a buscar fruto en esta higuera, y no lo hallo; córtala; ¿para qué inutiliza también la tierra?. El entonces, respondiendo, le dijo: Señor, déjala todavía este año,

hasta que yo cave alrededor de ella, y la abo-
ne. Y si diere fruto, bien; y si no, la cortarás
después"(Lc. 13:6-9) .

Hay muchas interpretaciones de esta parábola, pero yo veo representado en ella lo que ocurre en la iglesia local. La viña es en general la iglesia del Señor, y la higuera es la iglesia local; el Señor busca fruto en ella, pero no lo encuentra, y se ve en la necesidad de decir al viñador: ¡córtala!, lo que significa quitar su gracia de esa congregación. Pero se brinda una nueva oportunidad enviando profetas, y siervos dispuestos a hacer el trabajo con una nueva estrategia de crecimiento para ver si da fruto. El complemento de este relato de la higuera lo vemos en Mateo 21:8, el Señor se acerca a buscar fruto en la higuera y no lo encuentra, y da la orden de que se seque. De igual manera El llega a la iglesia local esperando alimentarse de su fruto, el cual está representado en las vidas que han sido ganadas y transformadas.

Algo interesante de esta enseñanza es que la higuera estaba junto al camino, a los discípulos se les llamó "los del camino", es decir, que hay iglesias que no se han comprometido y no han entrado a la viña del Señor, han permanecido junto a ella y por lo tanto no han dado fruto cayendo en el conformismo. Todo lo que esté junto al camino se seca, es necesario que la iglesia entre a formar parte de la viña del Señor.

Si su iglesia ha sido estéril, Dios le brinda una nueva oportunidad, *"Regocíjate, oh estéril, la que no daba a luz; levanta canción y da voces de júbilo, la que nunca estuvo de parto; porque más son los hijos de la desamparada que los de la casada, ha dicho Jehová"* (Is. 54:1). Dios indica con esto que viene un tiempo de grande crecimiento y multiplicación para las iglesias después que las personas hayan nacido de nuevo siendo engendrados por el evangelio de Jesucristo y cuidados en un proceso de consolidación que les da las pautas para andar firmemente en el camino de la verdad.

Cinco etapas de crecimiento para cada persona

La consolidación es, entonces, esa etapa que sigue a la entrega y en la que el nuevo recibe una atención perseverante hasta que el carácter de Cristo sea plenamente formado en él. Jesucristo, con el apoyo de sus doce, fue el mejor consolidador, y en la oración que hizo orando por su equipo en Juan 17, presentó cinco etapas de crecimiento que deben desarrollarse en la vida de cada persona, así como ocurrió con sus discípulos:

1. Revelación de las Escrituras

"He manifestado tu nombre a los hombres que del mundo me diste; tuyos eran, y me los diste, y han guardado tu palabra" (Jn. 17:6). El primer paso tiene que ver con la revelación de las Escrituras y es una exposición claramente entendible por parte de las personas; el mensaje se capta sin interrupciones ni dudas, la palabra, entonces, se les hace Rhema, se convierte en luz, y el nuevo creyente pasa a formar parte de los nuestros.

2. Discipulado a través de la escuela de líderes

"*Porque las palabras que me diste, les he dado; y ellos las recibieron, y han conocido verdaderamente que salí de ti, y han creído que tú me enviaste*" (Jn. 17:8). Esto significa que las enseñanzas que Dios le ha dado al liderazgo, son compartidas con los nuevos en forma metódica y sistemática.

Este es el proceso que se ha establecido en la escuela de líderes, donde cada quien es formado hasta alcanzar a desarrollar el nivel ministerial que tiene.

3. Formación del carácter a través de la Palabra

"*Yo les he dado tu palabra; y el mundo los aborreció, porque no son del mundo, como tampoco yo soy del mundo*" (Jn. 17:14).

Todo nuevo creyente va a recibir el ataque del mundo, integrado por sus familiares, amigos y conocidos; estas personas se levantan contra el creyente aborreciéndolos y menospreciándolos, y es cuando el nuevo debe ser fortalecido y procesado en su carácter. Nuestra labor es enseñarle que él ya no pertenece al mundo y, por consiguiente, no puede dejarse afectar por sus ataques.

4. Madurez espiritual

"*Santifícalos en tu verdad; tu palabra es verdad*" (Jn. 17:17). Cuando una persona ha superado el rechazo, su carácter está firme y puede entrar mediante la

Palabra en un período de comunión íntima con Dios, procurando la santificación.

5. La vida ministerial

"Mas no ruego solamente por éstos, sino también por los que han de creer en mí por la palabra de ellos" (Jn 17:20). El Señor oró específicamente por todos aquellos que llegáramos a alcanzar para su reino, lo cual equivale al desarrollo ministerial dentro de la obra de Dios. Cada persona que ha experimentado un encuentro personal con Jesucristo debe comprender que no fue él quien eligió a Dios, sino que Dios lo eligió a él, y que dicha elección es para que de fruto dentro de su obra; *"No me elegisteis vosotros a mí, sino que yo os elegí a vosotros, y os he puesto para que vayáis y llevéis fruto, y vuestro fruto permanezca..."* (Jn. 15:16).

El principio de la consolidación lo encontramos también en Hechos capítulo 2, donde aparece el relato del apóstol Pedro, quien inspirado por el Espíritu Santo, dio una excelente disertación centrando su mensaje en cuatro aspectos:

El derramamiento del Espíritu Santo sobre toda carne. El Espíritu vendría sobre los hijos, sobre las hijas, los jóvenes, los ancianos, siervos y siervas. Sucederían varias señales antes del retorno de Cristo a la tierra. Señales en el cielo y en la tierra. En la tierra serían de sangre, fuego y vapor de humo. En el cielo, el sol se oscurecería y la luna se volvería roja.

Jesucristo es el varón aprobado por Dios. El ministerio terrenal de Jesús fue un ministerio sobrenatural con maravillas, prodigios y señales, pero El murió, resucitó, ascendió a los cielos, y retornará hasta cuando el Padre someta la totalidad de sus enemigos bajo la planta de sus pies.

Jesús fue constituido Señor. A ese Jesús, a quien el pueblo de Israel crucificó, Dios lo constituyó en Señor y Cristo.

Dice Hechos 2:38 que cuando los presentes escucharon el mensaje de Pedro, se compungieron de corazón y le preguntaron al apóstol qué debían hacer. Mateo Henry comenta que los oyentes sintieron agudas punzadas en su conciencia al escuchar el mensaje, porque en el griego "compungir" equivale a sentir punzadas en el corazón.

El mensaje caló profundamente en ellos por la unción del predicador, no fue algo que quedó en el intelecto sino que llegó al alma, y por ello todos preguntaron "¿qué haremos?", tomaron conciencia de su culpabilidad en la muerte de Jesús y buscaron la manera de enmendar su falta, es cuando Pedro les dice. *"Arrepentíos, y bautícese cada uno de vosotros en el nombre de Jesucristo para perdón de los pecados; y recibiréis el don del Espíritu Santo"* (Hch. 2:38).

Pedro habla del arrepentimiento como un cambio de mentalidad para cambiar también el curso de una vida, el curso de acción; del bautismo como el sepultamiento de la vida pasada, es decir, un acto de fe en el que ya las personas no tienen que ser crucificadas por su pecado, sino confirmar su decisión de aceptar el sacrificio de Cristo por ellos; y al salir de las aguas, se recibe el Espíritu Santo. Pablo enseña a los Gálatas: *"Porque todos los que habéis sido bautizados en Cristo, de Cristo estáis revestidos"* (Gá. 3: 27) .

Cuenta el relato que, luego de aquella predicación de Pedro, se convirtieron 3.000 personas, algo que, según el comentarista Mateo Henry, puede considerarse como un milagro de multiplicación aún mayor que el de los panes y los peces. La frase "se añadieron", nos da a entender que quienes son ganados deben ser incorporados como hermanos de la congregación, como miembros del mismo cuerpo porque ya todos han sido salvos.

Pero los apóstoles tuvieron que hacer un proceso de consolidación en ese entonces verificando la entrega de cada persona, ¿cómo lo lograron?: preocupándose porque recibieran el bautismo en el Espíritu Santo con la evidencia de hablar en otras lenguas, que tuvieran la unción para predicar, y también imponiendo las manos para bautizarlos. Desde el primer día empezaron a tener una comunión estrecha con ellos cuidando que recibieran la sana doctrina para su edificación. *"Y perseveraban en la doctrina de los apóstoles, en la comunión unos con otros, en el partimiento del pan y en las oraciones"* (Hch. 2:42).

En este capítulo sólo hemos visto en términos generales el principio de la consolidación estableciendo una orientación y fundamentación bíblica del por qué y para qué de esta etapa de la escalera del éxito, pero debemos conocer aspectos importantes acerca del consolidador y del proceso en sí mismo, temas a tratar en el próximo capítulo.

Capítulo nueve

¡EL CONSOLIDADOR Y SU PROCESO!

"La renovación de la mente saca al hombre de lo convencional, llevándolo a explorar un mundo completamente diferente lleno de aventuras emocionantes, edificantes y agradables"
C.C.D.

Paso a paso hasta obtener la victoria

La consolidación da resultados efectivos cuando hay alguien comprometido en desarrollarla, respetando cada etapa del proceso. Toda persona que se involucra como agente consolidador debe tener presente que su misión consiste en cuidar al nuevo creyente reproduciendo en él el carácter de Cristo a fin de que de fruto reproduciéndose en otros. Esta tarea implica trabajo, esfuerzo, consagración, dedicación y, sobre todo, amor por las almas tratando de suplir la necesidad que hay en el corazón de Dios de alcanzar a los perdidos.

El proceso de consolidación le permite al pastor de la iglesia descubrir el potencial que hay en cada uno de los miembros de su congregación, despertando su capacidad para reproducirse en otros compartiendo y reafirmando el mensaje de Cristo.

No se puede olvidar que la Gran Comisión va más allá de simplemente ganar las almas, pues este es apenas el primer paso, el requerimiento siguiente es convertir a cada alma en un discípulo de Cristo y esto equivale a formación integral, es decir, el discipulado consiste en formar hombres, y para el alcance de este objetivo es trascendental la consolidación, el cuidado atento de cada nuevo creyente. Con la consolidación se busca establecer un cambio de vida en toda persona, y para esto se requieren hombres y mujeres comprometidos, dispuestos a supervisar paso a paso el progreso del recién convertido. Se trata de un trabajo en equipo, que no le corresponde sólo al pastor de la iglesia, toda la congregación debe asumir la tarea.

Principios que rigen la consolidación

> *"Así que, los que recibieron su palabra fueron bautizados; y se añadieron aquel día como tres mil personas. Y perseveraban en la doctrina de los apóstoles, en la comunión unos con otros, en el partimiento del pan y en las oraciones... Y el Señor añadía cada día a la iglesia los que habían de ser salvos"* (Hch. 2:41-42 y 47b).

De este texto se extraen los siguientes principios: Verificar la entrega, adoctrinar al nuevo creyente, el compañerismo, la santidad, y la oración.

Verificar la entrega

Como expusimos en el capítulo anterior, de acuerdo a Hch 2:41, la verificación de la entrega se hacía procurando que las personas confesaran sus pecados públicamente y se arrepintieran, y viéndolos bajar a las aguas para ser bautizados. Los apóstoles permanecían atentos a que cada uno de los 3.000 que se convirtieron después del discurso de Pedro, pasaran por todos los pasos que confirmarían sus nombres como parte del cuerpo de Cristo.

En la verificación, las almas le son arrebatadas a Satanás, aunque él siempre intentará de muchas formas robar la semilla de la Palabra que ha sido depositada en sus corazones. Una de las maneras como el adversario busca robarle al nuevo lo que ha recibido, es dificultándole el entendimiento; por otra parte, las personas luchan contra ellas mismos, contra el orgullo, el qué dirán, la familia, etcétera, y la labor del consolidador en este caso es llevar a cada nuevo creyente a entender lo que ha comenzado a suceder en su vida. Esta parte se cumple llevando al nuevo a un salón aparte luego de que ha hecho su oración de fe y confesado públicamente que recibe a Cristo como su Señor y Salvador. En este salón se le pregunta a cada uno si entendió por qué ahora Jesús está en su corazón, se le hace una exposición ilustrada del significado de su decisión, y se le invita a reafirmarla.

En el momento de la verificación de la entrega, los datos primordiales de cada persona como nombre, dirección, teléfono, actividad y necesidad fundamental por la que se debe orar, son tomados en una tarjeta que luego será codificada y distribuida entre el grupo de consolidadores. No trabajamos de acuerdo a zonas geográficas porque cuando se limitó el radio de acción a los consolidadores, tuvimos muchos problemas, de modo que la sugerencia es que cada quien sea ubicado donde pueda alcanzar crecimiento espiritual y proyección en el liderazgo. Se procura, entonces, que quien reciba la tarjeta tenga una célula en el sector donde vive el nuevo para que se le facilite atender a esa persona.

El que recibe una tarjeta, debe recordar siempre que, más que una tarjeta, está recibiendo a una vida, un alma que está naciendo en el reino espiritual y que, así como una madre se esmera en cuidar a su bebé recién nacido, del mismo modo se debe cuidar al recién convertido.

Adoctrinar al nuevo creyente

"Y *perseveraban en la doctrina de los apóstoles*" (Hch. 2:42). Adoctrinar es enseñar un nuevo estilo de vida. El recién convertido debe ser preparado en forma persistente hasta que aprenda a caminar en la vida cristiana correctamente. Los apóstoles se preocuparon en todo momento por compartir las Sagradas Escrituras, la doctrina de Cristo, entre sus nuevos discípulos, exponiéndola en el templo y en las casas.

El adoctrinamiento del nuevo creyente es una labor que requiere diligencia, y debe realizarse de manera rápida, casi instantáneamente. Así como el bebé recién nacido no puede esperar ocho días para ser alimentado, el bebé espiritual requiere de alimento inmediato. Nuestra sugerencia es hacer este trabajo antes de cuarenta y ocho horas después de la entrega, con el objetivo de obtener un fruto definido de ese proceso de adoctrinamiento, porque enseñar sin ver fruto no tiene sentido. Cuando adoctrinamos buscando el cambio en la vida de cada persona, también estamos formando líderes, haciendo hombres nuevos. Hay un texto que resume el trabajo de adoctrinamiento que hicieron los apóstoles y el éxito que tuvieron: *"Y después de anunciar el evangelio a aquella ciudad y de hacer muchos discípulos, volvieron a Listra, a Iconio y a Antioquía, confirmando los ánimos de los discípulos, exhortándoles a que permaneciesen en la fe, y diciéndoles: es necesario que a través de muchas tribulaciones entremos en el reino de Dios. Y constituyeron ancianos en cada iglesia, y habiendo orado con ayunos, los encomendaron al Señor en quien habían creído"* (Hch. 14: 21-23). Esto debe motivarnos a hacer el mismo trabajo, los resultados son extraordinarios y es de gran satisfacción ver al nuevo convertido en un pilar en el desarrollo de la visión de la iglesia.

Compañerismo

"Y perseveraban en la comunión unos con otros". Tenemos aquí la idea clara del compañerismo que permitió a los creyentes de la iglesia primitiva el sentido de pertenencia a un grupo. La gente podía sentirse bien por la comunión que reinaba entre ellos y porque los apóstoles procuraron la unidad.

Dios nos creó como seres sociales y El se goza cuando hay esa común unión entre unos y otros. Las personas que vienen del mundo secular, donde posiblemente sostuvieron todo tipo de relaciones con individuos no cristianos, al experimentar la transición a un nuevo estilo de vida con Cristo, necesitan relacionarse con aquellos que tengan un nivel espiritual más alto para que le ayuden a crecer, y esto se logra durante tiempos de compañerismo.

El compañerismo también requiere perseverancia, debemos poner de nuestra parte para que el objetivo de comunión se logre. Muchos, cuando inician la vida cristiana, tienden a aislarse del grupo para orar, leer la Biblia y consagrarse en la casa, y descuidan la importancia de la comunión con otros hermanos. He conocido de lugares en otras naciones donde ya los creyentes ni se reúnen en la iglesia, sino que se quedan en casa recibiendo el mensaje por radio o televisión, pero esto hace perder la bendición de la comunión. Los programas radiales y televisivos son valiosos para al edificación del creyente, pero nunca logran reemplazar la coinonía unos con otros.

El salmista dice: "*¡Mirad cuán bueno y cuán delicioso es habitar los hermanos juntos en armonía!... Porque allí envía Jehová bendición, y vida eterna*" (Sal. 133:1 y 3b).

Velar por la santidad

"*Y perseveraban en el partimiento del pan*". La tendencia es pensar exclusivamente en la idea de compartir el alimento material, pero el texto va más allá de esto, se trata también de algo espiritual en lo que se requería un estado de conciencia íntegro para poder participar de ese pan. En ese momento, los apóstoles y los discípulos compartían la Cena del Señor, pero esta experiencia implicaba llevar una vida de santidad.

Con respecto a compartir la Cena, el apóstol Pablo da instrucciones precisas acerca del estado en que debe encontrarse cada persona que vaya a participar en esta importante celebración. Pablo dice que cada quien debe examinarse y concluir si son dignos o no de formar parte de la mesa del Señor. Si la conciencia le acusa porque hay pecado oculto, es mejor que la persona se abstenga de participar, porque de lo contrario, estaría comiendo y bebiendo juicio para sí (1 Co. 11: 29). Pero si el examen le da un balance de paz porque ha mantenido su vida en santidad, entonces puede participar de la mesa del Señor sin inconvenientes, eso se convierte en bendición para el creyente.

Perseverar en oración.

"Perseveraban en las oraciones". El doctor Joe Jhons comenta que sólo se puede orar en común con aquellos que tienen la misma fe y el mismo amor. Los discípulos siempre fueron vistos por la gente como hombres de oración, y esto hacía que los nuevos creyentes asumieran la misma costumbre. En el proceso de consolidación, la oración es la que mueve la mano de Dios a favor de la gente, es la clave para desatar el poder del Espíritu Santo en cada vida y traer el crecimiento a la iglesia. Todo se consigue perseverando en oración, lo que anhelemos en el plano natural, debe ser conquistado primeramente en el plano espiritual mediante la oración.

Con la aplicación de cada uno de estos principios, *"el Señor añadía cada día a la iglesia a los que habían de ser salvos"* (Hch. 2:47b).

Pero además de la consideración de estos principios, el consolidador debe tener en cuenta la importancia de una preparación adecuada para realizar el trabajo de conservación del fruto. Dios está tomando su unción y la está colocando sobre personas comunes y corrientes para alcanzar al mundo, pero si no nos preparamos, tendremos problemas para responderle al Señor. He comprendido que si aspiramos a un ministerio grande, debemos estar dispuestos a aprender, a prepararnos para eso grande que Dios tiene para cada uno de nosotros. La preparación que se requiere para llegar a ser consolidadores eficaces incluye cinco aspectos:

Integridad. El poder de Dios se coloca a favor de aquellos que son íntegros para con El. Dios elige a las personas por la actitud de su corazón, al ver que se adhieren a sus principios éticos y morales y por ninguna circunstancia se salen de ellos.

Cuando el Señor ve santidad en el corazón del hombre, pone el toque diferente en el ministerio concediéndonos la oportunidad de obtener fruto abundante. Nunca veremos fruto si no hay integridad en nuestras vidas.

Un corazón recto estará siempre preparado para hacer el trabajo que Dios nos confíe. El Espíritu Santo sólo fluye a través de vasos limpios, y la santidad es algo que debe ser anhelado y buscado.

Ser santo consiste en vivir conforme al carácter de Dios y es caminar en perfección a fin de no perder la bendición de ser usados por El, "*No verán los varones que subieron de*

Egipto de veinte años arriba, la tierra que prometí con juramento a Abraham, Isaac y Jacob, por cuanto no fueron perfectos en pos de mí; excepto Caleb hijo de Jefone cenezeo, y Josué hijo de Nun, que fueron perfectos en pos de Jehová" (Nm. 32:11-12).

Tener una profunda compasión por la gente. La misma compasión que sintió Cristo por los necesitados, es la que el consolidador debe experimentar por aquellas personas que le han sido confiadas. Pablo dijo:

> *"...tengo gran tristeza y continuo dolor en mi corazón. Porque deseara yo mismo ser anatema, separado de Cristo, por amor a mis hermanos, los que son mis parientes según la carne"* (Ro. 9: 2-3).

El apóstol Pablo anhelaba que los de su raza fueran salvos, y este deseo lo hacía gemir. Cuán importante es que el consolidador desarrolle el mismo sentir de compasión que caracterizó a Pablo.

Al escribirle a los Filipenses, el mismo apóstol dice: *"Porque Dios me es testigo de cómo os amo a todos vosotros con el entrañable amor de Jesucristo"*. Esto es compasión, sentir tristeza por el dolor de los que se pierden y procurar que al ser ganados, reciban el cuidado que necesitan. Recuerde que lo que usted no ama, usted no ministra. Jesús en todo momento fue movido a compasión porque lo que toca el corazón de la gente es el amor. Callamos la voz del adversario amando a cada persona que nos llegue.

Adiestrarse en el manejo de la Palabra de Dios. El consolidador debe tener presente que no cambiamos a alguien porque tengamos facilidad de expresión o carisma, lo que cambia a las personas es la Palabra de Dios y el poder del Espíritu actuando en sus vidas. Toda persona que ha de cuidar a un recién convertido, debe estar preparada en el manejo de las Escrituras, familiarizarse con los textos adecuados para compartir con los que están a su cargo.

La Biblia debe ser estudiada, memorizada y aplicada en nuestras vidas para poder enfrentar al enemigo y arrebatar de sus garras las almas e impedir que luego de ganarlas él intente robarlas de nuevo. La Palabra de Dios es nuestra principal arma para vencer al enemigo, y sólo a través de ella conocemos bien a Dios. Toda pregunta que hace un nuevo creyente, sólo debe ser respondida a la luz de las Sagradas Escrituras.

Disposición permanente. El consolidador debe ser una persona esforzada y diligente, con disposición permanente a la obra. Pablo le dice a Timoteo: *"Procura con diligencia presentarte a Dios aprobado, como obrero que no tiene de qué avergonzarse, que usa bien la palabra de verdad"* (2 Ti. 2:15). Una persona dispuesta es siempre diligente y se presenta a Dios con el deseo permanente de cumplir con la tarea que se le tenga que confiar.

Muchas personas se guían exclusivamente por sentires momentáneos y actúan de acuerdo a ellos, por ejemplo, si no sienten orar o leer la Palabra de Dios en determinados momentos, entonces no lo hacen. Santiago nos sugiere que no podemos ser como la onda del mar que va de un lado a otro sin estabilizarse, la consolidación requiere de una firme disposición hacia el cuidado del nuevo creyente. Dios se agrada de que hagamos la obra para El, y no para los que nos rodean, El espera que seamos sensibles a su voz y permanezcamos listos en todo instante para hacer su obra, por eso le dice Pablo a los Colosenses: "*Y todo lo que hagáis, hacedlo de corazón como para el Señor y no para los hombres*" (Col. 3:23). Jesús le pidió a sus doce, compromiso, y una persona comprometida es aquella que no se deja guiar por sentires circunstanciales, sino que actúa en forma decidida y continúa hasta completar su tarea.

Importancia de la oración. El consolidador debe pagar el precio en oración por los demás, porque nada se logra sin oración. Explicando la oración modelo, el Padre Nuestro, Jesucristo dijo:

> "*Mas tú, cuando ores, entra en tu aposento, y cerrada la puerta, ora a tu Padre que está en secreto; y tu Padre que ve en lo secreto te recompensará en público*" (Mt. 6:6).

Lo primero que Dios quiere que el consolidador entienda, es que la oración debe hacerse en la intimidad. Y todos debemos llegar a ser especialistas en este tipo de oración, reclamando en ellas las almas y la reafirmación de la fe del nuevo creyente.

La oración debe ser dinámica, evitando caer en la monotonía, una oración que mueva nuestro corazón y llegue al corazón de Dios. El que trabaja en el cuidado del nuevo creyente, debe ir confiado a la presencia de Dios recordando que Jesús dijo: "...*al que a mí viene, no le echo fuera*" (Jn. 6:37). El profeta Daniel aprendió a usar el secreto de la oración, y por ello, se presentó delante de Dios buscando el favor para su pueblo. En el Capítulo 9 del libro de Daniel, encontramos en detalle la manera como el profeta oró buscando la misericordia del Todopoderoso para él y su gente. Daniel se identificó con el pecado del pueblo y pidió perdón por ellos como si él mismo los hubiera cometido, él reconoció que la casa de su padre había sido rebelde apartándose de los mandamientos divinos y desobedeciendo a los profetas; en esta oración, Daniel reconoce que Dios es misericordioso y perdonador, y que la maldición ha caído sobre el pueblo a raíz de la desobediencia.

Hay cuatro aspectos que vale la pena destacar en la oración de Daniel: La compasión profunda que tiene por las personas de su pueblo y que le impulsa a tomar el lugar de ellos. La confesión del pecado como si fuera suyo. El implorar el favor y la misericordia divina. Confiar plenamente en la pronta restauración del pueblo de Israel y de la presencia de Dios entre ellos.

Este es el tipo de oración que debe caracterizar al consolidador, tomar el lugar del nuevo creyente e interceder por él hasta que la misericordia de Dios le alcance y le dé convicción impulsándolo a crecer en su vida cristiana.

Capítulo diez

¡DISCIPULAR Y ENVIAR!

"El verdadero encuentro con Jesús produce: reconocimiento de la autoridad, arrepentimiento de maldad, vida de integridad, y desarrollo de un liderazgo fructífero" C.C.D.

Haciendo de cada creyente un líder

Algo que le ha permitido que el crecimiento de la Misión Carismática Internacional sea firme y constante, ha sido la formación de líderes a partir del modelo de los doce y siguiendo un sólido programa de capacitación que les otorga los conocimientos fundamentales para que ellos sean enviados a evangelizar y difundir la visión. Convencidos de que hoy en día la labor de la iglesia no puede ser cumplida exclusivamente por el pastor, sino por equipos de trabajo comprometidos, y sabiendo que esta visión solo puede ser alcanzada con el mayor número de fieles involucrados, el Señor corrió el velo en cuanto a la preparación de las personas y puso en nuestra mente un objetivo que día a día nos esforzamos por lograr: Hacer de cada creyente un líder.

Los dos últimos escalones de la escalera del éxito buscan cumplir con ese propósito de formación y capacitación: discipular y enviar. Como todos los pasos anteriores, éstos van entrelazados, el uno conlleva al otro, los creyentes son discipulados en la escuela de líderes donde son entrenados para ir y ganar a los perdidos y ejercer un liderazgo de influencia positiva sobre ellos reproduciendo el carácter de Cristo en cada quien.

Es un ciclo continuo donde todo el que recibe a Cristo se capacita para que otros vivan la misma experiencia y así sucesivamente. Logramos que cada creyente sea un líder cuando se le involucra en un proceso de formación teológica y de captación del carácter de Cristo para que sea un fiel reflejo del Maestro. La Gran Comisión indica que debemos "ir y hacer discípulos... enseñándoles que guarden todas las cosas que Jesús ha mandado".

La enseñanza implica capacitación en la Palabra de Dios para que ésta sea reproducida en otros y todos puedan alcanzar la salvación por su fe en Jesucristo. En Os. 40:6 dice:

> *"Mi pueblo fue destruido, porque le faltó conocimiento. Por cuanto desechaste el conocimiento, yo te echaré del sacerdocio; y porque olvidaste la ley de tu Dios, también yo me olvidaré de tus hijos".*

Pero Dios nos brinda la oportunidad de que el conocimiento sea adquirido y nos da estrategias que faciliten el compartir el conocimiento de su Palabra con otros.

El discipulado

Nuestra labor no puede quedarse en ganar almas y consolidarlas, cada quien debe ser preparado

> *"...a fin de perfeccionar a los santos para la obra del ministerio, para la edificación del cuerpo de Cristo, hasta que todos lleguemos a la unidad de la fe y del conocimiento del Hijo de Dios, a un varón perfecto, a la medida de la estatura de la plenitud de Cristo; para que ya no seamos niños fluctuantes, llevados por doquiera de todo viento de doctrina, por estratagema de hombres que para engañar emplean con astucia las artimañas del error, sino que siguiendo la verdad en amor, crezcamos en todo en aquel que es la cabeza, esto es, Cristo, de quien todo el cuerpo, bien concertado y unido entre sí por todas las coyunturas que se ayudan mutuamente, según la actividad propia de cada miembro, recibe su crecimiento para ir edificándose en amor"*(Ef. 4:12-16).

Por muchos años tuvimos la capacitación como algo opcional. Preguntábamos a la congregación quiénes deseaban prepararse bíblicamente, y muy pocos eran los que asumían el compromiso, no existía interés en desarrollarse ministerialmente con un liderazgo definido. Pero cuando el Señor me reveló el modelo de los doce, comprendí que quien acepta a la persona de Jesucristo y se compromete con El, debe comprometerse también con su doctrina, y esto demanda capacitación. Primeramente llevábamos a cabo un programa como el tradicional, al estilo instituto bíblico, con enseñanza de hermenéutica, homilética, escatología, teología sistemática, sectas, etcétera., pero los resultados no iban acordes a la necesidad de la iglesia porque las personas llenaban sus mentes de conocimientos, pero no daban fruto. Lo que estábamos haciendo era copiar otros modelos en los que todo aquel que vaya a dirigir una célula debe prepararse por espacio de dos años, pero nos dimos cuenta que comenzaba un grupo grande y sólo alcanzaban a finalizar el curso no más de quince personas, y cuando éstas iban a desarrollarse como líderes, ya no tenían a quién ganar pues habían perdido contacto con sus amigos y conocidos, y ni sus familiares les creían. Entonces Dios me inquietó a preparar fuertemente a toda la congregación dándoles un entrenamiento no cargado con mucha teología, sino algo más práctico, como para laicos.

La importancia de hacer de cada creyente un líder

El Señor me fue mostrando la importancia de hacer de cada miembro de la iglesia un líder, y me dio las herramientas para capacitarlos, surgiendo así un programa piloto que denominamos "escuela de líderes", ofreciendo un entrenamiento, para laicos; no capacitamos de manera formal con teología bíblica y sistemática, sino que enfatizamos en los aspectos fundamentales del cristianismo, lo que implicó escribir un material que satisficiera nuestras necesidades ya que el existente muchas veces chocaba con la visión que veníamos desarrollando como iglesia. De modo que empezamos a integrar los principios básicos del cristianismo con los principios de la visión, logrando resultados extraordinarios en el liderazgo que estaba manejando las células.

El punto débil que teníamos en cuanto a la capacitación, el Señor lo fortaleció concediéndonos una estrategia que permite la formación del discípulo y el entrenamiento de líderes en breve tiempo. Se trata de una combinación teórico-práctica en la que una persona, en sólo seis meses, comienza a dar fruto liderando células. En una ocasión llamé a cuatro personas para averiguar acerca de su desarrollo ministerial y tres de ellas estaban en el programa de capacitación que habíamos implementado, mientras la otra continuaba en el sistema tradicional. Las tres personas vinculadas al proyecto "escuela de líderes" tenían 90, 45 y 25 células respectivamente, mientras que aquella que seguía en el otro programa sólo tenía 3 células. Noté una vez más que el anterior sistema era bueno, pero muy lento, con poca fuerza. Las personas de la Escuela de Líderes se veían exitosas, dinámicas y con deseos de seguir multiplicándose, mientras que la otra reflejaba cierta frustración a raíz de su escaso fruto. Con esta experiencia tomé la decisión de fortalecer la Escuela de Líderes e ir dejando poco a poco el anterior programa de estudios estilo instituto bíblico, del cual ya no queda nada en la actualidad.

La capacitación ayuda al alcance del éxito

Lo que buscamos en el proceso de discipulado y capacitación es ayudar a nuestros líderes a que alcancen el éxito. Consideramos que la relación que debe existir entre el líder y sus discípulos debe ser similar a la que hubo entre Jesús y su equipo, o a la relación que un padre debe tener con sus hijos. Algo que he podido observar a nivel ministerial es que muchos pastores y líderes, cuando ven que uno de sus discípulos está surgiendo, se llenan de celos y temor y tratan de frenarle el crecimiento creyendo equivocadamente que ese discípulo puede crecer más que ellos y terminar desplazándolos. Por eso encontramos a muchas personas frustradas pues, nunca se les dio la oportunidad de desarrollarse ministerialmente y quienes, por no entrar en conflicto con su pastor, prefirieron aceptar las condiciones que éste les impuso.

Lo que hacemos en la escuela de líderes es todo lo contrario, darle más y más oportunidades a cada persona a fin de que pueda desarrollar un liderazgo fructífero, tenemos en cuenta la estrategia del tiburón: este es uno de los animales que sabe amoldarse fácilmente a las circunstancias, si se coloca en un pequeño lugar, su crecimiento oscila entre los 50 y los 80 centímetros, pero si se le da libertad para movilizarse en un lugar más amplio del mar, puede llegar a crecer varios metros en estado normal.

Cosas parecidas a las del tiburón suceden con el liderazgo. Hay líderes que cuentan con un extraordinario potencial, pero por tener una visión muy corta, no se desarrollan, sus ministerios son raquíticos.

Si se rompen los esquemas entrando en una visión amplia, esos líderes van a poder realizarse en forma incalculable. La renovación de la mente y la disposición para salir de lo tradicional aceptando la innovación es una clave importante para tener ministerios fructíferos. No estoy tratando de insinuar a los lectores que ahora vayan y se levanten en contra de sus líderes, lo que aspiro es dejar un grado de motivación hacia el cambio fundamentado en la exitosa experiencia que hemos tenido en nuestra iglesia, a fin de que usted y su ministerio logren una gran expansión desarrollando la visión que Dios les ha dado. La escuela de líderes es algo novedoso que permite alcanzar este propósito.

El precio del discipulado

En el discipulado hay que pagar un precio, pero queda la gran satisfacción de ver el cambio que Dios opera en cada vida. Es necesario que cada líder esté dispuesto a:

Renunciar. *"si alguno viene a mí, y no aborrece a su padre, y madre, y mujer, e hijos, y hermanos, y hermanas, y aun también su propia vida, no puede ser mi discípulo"* (Lc. 14:26).

En una oportunidad vino un hombre a decirme: "Pastor, mis padres son musulmanes y me prohibieron volver a la iglesia, de lo contrario me desheredaban. Pero les dije que no me importaba porque, aunque pierda todo, yo no cambio a mi Señor Jesucristo por nada" Quizás algunos han escuchado que sus familiares les dicen: "tú naciste en una tradición y no puedes profanarla", pero los valientes responden: "Yo no soy esclavo de la tradición, porque Jesucristo me hizo libre en la cruz del calvario". Ningún familiar debe ser un obstáculo para que usted se consagre a Jesús.

Morir a diario. El Señor dijo: *"Y el que no lleva su cruz y viene en pos de mí, no puede ser mi discípulo"* (Lc. 14:27).

Esto significa que usted todos los días debe llegar a la cruz y ser crucificado con Cristo, lo cual implica muerte a diario. Al ir a la cruz se deben crucificar pensamientos, emociones, deseos, palabras, actos, todo aquello que pueda separarnos de una genuina relación con el Señor; si usted no hace esto, no es digno de ser discípulo de Cristo (Lc. 14:27).

Tener visión de liderazgo. "*Porque ¿quién de vosotros, queriendo edificar una torre, no se sienta primero y calcula los gastos, a ver si tiene lo que necesita para acabarla?*" (Lc. 14:28). Seguramente usted conoce personas que empezaron una construcción o un proyecto y aún no lo han terminado.

Cuando alguien se convierte, ¿usted qué visualiza en él? Debe verlo como un gran líder y no darse por vencido por ninguna circunstancia hasta ver la obra culminada en esa persona.

Perseverancia. "*No sea que después que haya puesto el cimiento, no pueda acabarla, todos los que la vean comiencen a hacer burla de él, diciendo: Este hombre comenzó a edificar y no pudo acabar*" (Lc. 14:29-30). Todo discípulo debe tener buenas bases. Un buen cimiento se da cuando se ha hecho una excelente consolidación. Usted gana a una persona y la consolida, pero debe formarlo hasta convertirlo en todo un discípulo, de lo contrario, los demás podrán hacer escarnio de usted considerándolo como un líder que no sabe discipular, y diciendo también: "Ese empezó un trabajo ministerial y todos se les fueron, no pudo culminar su tarea".

Hacer guerra espiritual por sus discípulos. *"¿O, qué rey, al marchar a la guerra contra otro rey, no se sienta primero y considera si puede hacer frente con diez mil a quien viene contra él con veinte mil. Y si no puede, cuando el otro está todavía lejos le envía una embajada y le pide condiciones de paz?"* (Lc. 14:31-32) .

Usted debe entender que ganar almas implica una guerra espiritual. Usted debe estar preparado para medir las fuerzas del adversario que se levantan contra la formación de sus discípulos, debe estar listo para la guerra. Permítame decirle que si usted tiene el modelo perfecto, conoce los pasos de la consolidación, domina perfectamente lo relacionado con la fonovisita, y todos los demás pasos los aplica correctamente, pero falla en la guerra espiritual, no va a dar fruto. Es importante entender que todo líder debe ser un guerro espiritual, usted tiene que enfrentarse a los poderes demoníacos con la plena certeza de que más son los que están con usted, que los que acompañan a las fuerzas opresoras de maldad; por todo esto, da la batalla para la salvación de cada alma.

Enviar

La tarea de discipular para poder enviar a nuestros discípulos al campo de acción, consiste en moldear a cada persona brindándole el alimento doctrinal y espiritual que requiere hasta convertirse en un líder valioso en las manos de Dios. Esto es comparable a la ya comentada anécdota de Miguel Angel, el escultor que tomó la pieza de mármol que otro escultor había desechado, visualizó en ella a un ángel, y trabajó detalladamente puliendo cada área hasta que el ángel surgió de aquella pieza.

Retomemos algunos interrogantes: Se ha preguntado usted ¿qué hubiera sido del mundo si Jesucristo no hubiera entrenado a doce hombres, vertido su vida en ellos y enseñado su doctrina?. Trasladándolo a la actualidad: ¿qué sería del mundo si Billy Graham, o mujeres como Katherin Kulhman, quien impactó con su ministerio de milagros, hubieran entrenado a doce personas?. Creo que el éxito de un ministerio consiste en compartir la visión con otras personas que nos ayuden a desarrollarla hasta que penetre en todas las esferas. Lo venimos haciendo así e insistimos a todos aquellos que están preparándose para ser enviados en la importancia de la responsabilidad.

La responsabilidad tiene varias facetas, y una de ellas consiste en que los discípulos sostengan a sus líderes diariamente en oración, por otra parte, les mostramos que la responsabilidad implica compromiso, y el compromiso es con Dios; también les indicamos cómo ser responsables en lo que enseñan a otros y, en este caso, les damos un tema a desarrollar y cada uno debe dedicarse a investigar y profundizar en el mismo. Cuando un discípulo sabe que tiene que dar más y más, esto lo compromete, estudia con mayor dedicación, y de esta manera van comprendiendo que el liderazgo no se gana por simpatía, sino haciendo méritos para lograrlo.

Como en la parábola de los talentos, en la escuela de líderes el discípulo comprende que debe poner a funcionar el potencial de capacidades que el Señor le ha entregado y multiplicarlas como hizo el de los cinco talentos. Las personas que dan fruto en este sentido, son las que van siendo ubicadas en niveles de autoridad más altos. Winston Churchill dijo ante la casa de los comunes durante la Segunda Guerra Mundial: "Soy vuestro siervo, tenéis el derecho de destruirme cuando deseéis; de lo que no tenéis derecho es de darme responsabilidad sin darme el poder para actuar". Y es que la responsabilidad conduce a la autoridad. Nuestros líderes han ganado autoridad entre sus discípulos porque se dedicaron a conquistarla con su ejemplo, con el testimonio de vidas íntegras y con sus palabras.

Cuando algún líder es incumplido o dice una cosa pero hace otra, poco a poco los discípulos lo detectan y terminan ubicándose con otro líder; pero cuando el líder es responsable, todos sus discípulos lo admiran y procuran imitar su ejemplo.

Johanna, mi hija mayor, tiene su líder en el ministerio juvenil, y he notado cómo ella lo admira y le tiene gran aprecio. Aunque la opinión que yo le pueda dar como padre, es valiosa para ella, la orientación que recibe de su líder es fundamental. Johanna reconoce que tengo un mayor grado de autoridad por el nivel ministerial en que me encuentro, no obstante, su líder ha sabido ganarse su respeto dado el testimonio de integridad, diligencia, compromiso, amor por las almas, su celo por las cosas de Dios, su radicalismo ante el pecado, y el desarrollo de la visión que siempre ha visto en él; así que ella aspira seguir los pasos de su líder. Esto es lo que esperamos que ocurra con cada persona que llega a la congregación, que sea motivada al máximo y los líderes tienen el compromiso de servirles de ejemplo, de guías en los que cada uno de ellos pueda apoyarse para avanzar en forma segura. Lo hemos logrado así con miles y miles de personas que hoy integran un sólido cuerpo de líderes que tienen a su cargo la proyección y alcance de la visión.

Cuando una persona es ganada para Cristo en el primer escalón de la escalera del éxito, pasa luego al segundo donde es consolidado, y después sigue a la etapa discipular y a alistarse para ser enviado; pero para poder llegar allí, después de ser consolidado, debe asistir al preencuentro y al encuentro, pasos esenciales para poder iniciar con total libertad de opresiones el proceso de capacitación en la escuela de líderes, lugar donde recibe las instrucciones y herramientas que le ayudarán a cumplir con su misión cuando sea enviado a liderar una célula.

Todo creyente que aspire a un liderazgo de éxito, que lleve mucho fruto, debe pasar por cada una de estas etapas. Esta es una manera de acumular riquezas para la otra vida, el Señor dijo: "*Donde esté vuestro tesoro, allí estará vuestro corazón*". Muchas personas dedican su vida al trabajo secular y a acumular riquezas materiales aunque saben que al morir nada se llevarán. El desafío que tenemos es la capacitación en el área espiritual porque es necesaria para el trabajo en la obra de Dios. Pablo dijo: "si alguno no trabaja, que tampoco coma", aplicando esto al área espiritual, si alguno no trabaja en la obra de Dios, no va a gozar del alimento provisto por El, de ahí la importancia de invertir tiempo en la preparación de personas que realmente anhelen dar fruto.

Algunos pastores pasan su vida predicando para entretener a los miembros de sus congregaciones, pero no los forman ni los edifican. Jesús no nos mandó a entretener a los miembros de la iglesia, Él dijo enfáticamente: "Id, y haced discípulos", así que si alguien no acepta la doctrina del Señor, no invirtamos tiempo en esta persona; la visión que desarrollamos exige que invirtamos nuestro tiempo en la formación de hombres y mujeres que den fruto. Como dice la parábola, si viene el hombre de la viña y no encuentra fruto en la vid, dará la orden de que sea cortada a fin de no inutilizar la tierra. Los miembros de nuestras iglesias no pueden ser plantas decorativas, tienen que caracterizarse por el fruto que dan, y se logra fruto cuando hay una labor discipular genuina, y cuando cada quien es enviado luego de la preparación fundamental, a dirigir una célula.

Capítulo once

¡EL ENCUENTRO!

"Todo aquel que ha tenido un encuentro genuino con Jesús, nunca vuelve a ser el mismo, su vida es transformada y puesta en una dimensión de conquista" C.C.D.

Un verdadero encuentro

Tener un encuentro con Jesús es la experiencia más maravillosa que pueda alcanzar el ser humano. Nuestra vida es transformada y el corazón es renovado. El Espíritu se eleva, desaparece la tristeza, se esfuma el dolor, y se quebranta la depresión porque viene la fortaleza del Espíritu Santo a animarnos para seguir adelante, y así estamos dispuestos a arriesgarlo todo con tal de proteger aquello que nos revela el verdadero significado de la vida. Muchos que se han dedicado a luchar por la conquista de espejismos con apariencia de realidades, han terminado sumidos en la desilusión y la tristeza porque nunca lo irreal podrá proporcionar la felicidad perfecta.

Está comprobado que el hombre anda en busca de la felicidad porque siente dentro de su corazón un gran vacío, que trata de llenar de muchas formas : filosofía, educación, deporte, fama, dinero, placer, etcétera. Pero con el paso de los años algunos se dan cuenta que han luchado en vano, ya que siguen vacíos espiritualmente. Cuando Dios creó al ser humano dejó en su corazón el espacio para que el hombre buscara el complemento que vendría a ser el secreto de su felicidad, y ese complemento es el Señor Jesucristo.

El patriarca Job exclamó: *"¡Quién me diera el saber dónde hallar a Dios! Yo iría hasta su silla. Expondría mi causa delante de él"* (Job 23:3-4).

Hoy en día muchos viven con la misma inquietud de Job, pensando que Dios está escondido en algún lugar del universo dedicado a sus múltiples ocupaciones, y que es imposible llegar hasta El; por ello lanzan el grito de exclamación: i ¿Dios, dónde estas tú?, sin pensar que El está más cerca de nosotros de lo que cualquiera se pueda imaginar. El apóstol san Pablo dijo: *"para que busquen a Dios, si en alguna manera, palpando, puedan hallarle, aunque ciertamente no está lejos de cada uno de nosotros. Porque en él vivimos, y nos movemos, y somos; como algunos de vuestros propios poetas también han dicho: Porque linaje suyo somos"* (Hch. 17:27-28).

En su disertación a los atenienses, el apóstol les expresa que cualquiera que busca tener un encuentro con Dios no le es difícil porque aún palpando le podemos hallar, porque El está tan cerca de cada uno de nosotros como el aire que respiramos. Como fue revelado por el profeta Jeremías *"Y me buscaréis y me hallaréis, porque me buscaréis de todo vuestro corazón"* (Jer. 29:13).

Prepárese para un encuentro

Es la primera experiencia de confrontación cara a cara con Dios, consigo mismo, con las demás personas, que lo motivará a reflexionar en su diario vivir y a proyectarse con paz y seguridad en Jesucristo para el futuro.

El encuentro es una vivencia genuina con Jesucristo, con la persona del Espíritu Santo y con las Sagradas Escrituras, en el cual, mediante conferencias, talleres, videos y prácticas de introspección se lleva al nuevo convertido al arrepentimiento, liberación de ataduras y sanidad interior. El propósito es brindar orientación clara a la luz de las Sagradas Escrituras al recién convertido acerca de su pasado, presente y futuro con Jesucristo, mediante ministraciones a nivel personal y grupal, operándose cambios tan importantes durante los tres días que asistir al encuentro, equivale a un año de crecimiento espiritual. De esta manera, el nuevo es preparado para desarrollar una relación íntima con el Señor, facilitándole el aprendizaje de la oración, lectura de la Palabra y el conocimiento de la visión, teniendo como objetivos:

1. Motivar al nuevo a un genuino arrepentimiento y confesión de sus pecados, llevándolo a la experiencia transformadora de la Cruz para que obtenga todos y cada uno de los Beneficios de ser un hijo de Dios.

2. Profundizar en sus experiencias prenatales, en la niñez, adolescencia y juventud para así, con la ayuda del Espíritu Santo y la Palabra de Dios, ministrar liberación y sanidad interior al nuevo; enseñándole a mantenerse puro y Santo para Dios.

3. Instruir al nuevo en el aprendizaje de la lectura de la Biblia, la oración y la comunión con el Espíritu Santo, mediante conferencias, talleres de orientación y la práctica del devocional.

4. Orientar al nuevo cristiano con herramientas prácticas para que sepa comportarse en su nuevo estilo de vida, relaciones familiares y de amistades, respeto por su propio cuerpo, qué música escuchar y qué ver, etcétera.

5. Que al regresar del encuentro, el nuevo convertido se vincule a una Célula y asista al pos-encuentro, en el cual se le orientará con conferencias y talleres afianzando cada enseñanza dada en el encuentro y ayudándole a enfrentar su cambio frente a la familia, estableciendo nuevos lazos de amistad con otros Cristianos, quienes le apoyarán y orarán continuamente por él.

6. Culminando el pos-encuentro, el nuevo ingresará a una escuela de líderes en la que se entrenará en la obra de Dios y podrá escalar hacia la cumbre del éxito como líder, conociendo de manera más profunda al Señor Jesucristo. En la escuela se le instruye con materiales diseñados especialmente para él.

Renovando mentes y transformando vidas

Todos aquellos que aspiran involucrarse en la visión e implementarla en sus respectivas iglesias, deben estar dispuestos a invertir el tiempo que se requiere en la formación de los nuevos, ya que requieren de tanto cuidado como un bebe recién nacido. La mayoría de los que se acercan a una congregación, por lo general están llenos de heridas, y si nos dedicamos a llenarles la mente de teología sin que hayan pasado por un proceso de restauración, esto es tan peligroso como cuando un director técnico envía a sus deportistas a las olimpiadas sabiendo que éstos tienen los pies heridos; tal como lo vimos en el pasado mundial de Car, donde el canadiense Greg Moore, un día antes de la competencia final había sufrido una leve fractura en uno de sus dedos, los médicos creyeron que no había ningún problema para que participara en la carrera; pero la suerte no le ayudó. Le fue imposible controlar la cabrilla por causa del dedo herido y fue a dar contra un muro de concreto. El accidente horrorizó a millones de televidentes.

El Señor Jesucristo al iniciar su ministerio dijo: "*El Espíritu del Señor está sobre mí, por cuanto me ha ungido para dar buenas nuevas a los pobres; me ha enviado a sanar a los quebrantados de corazón; a pregonar libertad a los cautivos, y vista a los ciegos; a poner en libertad a los oprimidos*" (Lc. 4:18). Es deber del líder responder por la restauración de cada persona que el Señor envía a su comunidad pues, el evangelio que Jesús predicó, fue un evangelio integral; El no se limitó comunicar la buena nueva, sino que sanó, liberó, y restauró. En la vida cristiana ocurre lo mismo, entramos en una trascendental competición que consiste en ser instrumentos para arrebatar las almas de las manos del adversario. Luchamos por la corona de la vida, y para obtener el premio, nuestra vida debe estar en completa sanidad física, emocional y espiritual.

Cuando descubrimos la importancia de este principio, Dios nos colocó frente a frente con la necesidad de que cada vida pasara por un genuino proceso de transformación hasta que estuviera en capacidad de dar fruto. La visión que desarrollamos no es para entretener a los miembros de la congregación, es para hacer de cada uno de ellos un líder que habrá de ser usado por Dios en la difusión de su Palabra ejecutando una obra evangelística entre los perdidos.

Viendo nuestra intención de trabajar fírmemente con cada persona hasta que ellas dieran fruto abundante, el Señor colocó en nuestro corazón el sentir de los **Encuentros**, retiros espirituales de tres días en los que cada creyente reafirma su fe y obtiene un nuevo nacimiento genuino pasando, como hemos indicado, por sanidad interior, liberación y la llenura del Espíritu Santo. Desde la primera oportunidad en que fueron realizados, los encuentros se convirtieron en un arma poderosa dentro de la visión y ha sido a través de ellos que hemos podido ver cómo el Señor levanta a una persona y la transforma colocándola en una nueva perspectiva de éxito personal, espiritual y ministerial.

¿Cómo y cuándo se da un encuentro?

Cuando una persona es ganada a través de un proceso de evangelismo, bien sea por contacto personal o en alguno de los servicios de la iglesia, pasa a ser consolidada antes de cuarenta y ocho horas de su conversión, confirmando todo lo referente a esta persona a través de una llamada, una visita a más tardar a la semana siguiente, y luego entra a un discipulado en el que se comparte el A.B.C de la vida cristiana. En este tiempo se aprovecha para preparar a este nuevo creyente para que asista al encuentro, en una etapa llamada:

Preencuentro

Un ciclo de conferencias sencillas que crean en la persona expectativas con respecto a lo que habrá de ocurrir durante los tres días de retiro, se aclara la necesidad de pasar por esta experiencia, se despejan las dudas que puedan venir a su mente, y aún se disipan los temores que la expectativa de esta importante experiencia les puedan causar. El preencuentro es trascendental porque es en esta etapa cuando la persona se concientiza de lo que necesita para que su vida sea transformada y totalmente restaurada, y es avisada de la manera como van a estar sucediendo las cosas en el retiro.

La etapa del Encuentro

Se realiza durante tres días en un lugar apartado de la ciudad, procurando alejar a las personas del ambiente rutinario en que normalmente se mueven y del cual reciben una influencia, muchas veces, negativa. Algunos quizás se preguntarán ¿por qué tres días? Creemos que es el tiempo correcto para que el Espíritu de Dios pueda impactar sus vidas. Cuando Pablo tuvo su primer encuentro con Jesús, estuvo por tres días encerrado en un cuarto en la ciudad de Damasco, hasta que el profeta Ananías oró por él para que recibiera la vista. Cuando Pablo salió de este retiro su corazón había sido mudado totalmente, tanto, que empezó a predicar del Cristo que antes perseguía, dejando confundidos aún a los mismos creyentes. En el encuentro se muere a todo aquello que pueda ser un impedimento para el progreso en la vida cristiana y para el desarrollo de un liderazgo fructífero. Se muere definitivamente a la vieja vida, y se recibe la unción para una nueva guianza en el poder del Espíritu Santo:

Uno de los momentos más críticos en la vida del patriarca Jacob, es cuando recibe la noticia de que su hermano Esaú, había jurado matarlo tan pronto lo encontrara , por haberle robado la bendición. Por esa razón, Jacob llevaba varios años huyendo de su hermano, le temía en gran manera. La noticia del encuentro que tendría con su hermano lo espantó, y lo llevó a buscar de Dios con todo su corazón. Una noche tuvo su encuentro personal con el Señor, quien se le reveló en forma de un ángel, y experimentó liberación total en su espíritu. Y dijo: "*Vi a Dios cara a cara, y fue librada mi alma*". Ese encuentro cambió el panorama de las cosas para Jacob porque, cuando se encuentra con su hermano, puede expresar: "*He visto tu rostro, como si hubiera visto el rostro de Dios*" (Gn. 33:10). El encuentro con el Señor cambió todo.

Ese fue el verdadero encuentro de Jacob con Dios, fue la experiencia que transformó su vida porque "su alma fue librada". De ahí en adelante, la vida de Jacob no siguió siendo la misma. Así tiene que suceder con todos aquellos que van a un encuentro, su vida no puede seguir siendo la misma, tiene que ser totalmente libre, vislumbrando la seguridad de un liderazgo genuino y exitoso.

Capítulo doce

¡UNA VISIÓN PARA LA CONQUISTA DEL MUNDO!

"La iglesia del nuevo milenio será una iglesia celular con líderes integralmente preparados, y lograrán reconciliar las familias con la gracia del Señor"
C.C.D.

Preparándonos para el nuevo milenio

La que Dios nos ha dado es una visión para alcanzar naciones enteras, para conquistar al mundo para Cristo. Ha llegado el tiempo de que el pueblo cristiano cambie el curso de la historia impactando a todo el planeta con el mensaje de salvación y hoy, cuando líderes destacados provenientes de los distintos rincones de la tierra han visitado nuestra iglesia para captar la visión, y la han puesto en práctica con éxito rotundo en sus respectivas naciones, estoy completamente seguro que el mundo será para Cristo con la estrategia de los doce y los grupos celulares. En el nuevo milenio, la iglesia se moverá a conquistar los corazones con líderes integralmente preparados penetrando en los hogares.

Estamos en el mejor tiempo de cosecha espiritual, vivimos días especiales para la conquista de nuestras naciones, y esta no es una pretensión personal, es un decreto dado por el Señor a sus hijos:

> *"Yo publicaré el decreto; Jehová me ha dicho: Mi hijo eres tú; yo te engendré hoy. Pídeme y te daré por herencia las naciones, y como posesión tuya los confines de la tierra"* (Sal. 2:7-8).

Sólo aquellos que hemos adquirido el privilegio de ser llamados hijos de Dios por la fe en Jesucristo, podemos aspirar a ganar naciones enteras. Los confines de la tierra están destinados para el pueblo de Dios, es hora de entrar a poseerlos, a conquistarlos para Cristo.

La visión es para unir a todos los pueblos

Al estudiar con detenimiento las Sagradas Escrituras, descubro a un Dios amplio y generoso que da todo en abundancia, sin embargo, la debilidad del corazón del hombre le hace ver todo reducido, con limitaciones pues, mezcla la Palabra de Dios con las dudas que llegan a su mente, pero aún tenemos la oportunidad de comprobar que la visión divina no ha sido destinada para un grupo determinado, sino que se abre para todas las naciones; por eso, desde nuestro país, Colombia, hemos decidido impactar a la tierra llevando a todos los rincones las estrategias que permiten sacar el mejor fruto del avivamiento que experimentamos. La Biblia nos enseña que cuando Dios escogió al pueblo de Israel, era como un círculo cerrado, la salvación era sólo para los judíos, pero cuando vino Jesús, esa pared divisoria fue rota en su nombre para hacer de los dos pueblos uno solo, sin embargo, los judíos endurecieron su corazón y Dios los desechó, pero abrió la salvación para todas las naciones.

Al resucitar de entre los muertos, el Señor le dijo a sus discípulos: "*Toda autoridad me es dada en el cielo y en la tierra. Por tanto id y haced discípulos a todas las naciones*". Notemos que El no dijo "Id y haced discípulos en las naciones", limitando la tarea al alcance de unos cuantos creyentes en cada país, sino que la invitación fue clara para ganar pueblos, tribus, lenguas y naciones enteras.

> *"...Los reinos del mundo han venido a ser de nuestro Señor y de su Cristo; y él reinará por los siglos de los siglos"* (Ap. 11:15b).

Si creemos que esto es así, Dios quiere que empecemos a conquistar las naciones para El. El Señor está soplando vientos de bendición para el mundo. Vientos de cambio político, económico, social, y, lo que es más importante, espiritual.

A sacar la iglesia de las cuatro paredes

Ha llegado la hora de acabar con el encierro de la iglesia entre cuatro paredes, entre ritos, dogmas y tradiciones, y de cambiar la liturgia tradicional. Dios anhela establecer una revolución espiritual en su iglesia, cambiar la vieja mentalidad que afecta al cuerpo de Cristo y transmitirle la esencia viva de su Espíritu para que cada creyente navegue en el río del poder. Ahora, el Señor está levantando un ejército de guerreros integrados por hombres, mujeres, jóvenes y niños diestros en el uso de las armas espirituales, manejando la espada de la Palabra para vencer al adversario y su séquito de demonios en el nombre de Jesús. La conquista de las naciones implica entrar en guerra espiritual:

> *"Proclamad esto entre las naciones, proclamad guerra, despertad a los valientes, acérquense, vengan todos los hombres de guerra. Forjad espadas de vuestros azadones, lanzas de vuestras hoces; diga el débil: fuerte soy"* (Jl. 3:9-10).

La conquista es ahora. La iglesia ha sido llamada a ser parte de la solución en cada país. Somos conquistadores, personas victoriosas y llenas de fe, hombres y mujeres de guerra que en el nombre de Jesús decimos: "fuerte soy". El conquistador dice como Pablo: "Hermanos, cuando soy débil, el poder de Cristo me fortalece" El libro de Efesios nos habla de una iglesia que guerrea, que lucha y que triunfa, pero muchos ignoran estas promesas. Hace algún tiempo vino un misionero quien, después de recorrer nuestro país, se quedó tan admirado de su riqueza, que comentó: "Los colombianos son como el pordiosero que está sentado sobre un baúl lleno de oro mientras se muere de hambre. Parece algo increíble, Colombia es el país del mundo con una riqueza natural propia y la gente se está muriendo de hambre, hay mucha miseria y ruina". Entendí el comentario y me dispuse a analizarlo en el plano espiritual, muchos creyentes son como el pordiosero pues, no aprovechan las promesas de Dios. Para nosotros y para todas las naciones hay una promesa que acompaña al conquistador:

*"Bendito sea el Dios y Padre de nuestro Se-
ñor Jesucristo, que nos bendijo con toda bendición espiritual en los lugares celestiales en
Cristo"* (Ef. 1:3).

Implementando la visión celular y el principio de los doce,
hacemos nuestra parte para que la promesa del texto anterior llegue a ser una realidad en Colombia y en el mundo.
Lo hacemos también tomando la armadura espiritual, recordando en todo momento que vencemos en el nombre
de Jesús bajo cuyos pies, Dios sometió principados y autoridades, incluyendo a las autoridades políticas y poderes
económicos, sociales y eclesiásticos, y a todo señorío. Cristo es la cabeza y nosotros como iglesia somos su cuerpo y,
de acuerdo a esto, constituimos también los pies de Jesús.
Si abrimos el entendimiento y renovamos la mente, nos
daremos cuenta que el diablo está bajo nuestros pies. Es
otra promesa que se cumple al decidirnos a dar el paso
ofensivo hacia la conquista: *"...El Dios de paz aplastará en
breve a Satanás bajo nuestros pies"* (Ro. 16:20a).

Una inspiración para todas las naciones

El modelo que Dios nos dio está inspirando a naciones
enteras, de tal modo, que aquellos que lo han adoptado,
están experimentando un crecimiento sin precedentes. La
unción de multiplicación que el Señor nos concedió se ha
ido transmitiendo a cientos y cientos de líderes alrededor
del mundo y ahora, por medio de este libro, también lo
hacemos con usted. Trabajar en la visión celular no es difícil porque la unción de Dios está siendo derramada para
ello. He tenido la oportunidad de orar por muchos pasto-

res que han abierto su mente y su corazón para que en ellos se anide la visión, y los resultados son una garantía de que nos movemos en la visión correcta.

Un pastor americano me dijo: "Desde que usted oró por mí hace un año y me transmitió la unción de multiplicación, mi iglesia ha crecido hasta duplicar su membresía". También oré por un pastor en Costa Rica cuya iglesia pasó en nueve meses de 500 a 1.500 miembros, y de 0 a 300 células. Esta misma visión está siendo ya desarrollada en Rusia, China, Alemania, Inglaterra, Escocia, Grecia, Argentina, Perú, Paraguay, México, Puerto Rico, Canadá, Estados Unidos, España, Venezuela, Panamá y otros países; prácticamente en todo el mundo se habla del modelo de los doce, y es que no veo otra forma para que las iglesias puedan crecer en orden y de manera significativa, de lo contrario, sería una masificación desorientada donde sólo asisten las personas momentáneamente, pero que así como llegan se vuelven a ir. Definitivamente este es el modelo a seguir, los testimonios de pastores del mundo así lo indican.

La conquista de nuestras naciones está dada por medio del principio de los doce y la visión celular. Sé que hay muchos aspectos que no he alcanzado a comentar en este libro, pero también estoy seguro que lo aquí expuesto le será de gran ayuda para romper los esquemas y colocar a su iglesia, a su liderazgo y a todo su ministerio en una nueva dimensión de poder. La explosión de crecimiento conservando el fruto está destinada para usted y su nación. Su iglesia entrará al nuevo milenio preparada con las herramientas eficaces para penetrar en los corazones de los perdidos, si pone en práctica los principios aquí expuestos.

La que Dios le ha dado a nuestra iglesia Misión Carismática Internacional es una fórmula de éxito que pude haber reservado exclusivamente para mí, pero el Señor me habló claramente, diciéndome: "Sé generoso, no guardes este tesoro sólo para ti, compártelo con otros pastores, compártelo al mundo". Por eso hemos abierto las puertas a las naciones en forma desinteresada para que reciban la visión.

Nuestro deseo es que la iglesia del Señor crezca, y que por medio de esta visión se logre el impacto y la transformación de miles y miles de vidas en todos los rincones de la tierra. Hace años tuve la visión de que Dios colocaba en mis manos la antorcha de la multiplicación con el sistema celular, cuando la recibí, la iglesia comenzó a multiplicarse. Esa antorcha sigue encendida, *¡tómela, es para usted también!*